교사들이 함께
성장하는 수업

교사들이 함께
성장하는 수업

동료 교사의 눈으로 수업을 새로 보다

발행일　2016년 11월 02일 초판 1쇄 발행
지은이　서동석, 남경운, 박미경, 서은지, 이경은, 전경아, 조윤성
발행인　방득일
편 집　신윤철
디자인　강수경
마케팅　김지훈

발행처　맘에드림
주 소　서울시 도봉구 노해로 379 대성빌딩 902호
전 화　02-2269-0425
팩 스　02-2269-0426
e-mail　nurio1@naver.com

ISBN　978-89-97206-47-6　03370

교사들이 함께 성장하는 수업

교사 학습공동체로 수업이 깊어지다

동료 교사의 눈으로 수업을 새로 보다

서동석
남경운
박미경
서은지
이경은
전경아
조윤성
지 음

맘에드림

머리말

아이들이 학교에 와서 보내는 시간 중 가장 많은 비중을 차지하는 것은 수업 시간이다. '교사가 지식을 전달하고 학생들은 그에 따라 배운다.'라는 단순한 수업 모형이 우리 사회에서 깨진 지는 이미 오래이다. 그것은 한 인간의 능력을 나타내는 개념이 과거의 '지식을 얼마나 습득하고 있느냐'에서 오늘날 '그런 지식을 얼마나 잘 활용할 수 있느냐'로 변화해온 것과 같은 맥락이다.

그렇다면 우리는 학교 수업을 어떻게 보아야 할까? 교사들은 어떻게 해야 수업을 잘했다고 할 수 있을까? 또 아이들은 어떻게 해야 수업을 잘 받았다고 할 수 있을까? 어떤 수업 모습이 교사로서 잘 가르치고 아이들이 잘 배우는 것이라고 말할 수 있을까? 궁금한 부분이다. 하지만 우리가 어떻게 말한다 해도 교실에서 전개되는 수업의 주도권을 우리 교사들이 쥐고 있다는 것은 변하지 않는다. 아이들이 잘 배우는 수업을 원한다면 우리 교사들이 그 방법을 찾아야 하는 이유이다.

이런 분위기 속에서 최근 교원학습공동체에 대한 관심이 커지고 있다. 영림중학교에서 우리가 실시해온 범교과 수업모임은 '아이들의 배움에 중점을 둔 수업'으로의 수업 혁신을 시도하는 교사들에게 참고할 만한 사례가 될 것이다.

2015년 영림중학교가 서울형 혁신학교로 지정된 후 지금까지 매월 1회씩 공개수업을 진행하고 있다. 2장부터 8장까지 일곱 개의 장에 2015년 3월부터 2016년 3월까지 있었던 7회의 공개수업 과정을 소개했다. 교과는 2015년 3월부터 순서대로 기술, 과학, 국어, 수학, 영어, 사회였고, 다음해 3월에는 과학이었다.

공개수업 과정의 주요 요소는 수업설계를 수정해가는 것이다. 수업 교사가 가져온 활동지 초안 또는 교과서에서 시작해서 공개수업 차시가 완성될 때까지 거의 2주 동안 여러 가지 변화가 있었

다. 물론 각 변화에는 무언가 이유가 있다. 누군가의 경험일 수도 있고, 학습목표에 대한 고려일 수도 있다. 그중에서도 가장 중요한 근거는 사전 수업에서 본 아이들이 배우는 모습이었다. '아이들이 배우는 데 적합하지 않더라.'라는 것이나 '배우는 데 더 적합할 것 같다'라는 것이었다.

이런 과정을 거치면서 교사들은 '아이들의 배움에 중점을 둔 수업'이 무엇인지 생생하게 느끼게 된다. 그리고 자기 수업을 조금씩 그쪽으로 만들어서 진행하게 된다. 이런 방법으로 교사들이 수업을 바꾸어가는 것이 우리 학교의 수업 혁신 실천이다.

이 책에서는 수업설계에 어떤 변화가 왜 생겼는지, 그리고 그런 변화가 어떤 의미를 가지는지를 표현하고자 한다. 이를 통해 범교과 수업모임 진행 방법을 표현하고자 한다. 수업의 많은 변화들 중 수업모임에 참여한 교사들은 각각 다른 것들로부터 깊은 인상을 받기도 한다. 각자 다른 고민을 가지고 있으므로 당연한 현상이다. 따라서 각 공개수업 교사가 수업에 대해 배운 점과 더불어 개인적인 느낌들도 이 책에 함께 기록했다.

같은 단원의 수업이라 하더라도 해마다 소재가 달라지고 핵심 과제도 달라진다. 또한 교사에 따라서도 달라진다. 수업은 교사와 학생, 그리고 그 당시의 상황이 서로 조화를 이룰 때 가장 잘 될 수 있기 때문이다. 이 책에 제시하는 공개차시 수업이 최고의 수업이라고 할 수는 없다. 그러나 최선을 다한 수업이라는 점에 스스로 용기를 내보았다. 그리고 성공뿐만 아니라 실패도 표현하면서 '아이들의 배움에 중점을 둔 수업'을 앞으로 더 잘하기 위해 수업모임의 논의 과정과 배운 점들을 표현하는 데 중점을 두었다.

차 례

머리말 • 4

1장

관성의 틀을 넘는 유연한
수업디자인

범교과 수업모임은 서로 다른 교과 교사들이 함께 모여 각자 맡고 있는 교과 수업을 함께 디자인하고 연구하는 모임이다. 얼핏 생각해보면 '국어, 사회, 도덕 교사가 어떻게 과학 수업을 디자인하는 데 함께할 수 있을까?'라는 의문이 들기도 하고, 때론 "스팀(STEAM) 수업*이냐?"는 질문을 받기도 한다. 그런데 2011년부터 지금까지 우리 모임의 성격을 살펴보면 '학생의 배움 중심' 수업을 디자인한다는 것 외에는 어떤 틀이나 이론이 없다. 그것보다는 각자가 처한 현실, 그리고 수업에서의 어려움과 부족함을 인정하고, 자신이 하고 싶은 수업에서 학생들이 원하는 수업으로 조금씩 변화를 모색해가는 과정이라고 하는 것이 적절한 표현일 것 같다.

---

1. 우리 나름의 수업디자인 철학

범교과 수업모임, 계속되는 배움

매주 월요일 오후 3시 30분, 영림중학교에서는 범교과 수업모임이 열리고 있다. 몇 년 전부터 시작된 이 모임은 영림중학교가 2015학년도에 서울형 혁신학교로 지정되고 수업 혁신을 목표로 하면서 더욱 활기를 띠게 되었다.

매년 학교 구성원이 달라지면서 수업모임에 처음 오는 사람들도 있는데, 각자의 입장에서 자기에게 필요한 것들을 자연스럽게 배워가기 때문에 적응하는 데 특별히 문제가 되지는 않는다. 수업모임에 새로 참여하게 된 국어와 영어 선생님의 이야기이다.

> 박미경(국어) 수업에서 학생들이 중심이 되어야 한다는 관점은 중요해요. 처음에는 학생 중심 수업이 뭔지 감이 잘 잡히질 않아서 함께 모여 논의할 필요를 느꼈어요. 수업을 연구하는 것이 첫 번째가 되어야 해요.

> 서은지(영어) 처음엔 이것이 뭔지 잘 몰랐는데, 수업모임을 같이 하는 사람들과 대화도 잘 통하고 함께 고민하는 지점이 같다 보니 편하고 좋은 관계 속에서 자연스럽게 참여하게 되었어요. 일단 1학기는 옆에서 지켜보자고 생

각했죠. 우선은 지켜보면서 하나하나 살펴보자고…….

수업모임을 하는 것은 각 교사의 입장에 따라 자신에게 의미 있는 배움을 만들어가는 과정이라고 할 수 있겠다. 한두 번 모임을 통해 강의를 들을 때처럼 정리된 지식을 가져간다거나, 내 수업에 바로 써먹을 수 있는 어떤 기술을 배워가는 것과는 다르다. 한동안은 내가 무엇을 배우는지 모를 수도 있다. 수업에 대한 논의를 해가면서 누군가의 얘기에 공감하기도 하고, 자신도 겪고 있는 수업에서의 어려움을 인정하는 과정을 거치면서 자신의 관점에서 새로운 것을 배워갈 수 있게 되는 것이다. 이 과정에 대한 구체적인 이야기는 2장부터 시작된다.[1]

생각해보면, 수업을 디자인할 때 우리에게 기준이 아주 없던 것은 아니었다. 그동안 현장에서 축적된 각자의 경험들이 한데 모여 공통분모도 이끌어내고 함께 고려해야 하는 요소들도 발견했다. 이러한 시도를 통해 많은 학생들이 배울 수 있는 수업을 하는 데 도움이 되는 새로운 길을 어느 정도는 찾았다고 생각한다. 여기서는 먼저 이런 변화가 어떻게 가능했는지, 그리고 어떤 방향으로 수업을 디자인하고 있는지 간략하게 소개하고자 한다.

---

1. 이 책에서 2장~8장은 특정 교과 수업을 범교과 수업모임에서 설계하고 토론하고 서로 피드백을 하는 과정을 다룬다.

수업 참관, 변화의 토대

학생들의 배움을 중심에 둔 수업이라고 하면 '배움의 공동체', '협동학습', '거꾸로 수업' 등 최근에 다루어지는 몇 가지 이론을 떠올리며 '뭐 그중 하나인가?'라고 생각하는 사람도 있을 것이다. 그런데 우리에게는 이런 이론이 크게 중요하지는 않았던 것 같다. 이론은 이론일 뿐이고, 우리에게는 그보다도 구체적인 실천이 더 필요했다. 여러 이론에서 지향하는 수업이 어떤 것인지는 우리가 직접 찾아가고 만들어가야 했다. 협력, 배움, 탐구, 이런 추상적 단어들과 당장 가르쳐야 할 밋밋한 교과서 사이에서 늘 느끼게 되는 '어떻게 활동지를 구성하지?'라는 막막함. 다행히 우리 수업모임은 몇 년간 축적한 경험을 통해 이런 막막함을 조금씩 극복해가고 있는 편이다.

여러 교과 선생님들이 돌아가며 수업을 공개하고 참관하는 실천적 노력들이 수업에서의 막막함을 해결해주는 데 한몫을 한다. 여기서 말하는 참관은 기존의 연구 수업이나 학부모 공개수업에서의 참관, 외부 연구자들의 참관과는 다른 측면이 있다.

첫째, 우리의 참관은 '내가 수업할' 아이들을 보는 것이다. 이것이 가장 큰 차이점이다. 외부에서 온 교사나 연구자들의 참관과는 달리 교사들이 내가 가르쳐야 하는 아이들을 본다는 것이다. 참관할 때는 한 시간 내내 서서 아이들을 집중 관찰할 수 있다. 이런 참관의 경험이 쌓이면 결국 '내가 이렇게 수업하면 아이들이 이렇게 반응하겠구나.', '내가 이렇게 수업했을 때 아이들이 이렇게 했겠군.' 하는 장면이 머릿속에 그려진다. 이러한 과정을 거치면 저 앞에 있는 수업 교사가 곧 나임을 깨닫게 되고, 자연스레 나의 부족함을 인정하게 된다. 결국엔 내가 달라져야 한다는 자각으로 이어지는데, 이것이 변화의 동기가 된다. 결과적으로 가장 큰 변화는 내 수업을 객관적으로 보는 시각이 생긴다는 것이다.

둘째, 수업모임에서의 수업 참관은 마치 실험처럼 진행되는 구조이다. 사전에 수업을 같이 설계할 때, 우리는 학생들의 반응 및 수행 과정을 예측한다. 그리고 참관을 하며 우리의 예측이 얼마나 잘 맞아떨어졌는지를 확인하고, 예측대로 되지 않았다면 그 원인을 찾아 활동지나 발문, 진행 과정을 수정한 뒤 다시 참관하기를 반복한다. 수정이 작고 소소한 것들일지라도 이를 통해 아이들이 달라지는 것을 확인하며 또다시 자신을 돌아보고 점검한다.

그런데 이러한 수정 과정은 개인이 아닌 수업모임 단위에서 더욱 수월하게 이루어진다. 최근에 공개수업 교사와 같은 교과이면서 같은 학년을 가르치는 선생님들의 수업도 함께 참관을 한 적이 있었는데, 참관 후 수업모임을 갖지 못해 어떻게 참관 의견을 말해야 할지 난감했던 경험이 있다. 수업모임에서가 아니라 개인적인 자리에서 의견을 말한다는 것이 얼마나 어려운 일인지 그때 깨달았다. '내가 그 선생님의 수업에 대해 이렇게 말해도 될까?', '다른 선생님들은 어떤 생각을 했을까?' 나의 수정 의견이 단순한 개인의 의견으로 여겨지면 서로 기분만 상할 위험이 있지만, 여러 사람이 모여 함께 의견을 나누면 보다 객관화되어 받아들여지고, 나아가 이러한 의견들이 수업에 대한 종합적인 안목을 키우는 데 큰 역할을 할 수도 있음을 새삼 깨달았다.

셋째, 이런 과정을 반복하면 아이들에 대한 현실적인 이해가 커진다. 아이들을 관찰하면서 아이들이 어디에서 멈칫하는지, 어떤 과제일 때 어디에서 막히고 진전이 없는지, 반대로 어떤 상황일 때 조금이라도 접근하는지 등을 매우 구체적이고 세밀하게 알게 되고, 또 상상할 수 있게 된다. 수업디자인을 할 때, 이러한 이해를 바탕으로 수업의 각 장면에서의 아이들 반응을 예측해볼 수 있고, 그 반응에 대한 효과적인 수업 운영 방법을 준비할 수 있게 된다.

우리의 공개수업과 수업 참관은 수업 연구의 종착점이 아니다. 내가 연구한 것을 남에게 보여주는 결과 발표의 자리가 아닌 것이다. 또한 참관을 통한 외부 전문가의 분석을 기반으로 나 혼자 수업을 변화시켜가야 하는 개인 책임의 영역도 아니다. 우리에게 수업 참관은 '~ing'라는 생각이 든다. 나를 끊임없이 성찰하게 하고, 수업이 달라지는 방법을 지속적으로 모색하게 하며, 학생들에 대해 점점 더 많이 알아가게 한다. 우리의 수업 참관은 그런 역할을 한다.

개인별 활동, 모둠 활동, 전체 공유로의 연출

범교과 수업모임에서 공개수업을 구성할 때 학습목표를 탐색하고 나면, 이를 구현하기 위해 활동지에 명시하지는 않지만 '개인별 활동'[2], '모둠 활동'[3], '전체 공유'[4]로 디자인한다. 각 과정은 독립적으로도 의미가 있고 서로 유기적으로 긴밀하게 연결되어 있다. 구체적인 방법은 1장 2절부터 다루고 있으며, 여기서는 각각의 의미에 대해 살펴보고자 한다.

'개인별 활동'은 어떤 과제이든 일단 혼자 생각할 시간을 준다는 것이다. 최소 1~2분이라도 학생들이 문제를 읽고 답할 시간을 준다. 이 과정이 없이 모둠 활동을 시작하면 가장 빨리 답을 생각해 내는 아이의 것이 모둠 의견으로 채택되고, 나머지 아이들은 무엇을 해야 하는지도 모른 채 끌려다니게 된다. 이처럼 개인별 활동은 모둠 활동이 가능해지느냐, 그렇지 않느냐를 가늠하는 중요한 요소라는 것을 알게 되었다.

'모둠 활동'은 과제에 대한 자기의 생각을 모둠에서 자기들끼리 부담 없이 편하게 표현하며 배워가는 시간이다. 이어지는 전체 공유 시간이 의미 있게 진행되려면 모둠 활동이 충분하게 이루어져

---

2. 활동지 과제를 학생들 각자가 개인별로 읽어보고 답을 찾아가는 활동을 뜻한다.

3. 수업에서 활동 과제를 함께 수행하는 학생들의 모임을 모둠이라고 한다. 모둠은 보통 네 명 정도로 구성된다. '모둠 활동'은 모둠을 이루는 학생들이 토의, 토론을 통해 협력적으로 문제를 해결해가는 활동을 뜻한다.

4. 활동지 과제에 대한 각 모둠의 의견을 교실 칠판에 모아놓고 학급의 전체 학생들이 함께 발표·질문·답변을 하면서 답을 찾아가는 활동이다.

야 한다. 그래야 의견 발표나 질문이 활발해진다.

초기에는 아이들이 활발하고 소란스럽게 떠들면 모둠 활동이 잘 되고 있는 것이라고 생각했다. 그런데 잘 살펴보면 그 활발함의 이면에는 '잡담'이 있다. 따라서 아이들이 진짜로 과제와 '관련된' 이야기를 하는지 잘 살펴보고 인도해야 한다. 아이들이 어느 정도 이야기하고 있는지, 정말 모둠 칠판에 적을 만한 이야기를 하고 있는지, 활동을 언제 멈추라고 해야 할지에 대한 판단을 해야 한다. 만약 이야기가 제대로 되지 않는다면 아이들과 논의가 가능한 수업 분위기를 적극적으로 조성해나가야 하며, 이 과정에는 수업 교사의 끊임없는 연습과 참관 교사들의 많은 도움이 필요하다.

최근 우리의 고민은 모둠 활동 후 진행하는 '전체 공유' 시간을 어떻게 할 것인가이다. 초기에는 모둠 칠판 여섯 개가 붙으면, 수업 교사가 각 모둠이 적어낸 결과를 비교하고 확인했다. 혹은 각 모둠에서 한 명씩 나와서 모둠 칠판에 적힌 내용을 읽거나 설명했다. 이것을 우리는 모둠 활동 결과를 발표하는 시간, 또는 일종의 수업 마무리 단계라고 생각했던 것 같다. 그런데 최근 모둠 활동을 지속적으로 관찰하면서 생각이 달라졌다. 하나의 모둠을 이루는 서너 명 학생들의 대화는 교사의 예상과 다를 때가 많았다. 생각보다 사고의 수준이 높지 않았다. 모둠 칠판에 적힌 결과 역시 모둠 내에서 충분한 논의와 조정을 거친 것이라고 보기 어려울 때가 많았다. 확신을 가진 의견이라기보다 누군가로부터 나온 의견을 논의 없이 그냥 적는 경우가 많다는 것을 알게 되었다.

　이제 전체 공유의 시간은 수업의 마무리 시점이라고 보기보다는 아직 불완전하게 이해된 학습내용을 밖으로 드러내어 온전하게 이해할 수 있도록 하는 기회로 본다. 이런 생각의 변화는 모둠 탐구 활동 과제 만들기는 물론 아이들이 이를 효과적으로 공유할 수 있게 하는 방법까지 함께 수업디자인에서 고민하게 만들었다. 우리는 이 두 과정을 잘 연결하는 것에 집중하고 있다. 여기에는 과제[5]가 모둠 칠판 여섯 개를 교실 칠판에 붙여놓고 논의해볼 필요가 있을 만큼 의미 있어야 한다는 것이 전제되어 있다.

　이와 같이 수업 참관을 통해 개인별 활동, 모둠 활동, 전체 공유 시간을 어우러지게 하는 것을 경험적으로 알게 되었다. '실제로 보아야' 어떤 과제, 어떤 운영 방법이 학생들의 배움에 더 많은 도움을 주는지 확실히 알게 되는 것이다.

---

5. 7개 교과의 과제 구성 과정은 2장부터 자세히 다룬다.

2. 수업디자인을 할 때 고려하는 요소들

수업은 어떻게 시작해야 할까?

수업을 시작하자마자 활동지를 나누어주고 바로 활동으로 들어가는 것이 좋다. 수업을 시작하면서 "이번 시간은 ……을 합니다."라는 설명에 너무 큰 비중을 두지 말자는 것이다. 교사는 수업을 시작할 때 동기 유발을 위해 너무나 많은 이야기들을 한다. 이러한 방식은 실제 수업에서 아이들을 그다지 자극하지 못한다.

수업 시작 직후엔 교사가 맨 처음 무슨 얘기를 꺼낼지에 대해 아이들의 관심이 집중된다. 그러나 그 순간은 길지 않다. 그때 교사가 너무 많은 얘기를 하면 아이들의 높아진 집중력은 어느새 흐지부지 사라진다. 수업 시작할 때 아이들의 집중된 관심을 바로 활동으로 연결시키는 것이 중요하다. 이때 활동지의 개인별 활동 과제로 바로 연결하면 좋다. 이번 시간의 수업 내용에 대해 자세하게 설명해주는 대신 그것을 처음부터 활동 과제로 주자는 것이다. 그러면 아이들은 '왜 이런 것을 하게 할까?'라는 생각을 하게 되는데, 이렇게 아이들이 바로 수업 속으로 들어오게 만드는 것이 중요하다.

개인별 활동은 꼭 필요하다

모둠 수업을 할 때 활동 과제를 안내한 후 바로 모둠 활동으로 들어가는 것보다는 2~3분 정도의 개인별 활동 시간을 먼저 주는 것이 좋다. 개인별 활동을 통해서 아이들은 과제에 대한 자신의 의견이나 생각을 만들어내고 정리할 수 있게 된다. 아니면 최소한 과제의 내용이라도 파악할 수 있게 된다. 이러한 개인별 활동 없이 처음부터 바로 모둠 활동을 시작하면 아이들은 과제의 내용을 잘 모르거나, 과제에 대한 자신의 생각을 확인하지 못한 상태에서 모둠 내의 누군가의 의견을 듣게 된다. 또는 모둠 내에서 아무도 선뜻 얘기하는 아이가 없어서 서로 어색하고 답답한 시간만 흘러간다.

개인별 활동 시간을 주어서 과제에 대한 자신의 생각을 갖게 하면 이런 현상을 어느 정도 해결할 수 있다. 특히 개념을 다루는 주제인 경우 개인별 활동이 더욱 효과적이다. 이것을 기반으로 모둠 활동에서 자신의 의견이 만들어지기 때문이다. 개인별 활동에서 가진 자신의 초기 생각이 이후 모둠 활동이나 수업의 전 과정을 통해 어떻게 변화해가는지를 스스로 인식하기 위해서도 개인별 활동은 꼭 필요하다.

개인별 활동에서 모둠 활동으로 연결

　개인별 활동의 결과를 교사가 정리하는 과정 없이 바로 모둠 활동으로 넘어가서 아이들끼리 서로 발견한 것을 나누게 하는 것이 좋다. 그렇게 연결되어야만 개인별 활동 시간에 부족했던 부분들이 모둠 활동에서 그대로 드러나게 되고, 그것들이 모둠 활동을 활발하게 만든다.

　개인별 활동 결과를 교사가 정리하면 아이들이 자기들끼리 공유할 수 있는 부분이 적어진다. 교사의 정리는 교사의 언어이다. 학생들은 자기들의 언어로 정리되어야 비로소 무언가를 제대로 알게 된다. 모둠 활동을 통해 자기들끼리 공유하는 방법으로 정리를 하는 것이 좋은 이유이다. 교사는 자신이 답을 정리해주고 확인해주어야 깔끔하다고 생각하는 특성이 있다. 그런 생각으로 개인별 활동의 결과를 교사 주도로 정리해주면 모르는 아이는 여전히 모르는 상태가 계속된다.

모둠 활동 시간에 교사는 무엇을 해야 할까?

　아이들이 모둠 활동을 하는 동안 교사는 처음에는 앞에서 가만히 전체 모둠의 상황을 살펴보는 것이 좋다. 가끔 아이들이 엉뚱한 것을 하고 있다거나, 교과서를 보지 말아야 하는데 본다거나, 특정 학생이 자료를 독점해서 모둠의 논의가 안 되고 있다거나 하는 경우가 있는데, 이럴 때 교사는 그 모둠에 가서 논의가 잘 이루어지도록 살펴주어야 한다.

모둠 활동이 안정적으로 시작되면 교사는 각 모둠 사이를 천천히 다니면서 아이들이 과제를 수행하는 정도를 살펴보는 것이 좋다. 아이들이 과제를 어떻게 받아들이고 어떤 방향으로 사고해가는지, 그래서 각 모둠에서 어떤 얘기들이 주로 오고가는지를 파악해서 이후 모둠 활동을 공유할 때 어떤 점을 부각시킬 것인가를 생각해두어야 한다. 그리고 어떤 학생이 전체가 함께 나눌 만한 의미 있는 의견을 내는지를 파악해두는 것도 역시 필요한 일이다.

모둠 활동이 지지부진한 듯 보이면 교사는 그 모둠에 개입하여 힌트를 주거나 설명을 해주는 등의 도움을 주려는 경향이 있다. 그러나 교사가 이렇게 모둠 활동에 개입하는 것은 바람직하지 않다. 교사의 개입은 아이들끼리의 모둠 활동을 멈추게 만든다. 막 피어나려던 대화에 찬물을 끼얹는 꼴이다. 교사가 개입을 안 하면 아이들이 움직인다. 또한 교사가 어떤 모둠의 활동에 개입하는 것은 그 외 다른 모둠의 상황을 파악할 기회를 놓치게 된다는 것을 의미하기도 한다.

모둠 활동 중 아이들이 교사에게 직접 질문을 하는 경우도 많이 있다. 이럴 때 가능하면 직접적인 답변은 안 하는 것이 좋다. 교사가 그 질문에 답을 해주는 순간 모둠에서의 논의는 사라지기 때문이다. 다만, 나중에 그 질문에 대한 답을 확인하는 과정은 필요하다.

모둠 활동 중에 전체를 대상으로 하는 교사의 추가적인 안내는 학생들의 이야기를 방해한다. 모둠 사이를 돌아다니며 모둠 활동 진행 상황을 보다가 활동지 과제 안내에서 부족한 점이 발견되었다고 그것을 다시 전체에게 말을 하면 아이들끼리 활동하던 것이 끊겨버린다. 그럴 경우 그것으로 인해 어려움을 겪고 있는 모둠에게만 가만히 과제를 보충해서 안내해주는 것이 더 효과적이다.

모둠 활동 중 교사는 느긋하게 기다려주는 모습을 보이는 것이 좋다. 그래야 아이들 사이의 대화가 활발히 이루어지고 나름의 생각들을 하게 된다. 또한 시간을 여유 있게 주어야 한다. 3~4분만으로는 얘기가 잘 나오지 않는다. 4분 정도 지나면 친구가 눈에 들어와서 이제 입을 열려고 한다. 교사가 마음이 급해서 그때 모둠 활동을 끝내는 경우가 많은데, 이는 겨우 시작된 대화를 끊는 꼴이 된다.

공유와 되돌리기, '연결 짓기'

모둠 활동 결과를 함께 공유할 때 교사가 주도하는 것보다는 학생들의 의견을 많이 들어보는 것이 좋다. 아이들이 모둠 활동 결과를 발표할 때 서로 다른 의견이 나오는 경우에는 다음 모둠 발표로 넘어가지 말고 되돌리기[6]를 하는 것도 좋은 방법이다. 되돌

---

6. 학생들에게서 나온 서로 다른 의견이 발표와 질문, 답변 과정을 거쳐도 정확하게 정리되지 않을 때, 이것을 모둠 활동으로 되돌려서 아이들 전체가 다시 논의할 기회를 주는 것을 뜻한다.

리기를 통해 어떤 의견이 맞는가를 아이들이 모둠에서 다시 논의하면서 판단해보도록 하는 것이고, 그 이유까지 찾아내보도록 하는 것이다. 또 어떤 아이가 좋은 의견을 발표했는데 대부분의 아이들이 잘 모르는 경우에도 되돌리기를 하는 것이 좋다. 딱 그 부분만을 주제로 1~2분 동안 모둠 활동을 시키면 논의가 활발해진다. 생각해볼 주제가 분명하고 명료하게 부각되어 있는 상황이기 때문이다. 이렇게 되면 몰라서 말을 못하던 아이들도 모둠 내에서 조금씩 질문을 하게 된다.

되돌리기를 한 다음 다시 의견을 얘기하는 학생이 있으면 그것을 전체가 듣고 공유한다. 되돌리기를 해도 누군가 얘기하는 학생이 없으면 다시 모둠 활동으로 되돌린다. 그렇게 모둠으로 되돌린 뒤 아이들로부터 나오는 얘기를 다시 끄집어내어 도전 과제로 연결해가는 과정이 아이들의 배움에 많은 도움을 준다.

어떤 발표가 있었을 때, 교사가 볼 때 흠잡을 데 없이 완벽했다 하더라도 그 발표에 대한 아이들의 반응은 제각각인 경우가 많다. 그렇기 때문에 교사가 아이의 발표를 판단하는 것보다는, 다른 아이들에게 연결 지어 그 발표에 대한 의견을 말할 기회를 주는 것이 좋다. 그렇게 아이들의 여러 반응들이 드러난 뒤에 다시 아이들의 논의로 정리될 때 아이들에게 배움이 일어난다.

모둠 활동에 적합한 과제 만들기

모둠 활동에서 아이들이 해야 할 과제의 양이 많으면 아이들이 부산하고 바쁘다. 또 무엇을 해야 하는지 명료하지 않아도 아이들은 방황한다. 과제의 수준이 높아서가 아니라 무엇을 해야 할지 몰라서, 또는 핵심을 못 찾아내서 엉뚱한 것을 하느라 힘들어하는 경우가 훨씬 많다. 따라서 활동지 과제의 양을 줄이고 대신 과제의 질을 높이는 방향으로 가야 한다. 양의 문제가 아니고 질의 문제를 추구하자는 것이다. 양으로는 질을 못 채운다.

'활동' 없는 활동 과제는 좋지 않다. 교과서에서 뭘 찾아서 적는 단순 활동, 결과가 뻔히 예상되는 활동 같은 것은 하나마나이다. 뭔가 아이들에게 생각해보게 하거나 자신의 사고를 점검해보게 하는 활동 과제가 좋다. 각자 다른 생각이 있을 수 있는 과제는 하나의 답으로 모으기보다 각자의 이야기를 모아서 공통된 이야기가 뭔가를 찾아보도록 하는 것이 좋다. 그다음 그것을 교과의 본질과 연결하면 된다.

한 시간에 한 번 이상은 모둠 활동 과제를 넣는다. 과제의 수준은 아이들이 모둠에서 함께 협력할 필요가 있는 것이어야 한다. 과제가 어려워서일 수도 있고, 어렵지 않더라도 다수의 생각을 모아서 판단할 때 의미가 있어서일 수도 있다.

혼자 해결할 수 있는 것이면 개인별 활동을 통해 공유하게 한다. 모둠 활동 과제는 네 명이 힘을 합쳐 끙끙거려야만 해결할 수 있는 것이어야 한다. 쉬운 내용들, 간단하고 단순한 내용들을 가지고 네 명이 함께 하도록 해서는 안 된다. 그러면 결국에는 떠들고 산만해진다. 뭔가 수준이 있고, 생각하지 않으면 풀 수 없는 문제를 가지고 함께 하도록 해야 한다.

3. 수업모임을 통한 수업디자인의 변화

수업모임의 흐름

범교과 수업모임에서의 논의는 크게 활동지 과제 수정과 수업 운영 방법 검토로 구분된다. 수업모임 초반에는 주로 활동지 과제 수정에 집중하다가 공개수업이 가까워지는 후반에는 사전 수업을 참관하면서 과제 수정과 더불어 수업 운영 방법으로 논의가 옮겨간다.

먼저 공개수업 교사가 교과서나 활동지 초안을 가져오면 이를 함께 검토한다. 교과서의 내용과 학습 목표를 확인해가면서 활동지 과제를 수정하거나 새로 만들기도 한다. 대개 세 번 또는 네 번 정도의 수업모임을 가지면 활동지가 어느 정도 완성된다. 대략 공개수업 일주일쯤 전인 이때부터는 수업 교사가 진도가 빠른 반에서 진행하는 사전 수업을 참관한다. 역시 비슷하게 세 반 또는 네 반에서 사전 수업을 참관하는데, 아이들의 반응에 따라 활동지 과제를 수정하기도 하고, 수업 운영 방법을 논의하기도 한다.

각 활동 과제에 시간을 얼마씩 배분할 것인가? 개인별 활동과 모둠 활동 사이의 조합을 어떻게 할 것인가? 모둠 칠판에는 무엇을 쓰게 할 것인가? 모둠 칠판이 교실 칠판에 붙은 다음에는 전체 학생들과 함께 어떻게 공유해나갈 것인가? 학생들의 참여와 배움을 끌어내기 위해 수업 교사는 어떻게 발문하고 학생들끼리의 토론을 유도할 것인가? 등에 대해서 논의하면서 공개수업의 완성도를 높여나가는 것이다. 수업모임 교사들은 이 과정에 함께 참여하면서 가르치는 교사의 입장에서 잠시 벗어나 배우는 학생의 입장에서 수업을 경험해봄으로써 관성의 틀에 갇혀 있는 자신의 수업을 성찰해볼 수 있다.

활동지 초안과 완성안

2016년 5월 23일에 있을 전체 공개수업에 1학년 도덕 교과를 담당한 송민정 선생님이 자원했다. 송민정 선생님은 그동안 수업모임에 꾸준히 참석하여 다른 교과의 공개수업을 함께 논의하고 수업을 참관해왔다. [표 1]은 도덕 교과의 '가정생활에서 발생하는 도덕 문제' 단원을 다루는 활동지 초안이다. 송민정 선생님이 공개수업 2주 전인 5월 9일(월) 오후 3시 30분에 수업모임에 가져온 것이다. 그날 수업모임에는 우리 학교에서 총 10명의 다양한 교과 선생님들이 참석했고, 마침 교생 실습 중이던 교생 선생님들도 6명 참석했다.

[표1] 도덕 수업 활동지 초안

요즘은 핵가족이나 한부모가정, 조손가정, 재혼가정 등 가정의 모습이 다양해지고 있지만 우리 집은 할아버지와 아버지, 어머니 그리고 나와 동생, 이렇게 3대가 함께 사는 대가족이다. (중략)

요즘 부모님과 가장 의견 충돌하는 것은 휴대폰 사용 문제이다. 내 삶의 유일한 즐거움은 핸드폰으로 친구들과 카톡하거나 게임하는 시간이다. (중략) 회사를 마치고 돌아오신 엄마는 저녁 준비를 하시며 잔소리가 더욱 심해진다. 우선 동생의 학교 숙제를 봐주라고 하신다. 동생의 학원 숙제를 도와주다 보면 화병이 날 것 같다. 동생은 내 말을 듣지 않는다. (중략) 회사일로 바쁘신 아빠는 퇴근해서 오시면 늘 소파와 한몸이 되어서 야구 경기를 시청하신다. 내가 보고 싶은 프로그램을 틀려고 하면 화를 내시며 리모컨을 빼앗으신다. (중략) 며칠 전 아빠와 엄마는 말다툼을 하셨다. 엄마와 아빠가 말다툼을 할 때면 우리 집에는 싸늘한 기운이 감돈다. 지금도 두 분은 대화를 안 하고 계신다. 갈등은 아빠가 바쁘다는 핑계로 집안일을 도와주시지 않은 것에서부터 시작되었다. (중략) 가족 모두 각자 바쁘다 보니 할아버지와 대화는 거의 없다.

1) 등장인물들이 안고 있는 고민이 무엇인지 생각해보자.

나	
할아버지	
아빠	
엄마	
동생	

2) 화목한 가정을 만들기 위해 가족에게 필요한 자세는 무엇인지 생각해보자.

나	
할아버지	
아빠	
엄마	
동생	

어떤 상황 :
올바른 대화 :

이 활동지로 수업한다면 중학교 1학년 학생들은 어떤 반응을 보이고, 또 얼마나 활동할 수 있을까? 수업모임 선생님들은 이 활동지를 보면서 "이거 선생님이 썼어요?", "우와! 참 잘 썼네요!" 하고 감탄했다. 재미있게 잘 표현된 글에 감탄했고, 수업을 위해 이렇게 장문의 글을 만들어온 성의에 또 한 번 감탄했다. 그러나 글의 양이 많아 읽어보는 데 시간이 오래 걸리고, 많은 주제가 함께 섞여 있어서 아이들이 내용 파악하기가 쉽지 않을 것 같았다. 또한 글을 읽은 다음에 수행할 과제가 명확하지 않아서 아이들이 무엇을 해야 할지 잘 모를 것 같았다. 따라서 이것을 활동 과제로 사용하려면 많은 수정이 필요하다는 데에 모두가 공감했다.

> **남경운(과학)** 글을 엄청 잘 쓰셨네요. 그런데 1번 과제 '등장인물들이 안고 있는 고민이 무엇인가?'는 국어 교과의 내용 파악하기 같은 느낌이 들어요. 시간이 많이 걸릴 것 같아요.
>
> **전경아(과학)** 상황 서술이 길어요. 짧은 대화체로 바꾸면 어떨까요? 그러면 내용도 줄고 상황 파악도 잘 될 것 같아요.
>
> **박미경(국어)** 휴대폰 사용 문제에 대한 대여섯 줄의 짧은 대화를 주면 좋겠어요.
>
> **서동석(기술)** 그렇게 하고 세대 갈등, 가치관 차이, 사고방식의 차이, 역할 갈등, 유대감의 약화, 관심과 배려의 부족, 대화의 부족 중 어떤 문제인지 찾아보게 하면 되겠네요. 그다음에는 바람직한 대화로 바꿔보게 하는 거지요.

그 주 목요일과 금요일에 두 번 더 범교과 수업모임을 열었는데, 이런 대화와 검토를 거치면서 활동지 초안을 수정했다. 계속해서 그다음 주에 사전 수업을 거치면서 최종 완성된 활동지는 다음과 같았다.

[표2] 도덕 수업 활동지 완성안 1면

과제 1. 다음 대화 속 가족이 겪고 있는 갈등의 원인이 무엇인지 가장 적합한 것 두 가지를 〈보기〉에서 골라보세요.

〈 보 기 〉

가치관과 사고방식의 차이, 세대 차이, 가족 구성원의 역할 갈등, 유대감의 약화, 서로에 대한 이해와 배려의 부족, 대화의 부족

"가치관이란, 어떤 대상에 대해서 무엇이 좋고, 옳고, 바람직한 것인지를 판단하는 관점을 말한다."
"세대란, 같은 시대에 살면서 공통의 의식을 가지는 비슷한 연령층의 사람 전체를 말한다."
"유대감이란, 서로 밀접하게 연결되어 있는 공통된 느낌을 말한다."

상황 1	아빠 : 옷이 그게 뭐야? 지민 : 왜요? 아빠 : 바지를 입은 거니? 안 입은 거니? 지민 : 예쁘잖아요? 다른 애들도 다 이렇게 입어요. 아빠 : 중학생이 그렇게 입고 다니면 되겠어? 지민 : 아빠는 알지도 못하면서. 요즘 하의실종이 대세예요. 아빠 : 너 빨리 옷 안 갈아입어? 이번 달 용돈은 없을 줄 알아. 지민 : 아빠랑은 대화가 안 통해서 더는 아빠랑 얘기하기 싫어요.	갈등의 원인 ( ) ( )
상황 2	엄마 : 여보, 분리수거 좀 도와줘요. 아빠 : ………. 엄마 : 혜교 아빠, 분리수거 좀 하고 와요! 나 지금 설거지하고 있는 거 안 보여요? 아빠 : 아, 귀찮아. 하루 종일 밖에서 일하고 온 사람한테 집안일을 시켜? 엄마 : 누군 밖에서 일 안 해요? 아빠 : 거 참. 혜교랑 중기 거실로 나와봐라. 너희들 분리수거 좀 하고 와. 혜교 : 안 돼요. 저 숙제해야 돼요. 바빠요. 중기 : 저는 만 원 주시면 할게요.	갈등의 원인 ( ) ( )

[표3] 도덕 수업 활동지 완성안 2면

과제 2. 다음 대화를 읽고 함께 생각해보자.

엄마 : (방문을 열고 들어오며) 너 또 게임이야?
민수 : 게임 안 했어요. 공부하다가 궁금한 게 생겨서 잠깐 검색했어요. 이제 끌 거예요.
엄마 : 거짓말하지 마! 게임하려고 했지? 솔직히 말해. 중학생 돼서 보는 첫 시험인데 공부
좀 해.
민수 : 아C! 짜증 나. 엄마는 잘 알지도 못하면서 맨날 잔소리야.
엄마 : 너 엄마한테 뭐라고 했어? 핸드폰 내놔. 오늘부터 압수야!
민수 : 핸드폰 뺏기만 해봐. 나 집 나갈 거야!

1. 위 상황에서 엄마와 민수가 느꼈을 감정을 헤아려보자.

	엄마	민수
위 상황에서 느꼈을 감정은?		
원하는 것은 무엇일까요?		

2. 엄마와 민수의 갈등을 해결하기 위한 대화를 짝과 함께 완성해보자.

〈짝 활동〉

엄마 : 너 또 게임이야?

3. 성찰해봅시다.

1) 인상 깊은, 기억에 남는, 마음에 드는 대화 '한 문장'을 써보자.

2) 바뀐 대화들을 보면서 어떤 느낌이 들었나요? 이번 수업을 통해 새롭게 생각해보게 된
점, 느낀 점 등을 자유롭게 적어보세요.

과제 1번에 있던 긴 글 대신 '상황 1'과 '상황 2'에 짧은 대화가 들어가고, 여기에서 갈등의 원인을 찾아보도록 했다. 과제 2번에는 가족 간 갈등이 들어 있는 대화를 제시한 다음 각각 어떤 감정을 느꼈을지, 원하는 것은 무엇인지 생각해보게 했다. 이어서 그 대화를 짝 활동을 통해 바꿔보는 활동을 넣어서 갈등 해결을 위한 방법을 생각해보게 하고 전체가 함께 나눠볼 수 있도록 했다.

수업에서 아이들이 배우는 깊이의 변화

이러한 수업디자인 수정 과정을 거치면서 수업도 조금씩 변화해가게 된다. 수업모임에서 활동지를 함께 검토하고 수정하면서 송민정 선생님의 수업 진행은 바뀌었다. 공개수업 전 9반에서 한 첫 번째 사전 수업과 6반에서 한 네 번째 사전 수업 사이에는 다음과 같은 변화가 있었다.

[표3]에서 두 번째 과제인 '짝 활동' 결과가 적힌 여섯 개의 모둠 칠판이 교실 칠판에 붙은 다음의 진행을 보자. 9반에서 한 첫 번째 사전 수업에서 송민정 선생님은 "어떤 모둠의 의견을 들어볼까요?"라고 먼저 아이들에게 질문했다. 2모둠에서 두 명을 앞에 나오게 해서 각각 엄마와 민수의 역할을 맡아 바꾼 대화를 목소리 연기로 읽어보게 했다. 3모둠에 대해서도 같은 활동을 했다. 그다음 바로 '성찰해봅시다' 과제로 넘어갔다. 아이들은 이번 수업을 통해 배운 점을 썼고, 그중에서 강인과 희정이 쓴 것을 들어보았다.

서은지(영어) 바꾼 대화를 쓴 모둠 칠판 여섯 개가 앞에 붙은 다음 두 모둠이 나와서 발표를 했는데, 사실 저는 여섯 개 전체의 내용이 눈에 잘 안 들어왔어요.

박미경(국어) 아이들이 자신의 감정을 잘 표현한 괜찮은 대화도 있었어요.

이경은(수학) 모둠 칠판에 쓴 것을 아이들이 충분히 공감하지 못했다는 생각이 들어요. 아이들이 발표를 듣고 더 느끼거나 생각해보게 하는 방법이 뭐가 있을까요?

3일 후, 6반에서 한 네 번째 사전 수업에서는 이 부분이 좀 더 세밀해졌다. 3모둠이 먼저 발표를 하겠다고 나왔다. 두 명이 나와서 목소리 연기로 바꾼 대화를 읽었다. 그다음에 2모둠에서 두 명이 나왔고, 이어서 1모둠, 6모둠, 5모둠, 4모둠 아이들이 차례대로 두 명씩 나와서 엄마와 민수 역할을 연기했다. 여섯 모둠 전체의 활동 결과를 발표하고 들어본 것이다. 그다음에 송민정 선생님은 학생들에게 "앞에 나와 연기한 각 모둠의 대화가 잘 들렸나요?"라고 확인했다. "4모둠 것이 잘 안 들렸어요."라는 얘기가 나오자 선생님은 4모둠 대신 3모둠에게 앞에 나와서 4모둠이 발표했던 역할극의 대화를 다시 발표하도록 했다.

4모둠이 만든 대사를 연기한 3모둠 아이들은 "엄마는 니가 게임을 한 게 화나는 게 아니라 공부를 하지 않고 게임하는 게 화가 나."라는 부분을 큰 소리로 화난 듯이 표현했다. 3모둠 아이들의 연기가 끝나자 선생님은 4모둠에게 질문했고, 4모둠의 두리가 대

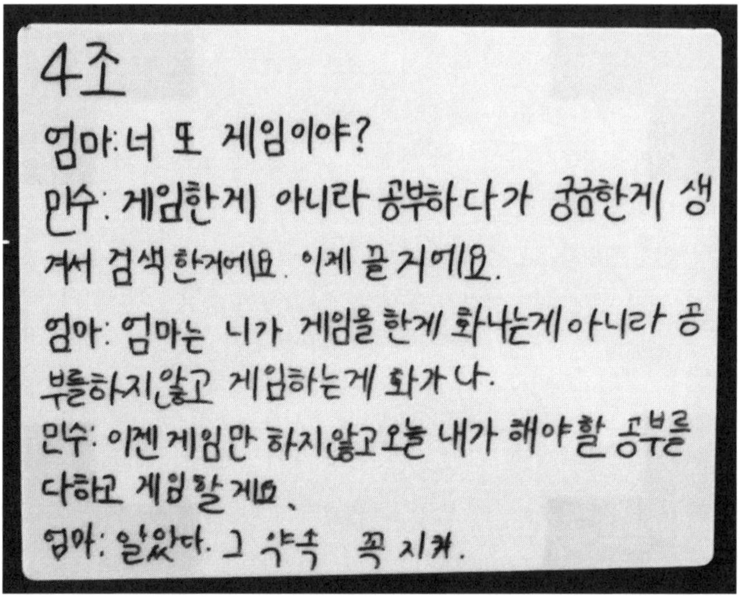

[그림 1] 도덕 수업 '갈등을 해결하기 위한 대화'를 위해 4모둠에서 짝과 함께 만들어낸 대사

답했다.

> **교사** 지금처럼 엄마가 감정을 실어서 분노가 치밀어 오
> 른 상태에서 말하는 거야? 아니면 차분한 대화투였어?
> **두리** 우리 모둠은 엄마가 차분하게 속상한 것을 말하려
> 는 의도였어요.

선생님은 "친구들이 발표한 역할극 대화 중에서 기억에 남는 것
이 있으면 써주세요."라고 하면서 '성찰해봅시다' 과제로 넘어갔
다. 가은, 연수, 진호, 지은, 상희, 준서가 각자 자신이 쓴 것을 발

표했다.

앞선 세 번의 사전 수업 참관을 통해서 수업모임 교사들은 아이들의 배움이 더 깊어지도록 하는 수업 운영 방법을 모색했고, 그 결과가 네 번째 사전 수업에 적용된 것이다. 이러한 변화를 통해 처음보다 더 많은 아이들이 가족 간의 갈등 상황에 대해 좀 더 진지하게 생각해보는 모습을 볼 수 있었고, 아이들의 활동 결과도 더 나아졌다.

이처럼 수업모임의 논의를 거쳐갈수록 수업 운영 방법은 더욱 정교해지고 따라서 아이들은 점점 더 수업 속으로 깊이 들어온다. 이런 과정을 통해 수업교사는 물론, 수업모임 교사들도 아이들의 배움이 깊어지는 수업 운영 방법에 대해 배워갈 수 있다.

2장

공감과 울림이 있는 수업

기술 1학년 '기술 발달의 영향'

서동석

1학년 '기술 발달의 영향'은 '기술의 개념과 분류', '기술 발달의 역사', '현대의 기술과 생활' 들을 병렬로 배운 다음, 기술 발달이 우리 사회에 미친 긍정적 영향과 부정적 영향에 대해 생각함으로써 기술에 대한 이해를 넓혀가기 위한 단원이다. 매년 이 단원을 수업할 때마다 똑같은 어려움을 겪는다. 이런 주제로 아이들에게 자기 생각을 발표하도록 시키면, 아이들은 지구온난화처럼 주변에서 흔히 듣던 이야기와 함께 별 망설임도 없이 "이산화탄소의 양을 줄여야 한다."라는 식의 주장을 쉽게 한다. 물론 이러한 과정도 그 자체로 매우 중요하고 의미가 있다. 하지만 정작 아이들은 그 중요성에 깊이 공감해서라기보다는 이미 정해져 있는 답을 말하듯 상투적이고도 영혼 없는 결론만 내고 그 문제에 대해 별다른 감동 없이 지나친다는 점이 문제이다. '이 단원을 수업모임에서 함께 논의하면 수업이 어떻게 달라질까?' 하는 궁금한 마음으로 이 부분을 공개수업으로 정하고 함께 논의를 시작했다.

1. 아이들 실생활과 가까운 주제 찾기

처음에는 교과서를 벗어나지 못했는데

수업 혁신을 해보겠다고 몇 년째 노력을 해오고 있지만 '기술 발달의 영향'을 어떻게 수업에서 다루어야 할지 가닥이 잡히지 않았다. 잠깐 고민을 해보다 일단 수업모임에 맡겨보기로 하고, 교과서 내용을 중심으로 활동지 초안을 만들었다.

[표1] '기술 발달의 영향' 활동지 초안

1. 교과서에는 기술 발달로 인한 긍정적인 영향과 부정적인 영향이 아래와 같이 나와 있다. 이것들 이외에도 다른 점들을 생각해서 써보자.	
기술 발달의 긍정적인 영향	기술 발달의 부정적인 영향
휴대전화로 위성방송 시청 태양광 자동차, 복제 개 스너피	환경오염 물질 배출 교통사고, 살상무기
2. 그렇다면 앞으로도 계속 기술을 발달시켜가야 할까요? 아니면 그만 멈추어야 할까요?	
계속 발달시켜가야 한다.	기술의 발달을 멈추어야 한다.
이유는?	이유는?

이렇게 만든 활동지 초안을 가지고 수업모임에서 논의를 했는데, 다른 교과 교사로부터 대뜸 이런 의견이 나왔다.

이런 일반적인 영향보다는 '내' 생활에 미친 영향을 쓰도록 하면 어떨까요?

'아이들이 너무 뻔한 것들을 쓰지 않도록 하려면, 그래서 수업이 진지해지도록 하려면 필요한 것이 무엇일까' 하는 생각에서 나온 제안이었다. 신선했다. 범사회적이고 거시적인 것들을 다룬다면 아직 중학교 1학년인 아이들에게 깊이 있고 진지한 이야기들을 기대할 수 없을 것이다. 오히려 그 반대로 자신들의 생활과 관련된 것들을 이야기하도록 한다면 아이들이 의욕적으로 덤벼볼 수도 있고, 그 과정에서 기술 발달의 영향에 대해 의미 있는 이야기를 나눌 수도 있겠다는 생각이 들었다.

그러면서 '나는 왜 그런 생각을 쉽게 떠올리지 못했을까?' 하는 자책도 들었다. 관성에 젖어서였을 수도 있고, 당장 수업을 준비해야 하는 부담감, 혹은 실패를 거듭해왔던 기억이 내 사고를 경직되게 만들었을 수도 있다. 반면 다른 교과 교사는 이 부분에 대해서 나와 같은 경험과 기억, 즉 선입견이 없기 때문에 유연하게 사고할 수 있는 것이 아닐까 싶었다.

1번 과제를 "기술 발달이 '내' 생활에 미친 영향"으로 수정하기로 하고 이어서 2번 과제에 대한 의견도 나누었다. 내 생각에는 아이들이 어떤 입장을 취하기는 하겠지만 그 이유를 깊이 있게 들지는 못할 것 같았다. 이때 과학 선생님이 한 가지 아이디어를 내놓았다.

> **남경운(과학)** 아이들의 판단에 도움을 줄 수 있는 영상이
> 나 자료를 제시하면 어떨까요?

그래서 아이들에게 기술 발달의 영향을 생각해볼 수 있는 영상 자료를 제시하기로 했다. 그러나 마땅한 영상을 구하는 것이 문제였다. 영상을 잘 구한다면 아이들이 활발하게 활동할 수 있을 것 같았다.

아이들이 느낄 수 있는 소재를 활동 과제로

활동지를 [표 2]와 같이 수정하고 며칠 후 다시 수업모임을 가졌다. 나는 마땅한 동영상을 찾지 못해서 당시 문제가 되고 있던 '월성원자력발전소의 재가동' 논란에 대한 자료를 읽기 자료로 준비해갔다.

월성원자력발전소는 1983년 상업 운전을 시작해 30년간 전력을 공급해오다 2012년 11월에 30년간의 설계 수명이 만료되었다. 원자력안전위원회는 안전성 검사를 거쳐 월성1호기를 앞으로 10년간 더 연장 사용하기로 했다. 이에 지역 주민들과 환경운동연합은 월성1호기의 연장 사용을 강력하게 반대하고 있었다. 이런 내용의 자료를 수업모임에서 보여주고 의견을 구했다.

[표2] '기술 발달의 영향' 활동지 1차 수정안

1. 기술의 발달이 내 생활에 미친 긍정적인 영향과 부정적인 영향을 써보자.	
내 생활에 미친 긍정적인 영향	내 생활에 미친 부정적인 영향
–	–
–	–
–	–

2. '월성원자력발전소'에 관한 자료를 읽고, 아래의 '재사용'과 '폐기' 중 하나에 동그라미를 하고, 그 이유를 써보자.	
나의 판단	월성원자력발전소를 (재사용, 폐기)한다.
이유는?	

3. 이번 수업을 통해서 '원자력발전소' 등 기술의 발전에 대해서 새롭게 가지게 된 생각을 써보자.

박미경(국어) 1학년 아이들에게 원자력발전소는 내용이 어려울 것 같아요. 판단할 수 있을까요?

수업 교사 사실 원자력발전소 재가동이라는 것이 1학년 아이들에게 다소 어렵겠다는 생각을 하긴 했어요. 그런데 마땅히 다른 것이 없었거든요.

전경아(과학) 자동차에 대해 얘기하면 어떨까요? 자동차

사고가 많이 나기도 하고, 원자력발전소보다는 아이들이
잘 아는 내용이잖아요.

남경운(과학) 스마트폰도 좋을 것 같은데요?

활동지를 만들면서 내심 우려했으나 그냥 무시하고 넘어갔던 문제들이 여지없이 다른 교과 교사들로부터 나왔다. 만약 이 수업을 예전처럼 혼자 계획했다면 그냥 이대로 진행했을 것이고, 결국 내가 원자력발전소에 대해서 장황하게 설명하느라 시간을 많이 소모했을 것이며, 아이들은 아이들대로 잘 알아듣지 못해 힘들었을 것이다.

'월성원자력발전소의 재가동 여부' 대신에 다른 과제를 생각해보아야 했다. 지난 수업모임에서 잠깐 소개받았던 '밀레니엄 프로젝트'에서 발표한 '미래의 인간 수명 200세 기술 개발'에 대한 자료를 찾아보았다. 그러나 그 자료도 단순히 '그렇게 될 수도 있다'라는 식의 전망 수준이었고, 막상 아이들에게는 진지하게 받아들여질 만한 것이 아니겠다는 판단이 들었다. 아이들은 '수명이 연장되면 좋겠지 뭐.' 이런 정도로만 생각할 것 같았다. 수명 연장 때문에 발생할지도 모르는 더 깊은 문제, 예를 들면 '수명 연장은 인간의 성취욕을 떨어뜨릴 수 있다.', '인구 노령화를 가져오고, 여기서 세대 갈등이 빚어질 수 있다.', '인구 증가', '은퇴자 문제' 등을 1학년 아이들이 생각해낼 가능성도 희박해 보였다.

중학교 1학년 아이들은 아직 사회에 대한 경험의 폭이 좁다. '기술 발달이 우리 사회에 미치는 영향'을 깊이 있게 생각해보게 하는 것은 그만큼 무리일 가능성이 많다. 힘들게 생각했다 하더라도 단지 생각일 뿐 감정이나 정서적으로 크게 공감을 갖는 것도 아니라고 생각했다.

감정적으로, 정서적으로 크게 공감할 수 있어야 한다는 고민을 하자 "이런 일반적인 영향보다는 '내' 생활에 미친 영향을 쓰도록 하면 어떨까요?"라는 말이 다시 생각났다. 기술 발달이 자기 자신에게 미친 영향에 대해서 생각해보도록 한다면, 즉 '기술 발달이 나에게 미친 영향'에 대해서 생각해보도록 한다면 아이들도 할 수 있는 말이나 하고 싶은 말이 많을 것이다. 나오는 얘기들 또한 대부분 아이들이 공감할 수 있는 말들일 것이다.

'나에게'가 많이 모이면 '우리에게'가 된다. 그러면 자연스럽게 '기술 발달이 우리에게 미친 영향'으로 확대될 수 있다. 이런 생각을 바탕으로 활동지를 다시 수정했다.

2. 아이들이 자기 경험을 공유하는 시간 설정

실제 수업을 가늠해보는, 수업모임 교사들의 문제 풀이

이틀 후, [표3]과 같이 활동지를 수정하여 다시 수업모임을 열었
다. 정기 모임인 지난 월요일에는 15명이 참석했지만, 임시로 모
인 이날은 6명이 참석했다. '내 생활에 미친 영향'을 쓰는 2번 과제
가 핵심 과제로 자리 잡았다.

[표3] '기술 발달의 영향' 활동지 2차 수정안

1. 교과서를 읽어보고, 기술의 발달로 인한 긍정적인 영향과 부정적인 영향을 써보자.	
기술 발달의 긍정적인 영향	기술 발달의 부정적인 영향
2. 지금까지 살아오면서 내가 직접 경험한 기술의 발달이 내 생활에 준 긍정적인 영향과 부정적인 영향을 써보자.	
내 생활에 미친 긍정적인 영향	내 생활에 미친 부정적인 영향
이유는?	이유는?
3. 기술 발달이 내 생활에 미친 부정적인 영향을 극복하기 위한 방법은 무엇일까?	

이경은(수학) 1번 과제는 도입으로 만든 것이지요?

수업 교사 네, 교과서를 간단하게 확인해보는 거예요.

이경은(수학) 그런데 이런 간단한 활동에도 시간이 많이 걸려요.

전경아(과학) 단순 과제인 만큼 시간 절약을 위해 예시를 몇 개 써주는 게 좋겠어요.

 수업에서 각 활동에 시간을 얼마나 배정할지도 중요한 요소이다. 이 활동지에서 1번 과제는 이 수업의 도입을 위한 과제이다. 교과서에서 내용을 찾아 쓰면서 이번 수업의 내용을 스스로 알게 하려는 의도이다. 그러므로 여기에서 괜히 시간을 많이 소모한다면 시간 낭비가 된다. 이런 검토는 과제의 의도를 살리면서 수업을 매끄럽게 운영할 수 있게 해준다.

 수업모임 교사들이 활동지의 과제에 대한 답안을 2~3분 동안 마치 학생인 양 직접 써보았다. 과제가 아이들에게 어떤 의미가 있을지, 아이들이 얼마나 할 수 있을지 가늠하기 모호할 때는 이런 방법을 써왔다.

 '각양각색'이라더니, 여러 교사들이 모이니 다양한 답안이 나왔다. 그러면서도 그 하나하나의 내용이 모두 신선했고, '그래?'라는 호기심이 생겼으며, 그 답을 쓴 이유가 들어보고 싶어졌다. 동시에 '아이들에게서도 이런 이야기들이 많이 나올 수 있겠구나! 아이들도 호기심을 가질 수 있겠다.'라는 기대를 할 수 있게 되었다. 이 부분에 대한 수업설계를 처음 할 때의 고민을 생각해본다면,

내 생활에 미친 긍정적인 영향	내 생활에 미친 부정적인 영향
어떤 기술? 워드프로세서	어떤 기술? 스마트폰
이유는? 손으로 글자를 못쓰는데 글자를 깨끗하게 쓸 수 있다.	이유는? 확인 자주하느라 시간 뺏긴다. 눈 아프다.
어떤 기술? 의료기술	어떤 기술? 자연모방기술
이유는? 내 건강에 도움을 받았다	이유는? 가상 체험 기회 때문에 실제 체험기회를 박탈당한다. 오감체험이 중요한데
어떤 기술? 주방기기, 비데, 아이패드	어떤 기술? 스마트폰
이유는? 자료요약 메모장 처럼 잘 활용	이유는? 중독
어떤 기술? 스마트폰	어떤 기술? 스마트폰
이유는? 자녀가 아플때 인터넷 카페에 글속 올려서 병원을 옮기는 데 도움 받음	이유는? 과잉사용으로 시력, 저하, 집중력 저하, 가족 과의 대화 단절.
어떤 기술? 스마트폰	어떤 기술? 스마트폰
이유는? 언어 학부에도 활용하고, 메모 패드에 그려그때 노트를 한껏 지금까지 800개가 넘는다.	이유는? 산만해질 수 있다. SNS에 빠져 생활의 촛점을 잃을 수도 있다.
어떤 기술? 인터넷	어떤 기술?
이유는? 궁금한게 생기면 신속히 자료 조사를 해서 정보를 찾는다.	이유는?

[그림 1] 수업모임 교사들이 2번 과제에 직접 쓴 답안 모음

이러한 기대를 가지게 된 것 자체가 매우 큰 변화라고 볼 수 있다.

교사들이 간단하게 작성한 답안을 보면, 긍정적인 영향을 준 기술이나 부정적인 영향을 준 기술에서 모두 스마트폰이 자주 등장하고 있었다. 그렇다면 아이들의 경우에도 스마트폰이 많이 나오지 않을까 생각했다. 아이들도 스마트폰과 관련된 사연에 관심을

가지고 서로 듣고 싶지 않을까 하는 생각도 들었다. 그런 이야기들을 서로 나누는 것이 기술 발달의 영향을 이해하는 데 도움이 될 수 있을 것이라는 생각이 들었다.

틀에 박힌 정답보다는 자신의 의견을 쓰게 하기

수업모임에서 같은 주제로 세 번째 논의를 하다 보니 처음보다 더 깊이 있고 구체적인 제안들이 나왔다. 그런데 이 제안들을 가만히 살펴보면 처음에 중요하게 고려되던 영상 자료에 대한 논의는 사라지고, 기술 발달이 '내 생활에 미친 영향'만이 부각되었다.

> **김지수(국어)** 3번 과제는 너무 규범적이거나 당위적인 것들만 쓰게 될 것 같아요. 그보다는 가치중립적인 것을 주고 판단을 해보게 하는 건 어떨까요?
> **조윤성(사회)** 과제 1, 2와 비교할 때 과제 3은 동떨어진 듯합니다. 과제 3을 앞에서 언급된 기술이 없다면 불편한 점을 써보는 것으로 수정하면 어떨까요?
> **남경운(과학)** 우리 모둠의 결과를 포함해서 칠판에 붙은 다른 모둠의 결과들 중에서 자신에게 가장 큰 영향을 미친 기술을 써보게 하는 건요?

3번 과제는 기술 발달의 영향에 대처하는 올바른 자세를 갖도록 하려는 의도에서 만든 것이었다. 그런데 이 과제로는 그런 의도가 살아나기 힘들겠다는 판단에 따라 다른 방식의 과제가 제안되었다. 논의를 더 거쳐서 3번 과제는 '모둠 칠판에 붙어 있는 기술들 중에서 자기 자신에게 가장 공감이 가는 기술은 어떤 것인가요?'로 정했다.

> **남경운(과학)** 1번 과제도 하루 동안 내가 경험하는 기술을 모두 쓰도록 하면 어떨까요?
> **서은지(영어)** '걷기 → 버스', '전화기 → 핸드폰', '2G → 3G', '전등 → LED' 이렇게 발전해간 세트로 찾아보도록 하는 건요?

3번 과제의 문구가 바뀜에 따라 도입 역할을 하는 1번 과제도 영향을 받게 되었다. 교과서 안에서 찾아 쓰는 것에서 자신이 하루 동안 경험하는 기술들을 생각해서 쓰는 것으로 수정하기로 했다. 그 대신 교과서는 수업을 시작하면서 아이들이 각자 읽어보는 것으로 했다. 교과서를 읽으며 수업을 시작하면 아이들이 차분해지는 효과를 얻을 수 있다. 이런 많은 이야기들을 토대로 활동지의 큰 방향을 잡아서 정리를 했다.

"정리해볼게요. 1번은 '내가' 생활하면서 겪은 기술을 모두 다 쓰게 한다. 2번은 그중에서 긍정적인 것 한 개와 부정적인 것 한 개를 고르고 이유를 쓴다. 그리고 모둠 칠판에 써서 붙이고 공유한다. 3번은 그중에서 자신에게 가장 큰 영향을 미친 기술을 쓰게 한다."

이런 논의를 거쳐서 활동지가 [표 4]와 같이 수정되었다.

[표4] '기술 발달의 영향' 활동지 3차 수정안

1. 내가 일상생활에서 이용하고 있는 기술들을 찾아서 최대한 많이 써보자.

내가 이용하고 있는 기술들   예) 버스, 전기밥솥……

2. 위에 쓴 기술들 중에서 내가 직접 경험한 기술의 발달이 내 생활에 준 긍정적인 영향과 부정적인 영향을 써보자.

내 생활에 미친 긍정적인 영향	내 생활에 미친 부정적인 영향
어떤 기술?	어떤 기술?
이유는?	이유는?

3. 모둠 칠판에 붙어 있는 기술들 중에서 자기 자신에게 가장 공감이 가는 기술은 어떤 것 인지 써보자.

어떤 기술?

이유는?

3. 활동지 과제 안내 문구의 세밀한 수정

활동지 문구 하나에 큰 영향을 받는 아이들

다음 날, 공개수업을 일주일 앞두고 진도가 빠른 반에서 같은 주제로 수업하는 시간이 있었다. 다섯 분의 선생님이 사전 수업을 참관했다. 사전 수업이 있은 바로 그날 수업모임을 가졌다. 이런 수업모임에서 나누는 의견은 공식적인 공개수업 후에 나누는 것과는 다르다. 공식적인 공개수업은 더 이상 수업디자인을 수정하지 않는 최종적인 것인 반면, 사전 수업은 이후 수업모임의 논의를 거쳐 계속해서 수업디자인을 수정해가는 과정에 있는 것이다. '오늘' 나누는 의견들을 '내일' 수업의 디자인에 반영해서 더 나은 수업을 만들 수 있는 것이다. 그렇기 때문에 참관 의견을 말하는 교사와 듣는 교사 모두 의욕을 갖고 논의에 참여하게 된다.

'위에 쓴 기술들 중에서 내가 직접 경험한 기술의 발달이 내 생활에 준 긍정적인 영향과 부정적인 영향을 써보자.'라는 2번 과제에 대한 참관 발언이 있었다.

> **전경아(과학)** 자신이 직접 경험한 기술을 쓰게 하는 과제 제시가 장단점이 있어 보였어요. 생생한 이야기를 쓸 수 있다는 점에서는 좋지만, 아이들이 경험이 많지 않아서 못 쓰게 된다는 단점이 있었어요. 예를 들어 이런 대화를

나누었어요. "네가 총 쏴봤어?", "교통사고 나봤어?", "네가 담배 피워봤어?" 등과 같이 직접 경험한 것이 아니면 못 쓰는 경우가 1모둠에서 보였어요. 간접 경험을 써도 된다는 제시가 있으면 어떨까요?

2번 과제는 자신이 경험한 기술들을 다양하게 써보는 것인데 '직접'이라는 글자 때문에 아이들이 다양하게 못 쓰는 것 같다는 의견이었다. 이 의견에 따라 활동지의 문구를 '직접 또는 간접적으로 경험한'으로 수정해서 다음 날 다른 반에서 수업을 하고 참관을 했다.

서은지(영어) 간접 경험을 써도 된다는 문구 때문인지 아이들 답을 보니 너무 거시적이거나 원론적인 것, 가정에 기반을 둔 것들이 많아서 아쉬웠어요. 아이들이 추측성의 막연한 내용을 쓰는 현상이 벌어져서 나중에 결과를 공유할 때 특별히 할 말도 없고, 다른 아이들의 반응을 끌어내지도 못하는 듯했어요.

이경은(수학) 오늘 수업에서 과제 2 결과를 공유할 때, 아이들이 자신의 경험을 다른 반에 비해 구체적으로 표현하지 못하는 현상이 있었어요. '간접 경험'이라는 글자 때문에 아이들이 깊이 생각할 기회가 적었기 때문이 아닌가 생각됩니다.

그 전날과는 반대의 참관 의견이 나왔다. 자신이 직접 경험한 것이 아니어서 서로가 쓴 것에 대해 할 말도 적고 공감을 불러일으키지도 못했다는 것이다. 예를 들면, 부정적인 영향과 그 이유로 '정보통신기술, 개인정보 유출 때문에'라든가 '건설기술, 환경이 오염되니까'와 같이 써놓고는 그것에 대해 서로 별로 나눌 말이 없었다는 것이다. 이처럼 활동지의 문구에 따라 아이들의 활동 정도가 달라지는 경우가 많이 있다. 대부분 수업 교사가 대수롭지 않게 생각했던 문구로 인해 벌어지는 현상들인데, 이로 인해 수업의 맥이 빠진다면 안타까운 일이 아닐 수 없다. '아' 다르고 '어' 다르다는 말처럼, 활동지에 들어가는 문구 하나하나를 꼼꼼하게 살펴볼 필요가 있다.

그렇다면 어떻게 수정할 것인가? 논의 끝에 '직접'과 '간접'이라는 단어 둘 다 빼는 것으로 결론을 지었다. 두 글자가 없으면 오히려 아이들이 직접과 간접에 영향을 덜 받으면서 더 자연스럽게 쓸 수 있을 것이라는 생각 때문이었다. 실제로 다음 수업에서는 아이들이 직접인가 간접인가보다는 얼마나 공감할 수 있는가에 더 신경을 쓰는 모습이 나타났다. '자기 자신에게 가장 공감이 가는 기술'을 쓰는 3번 과제에 대한 참관 의견이 남경운(과학) 선생님으로부터 이어졌다.

> 스마트폰이 부정적 영향을 미친다는 아이가 25명 중 13명이었어요. 이것을 다뤄보면 어떨까요? '스마트폰이 나에게 몇 퍼센트나 영향을 미치고 있나요?'라는 식으로 질문을 해보면 어떨까요?

활동지에 대부분의 아이들이 스마트폰의 부정적인 면을 쓰고 있었다. 따라서 이제는 아이들 각자가 스마트폰에 얼마나 영향을 받고 있는지 그 정도를 알아보는 것이 더 가치가 있겠다는 판단에서 나온 제안이었다. 하지만 대부분의 수업모임 교사들은 이 제안을 의미 있게 받아들이지 못했다. 다음 날에도 수정되지 않은 활동지로 수업을 했다.

> **남경운(과학)** 3번 과제는 영향 받는 정도를 %로 쓰라고 해 보면 어떨까요? 만약 90%라고 쓴 아이가 있다면 그것이 궁금할 것 같아요. 지금처럼 '가장 공감 가는 내용'보다는 더 아이들에게 호기심을 주고 또 답하기도 쉬울 것 같아요.
>
> **김지수(국어)** 그렇게 할 거면 '경매' 방식은 어떨까요? 10% 이상 손 드세요, 20% 이상 손 드세요, 30%…… 이렇게 하면서 90%까지 가면요? 그러면 아이들이 점점 손을 내리게 되니까 더 흥미를 끌지 않을까요?

어제에 이어 두 번째 나오는 제안이었다. 오늘은 이 제안이 활동지에 반영되었다. 그렇다면 어제와 오늘의 차이는 무엇일까? 오늘까지 수업을 보면서 다른 수업모임 교사들도 '가장 공감 가는 기술은 어떤 것인가요?'에 답을 쓰는 활동이 그것만으로는 기술의 영향을 이해하는 데 크게 효과적이지 않다는 것에 동의했기 때문이다. 다음 날 수업에서 3번 과제에 '자신들이 어떤 기술에 몇 퍼센트의 영향을 받고 있는가?'를 쓰고 나누게 했더니 아이들이 이

전보다 적극적이고도 활발한 반응을 보였다.

[표5] '기술 발달의 영향' 활동지 과제 3번 수정안

3. 나는 (기술)에 몇 % 정도 영향을 받으며 살고 있는지 써보자.	
몇 %?	%
이유는?	

수업 운영 방법을 다듬게 하는 수업 참관 의견

"모둠의 의견을 결정하는 2번 과제에서 5모둠은 다수결로 금방 뚝딱 해결했어요. 그런 후에는 '우린 뭐하지? 놀아야 하나?' 이렇게 궁시렁댔어요. 약간의 논의를 거쳐 다수결로 정했지만, 쓸 때 보니 특정한 학생의 이야기가 그대로 씌어졌어요."

조윤성(사회) 선생님의 참관 의견을 나는 유심히 들었다. 다음 날 수업에서 지나치게 빨리 과제를 해결한 모둠이 있어 결과를 점검해보니 이유를 한두 개 정도로 단순하게 썼다. 그래서 "세 개 이상 구체적으로 써보세요." 했더니 그 모둠이 다시 활발해졌다.

서은지(영어) 1번 과제 결과를 확인할 때 아이들이 다른 아이의 발표를 듣는다는 생각이 덜 들었어요. 여러 명을 발표시켰는데, 새로운 내용이 없어서 그런 듯해요. 크로스 아웃 방법이나 발표하지 않은 것만 발표하도록 하면 어떨까요?

이경은(수학) 1번 할 때 활발하기를 기대했는데 그러지 않았어요. 이미 발표된 것은 말하지 않기로 하면 어떨까요?

과제 1은 자신이 일상생활에서 이용하고 있는 기술들을 이것저것 많이 써본 다음 말해보는 간단한 활동인데, 아이들이 발표하는 아이의 의견을 잘 안 들었다는 것이다. 참관 교사는 아이들이 잘 듣지 않는 원인까지 파악하고 대안을 제시했다. 한 아이가 발표한 다음 "앞사람이 말하지 않은 거 쓴 사람?"과 같이 발문을 하면 아이들도 호기심을 가지고 잘 듣게 될 것이다.

이연재(수학) 모둠 수업을 처음 보았어요. 아이들이 의견 조율하는 모습을 알게 되었어요. 아이들이 서로의 경험을 쓰면서 나만의 문제가 아님을 알게 되는 모습이 보기 좋았습니다. 이런 수업을 통해서 아이들이 서로를 폭넓게 이해할 수 있게 되는 것 같다는 생각이 들었고, 아이들도 성의껏 잘하는 모습을 볼 수 있었습니다.

김지수(국어) 모둠 수업을 참관해보니 수업에서는 활동지가 정말 핵심이겠다 싶었어요. 그러면 선생님들은 아이들 활동의 조력자 역할을 하면서 편할 것 같기도 해요.

모둠 수업은 아이들 간에 소통이 이루어지게 하는 좋은 수업 방법이다. 아이들이 서로를 폭넓게 이해할 수 있도록 해주는 수업이야말로 복잡하고 파편화되어 있는 현대사회에서 가장 필요한 수업 방법이 아닐까 생각한다.

모둠 수업은 활동지를 비롯한 수업설계가 제대로 갖춰지면 정작 수업 시간에는 어느 정도 한가해지는 면도 있다. 그 여유 있는 시간에 아이들이 얼마나 활동을 해내고 있는지, 함께 공유할 만한 의견을 쓰는 아이들이 누구인지를 미리 파악해둔다면 아이들이 더욱 집중할 수 있는 수업을 만들 수 있다. 그러나 반대로 수업설계에 문제가 있다면, 여기저기 엉망이 되는 상황이나 부족한 시간 때문에 수업 교사는 진땀을 흘려야 한다. 그렇기에 모둠 수업의 성공 여부는 수업 시작 전에 이미 판가름 난다.

4. 적극적인 되돌리기 - 피드백의 중요성

쉽게 재단할 수 없는 '진지함'

8반에서 사전 수업이 있었다. 모둠 칠판을 붙이고 전체가 공유하는 순간이었다. '자동차가 지나다닐 도로를 만드느라 산을 깎아야 해서 부정적인 영향을 준다.'라고 쓴 2모둠에게 질문했다.

> **교사** 그러면 어떻게 하면 좋을까요?
> **2모둠원** 지하철이나 대중교통을 이용하면 돼요.

이 대답을 어떻게 받아야 할지 잠시 난감했다. '지하철이나 대중교통도 산을 깎는 것은 매한가지가 아닌가?', '이 질문을 모든 모둠에게 되돌리기를 할까?' 하는 생각도 잠깐 했지만, 시간이 없고 다룰 만한 다른 부분들도 많기에 그냥 넘어가야 하는 상황이라고 판단하고, "오늘 진지하지 않은 것 같네요."라고 말하고 다른 부분으로 넘어갔다.

> 칠판에 붙은 모둠 활동의 결과를 보면서 아이들이 진지하게 논의한 결과물이 아닌 듯한 느낌이 들었어요.

사전 수업 후 가진 수업모임에서 나는 이렇게 말했다. 사실 모둠 칠판에 쓰인 아이들의 활동 결과가 내 기대에 못 미쳤다. 아이들이 이렇게 건성으로 활동한다면 이 수업이 무슨 의미가 있나 싶었다. 그러나 이 수업을 참관한 다른 교사들의 의견은 달랐다.

> **남경운(과학)** 모둠 칠판에 쓰이지는 않았지만 "이어폰이 음악 감상할 때 다른 사람에게 피해를 주지 않아서 긍정적인 기술이다."라는 식으로 구체적이면서 특이한(?) 의견을 쓰는 아이들도 있었어요. 선생님의 "진지하게 쓴 것 같지 않다."라는 말에 '이 정도면 진지한 건데?'라는 생각이 들었습니다.
>
> **김지수(국어)** 과제 2에서 제가 보기에는 아이들이 모둠 활동을 하면서 진지하게 의논을 하는 모습들이었는데, 선생님이 모둠 활동 결과를 공유할 때 "진지하지 않은 것 같네요."라고 해서 의아했어요.

내가 수업 중에 발견하지 못하는 많은 아이들의 다양한 모습을 참관 교사들은 세세하게 볼 수 있다. 이런 선생님들의 의견을 들으면서 비록 어느 정도 부족한 지점이 있을지라도 아이들이 나름대로 진지하게 생각을 하고 의견을 나누었다는 것을 알게 되었다. 그렇기에 아이들의 논의 결과에 다소 부족한 부분이 있었더라도 내가 피드백을 주어야 했다는 아쉬움이 크게 남았다.

아이들 사이의 소통과 몰입은 의미를 만든다

사전 수업을 참관한 남경운(과학) 선생님은 참관 소감을 간단한 글로 적어서 가지고 왔다.

모둠 칠판 여섯 개가 칠판에 붙었을 때 (수업하는) 선생님이 말했다.

"어떤 모둠 것을 들어보고 싶나요?"

쓴 것을 똑같이 말로 하는 것이 무슨 의미가 있나 싶었다. 한 모둠의 아이가 발표했는데, 모둠 칠판에 쓴 것을 그대로 읽었다. 처음에는 그게 어색하게 느껴졌다.

그런데 두세 번 지나 다시 다른 아이가 같은 식으로 그대로 읽을 때는 그 목소리가 낭랑하게 들리면서 그 모둠의 내용에 집중이 되었다. 모둠 칠판에 쓴 것을 그대로 읽기만 하는데도 귀로 소리를 들으며 말하는 아이의 표정을 보는 것이 눈으로 글자를 보기만 하는 것과는 다른 느낌을 준다는 것을 알았다.

생각해보면 모둠 칠판 여섯 개가 한꺼번에 붙었을 때에는 어느 모둠의 것도 의미 있게 읽혀지지 않았다. 기준이 없었기 때문인 것 같다. 가장 빈도가 높은 것이라든지, 아니면 공감 가는 것이라든지 이런 기준이 없었다. 그렇기 때문에 잘 안 읽힌 것이 아닐까 싶었다. 그런 와중에 한 아이가 자기 모둠 것을 앞에 나와서 읽으니 그것에 관심이 갔다.

모둠 활동 결과를 공유할 때 처음 한두 아이는 칠판 앞에 나와서 전체를 보며 의견을 발표하는 것이 다른 아이들의 집중을 유도하는 효과가 있다는 것을 느꼈다.

이런 참관 의견을 보면서 이 수업에 대한 내 생각에 조금씩 변화가 오기 시작했다. 사실, 처음에는 '기술 발달의 영향에 대하여 아이들이 말해보는 것이 과연 큰 의미가 있을까?'라는 생각이 어느 정도는 있었다. 그런데 점점 이런 참관 발언을 통해 '대단한 의견이 아닐지라도 아이들이 자신의 생각을 전체 친구들 앞에서 표현해보는 것이 그 자체로 의미가 있겠구나!'라는 생각으로 바뀌었다. 그리고 다른 친구의 의견을 전체가 집중해서 듣고, 질문하고 답해보고, 또 그것을 듣고 하는 과정도 큰 의미가 있겠다는 생각이 들었다.

> **김지수(국어)** 2번 과제의 결과를 아이들이 발표할 때 정말 잘 듣더라구요. 보통은 토론만 잘하고 다른 사람의 발표는 잘 안 듣는데 놀라웠어요.
> **이경은(수학)** 아이들이 앞에 나와서 발표하는 아이의 의견을 집중해서 잘 듣는 모습이었는데, 이는 아이들이 모둠활동을 할 때 각자 모둠에서 자신들이 나누었던 이야기를 앞에서 발표하기 때문인 듯해요.

모둠 활동을 공유할 때 아이들이 잘 듣는다는 참관 의견이었다. 아이들이 발표를 집중해서 잘 듣고, 그 이유가 자신들도 모둠에서 옥신각신하며 비슷한 이야기를 나누었기 때문이라는 참관 교사의 이야기는 나에게 용기를 주었다. 아이들이 이 수업에 진지하게 참여하고 있다는 뜻이기 때문이다. 그렇다면, 예를 들어 스마트폰 중독 현상 같은, 누구나 아는 이야기일지라도 누군가의 경험을 함께 나누는 것은 단순한 말 이상의 공감을 서로에게 줄 수 있을 것이라는 기대도 할 수 있게 되었다.

5. 다른 수업 참관을 통한 자기 수업 성찰

'나도 한 명쯤 앞에 나와서 발표시켜야겠다'

기술 공개수업을 준비하는 수업모임이 약 2주 동안 진행되고 있다. 이 과정이 기술 교과가 아닌 다른 교과 교사에게는 어떤 의미가 있을까? 사실 논의 내용과 수업 교과는 기술이지만 다른 교과와도 공통점이 많이 있다. 같은 학생들이고, 모둠 수업이라는 공통점이 있으며, 활동지 구성 원리와 효과적인 수업 운영이라는 주요한 지점에 대해서는 교과의 구분이 없기 때문이다.

사전 수업을 참관하면서 교실 안에서 교사가 아닌 학생의 입장에서 한 시간을 보내다 보면 학생들의 사고 과정에 대한 이해가 넓어지고, 자신의 수업을 학생들 입장에서 되돌아보게 된다. 3반에서 사전 수업을 할 때였다. 과제 2에 대한 모둠 활동 결과를 교실 칠판에 붙였다.

자, 다른 모둠은 뭐라고 썼는지 살펴보세요. 가장 많이 나온 것은 뭐지요? 또 가장 특이한 것은 뭐지요?

아이들이 특이한 것으로 2모둠을 지적했다. "2모둠 나와서 설명해보세요." 했더니 지혜가 나와서 발표했다. 종호가 질문했다.

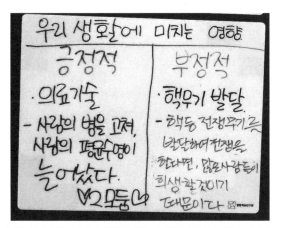

[그림 2] '기술 발달이 우리 생활에 미치는 영향'에 대한 2모둠의 토론 결과

종호 경험해봤어요?

지혜 아니요.

종호 그런데 왜 썼어요?

지혜가 대답을 못하고 머뭇거리자 같은 모둠의 예림이가 "북한 핵 문제도 가끔 뉴스에 나오고 그런 상황이기 때문에"라고 대신 대답했다. 사전 수업이 끝나고 수업모임에서 남경운(과학) 선생님은 "나도 한 명쯤 앞에 나와서 발표시켜야 되겠다."라면서 그 이유를 이렇게 얘기했다.

첫 발표를 그렇게 하면 분위기도 잡히고 좋을 것 같아요. 그때 잡담하는 아이가 한 명도 없었어요. 그래서 각 아이들의 발언이 정확하게 들렸어요. 내 수업 중에는 계속 손들고 앉은 채로도 끊임없이 큰 소리로 이야기하던 용채도 눈을 동그랗게 뜨고 조용히 듣고 있었어요. 이어서 4모둠의 찬우가 "보일러가 과학기술 중 긍정적인 것으로 따뜻하게 해주기 때문"이라고 발표하자 선생님이 "그게 왜 제일 긍정적인가요?"라고 물었잖아요. 그때도 찬우 옆에 있던 현우가 보충 설명을 하는데 학급 전체가 더 조용해졌어요. 마치 학급 전체가 하나의 생명체 같았고, 듣기 위해서 귀를 기울이는 듯했어요. 세어보니 25명 중 24명이 눈 뜨고 현우를 보고 있었어요.

선생님이 과제 2를 모둠 과제로 진행할 때 다음과 같이 했는데, 내 눈에 확 들어왔어요. "1. 개인별로 해보세요.(2~3분)", "2. 모둠으로 만들고 모둠별로 공감 가는 것 한 가지를 고르세요.(10여 분. 가장 길다.)", "3. 모둠 칠판 가져가서 쓰세요.(이때 아이들은 가져가서 바로 쓰고 칠판에 붙였다.)", "4. 모둠 해체하세요."

저는 1을 잊고 1~3을 동시에 하도록 해요. 그러고 보니 생각도 안 해보았다가 모둠으로 바로 모이니 못하는 아이들은 생각해볼 틈도 없이 의존하거나, 아니면 마주 보게 된 모둠원들과 딴짓으로 빠졌던 것 같아요. 어떤 아이는 칠판에 보드마커로 장난치느라 토론에 참여를 안 해요. 칠판을 붙인 후에 모둠 해체를 안 해서 공유할 때 힘들기도 했어요. 나도 이렇게 해야 되겠다 싶었습니다.

'내 수업 속에서 아이들이 편하지 않았을 수도 있었겠구나'

수업모임에서 수업을 함께 설계한 후 사전 수업을 참관하게 되면 활동지에 대한 아이들의 반응뿐만 아니라 수업 교사의 수업 운영에 따른 아이들의 반응까지 명료하게 눈에 들어온다. 이러한 아이들의 반응을 근거로 자연스럽게 자신의 수업 운영 방법을 생각해보게 된다.

7반에서 사전 수업을 한 다음이었다. 서은지(영어) 선생님은 자신이 많은 것을 주도해가는 빠듯한 수업 방식 때문에 아이들이 편치 않았을 수도 있겠다는 생각을 했다며 참관 소감을 이렇게 얘기했다.

"이 수업을 보면서 저절로 나의 수업 스타일과 다른 점을 생각해보게 되었어요. 아이들에게 이런 저런 제재를 적게 하고, 모둠 활동에서 아이들의 자율성을 최대로 허용해주었습니다. 같은 얘기를 두 번 말하지 않았고, 모둠에서 아이들에게 어떤 역할을 부여하지 않았어요. '여기를 보세요.'와 같은 주목 신호를 사용하지 않으면서 차분하게 전체를 이끌었고요. 모둠 칠판들을 붙였을 때 내용을 파악한 후에 융통성 있게 진행했습니다. 순서대로 하나씩 모두 검토했는데, 아이들에게 질문을 많이 하는 모습이 보였어요."

같은 수업을 참관한 박미경(국어) 선생님도 수업 운영 방법에 대해 비슷한 얘기를 했다.

"참관하면서 아이들이 아니라 선생님을 보면서 운영에 대한 팁을 적었어요. 개인별 활동과 모둠 활동을 적절히 조화롭게 운영한 것, 개인별 활동에 충분한 시간을 준 것이 특이했어요. 모둠에서 공감 가는 것을 고르는 시간을 준 후에야 모둠 칠판을 가져가서 적도록 한 것도 특이했고요. 모둠 활동을 마친 후에는 모둠을 해체시켜서 소란스러움을 방지했어요. 결과를 공유할 때 발표하는 아이와 의견을 말하는 아이 한 명 한 명의 이야기를 다 들어주는 모습을 보았습니다."

이런 참관 소감과 함께 자신의 수업에서도 아이들에게 넉넉하게 시간을 주고, 아이들 한 명 한 명에게 반응해주어야겠다는 얘기도 했다.

6. 솔직하고 진지한 대화를 나눈 공개수업

스마트폰의 폐해를 얘기하는 아이들

2015년 3월 30일 공식적인 공개수업을 진행했다. '기술 발달이 내 생활에 미친 긍정적인 영향과 부정적인 영향을 써보자.'라는 활동 2의 결과를 모둠 칠판에 써서 교실 칠판에 붙였다. 3모둠의 이야기를 먼저 들어본 다음, 스마트폰에 대해서 가장 많은 이유를 쓴 1모둠에게 앞에 나와서 이야기해보도록 했다.

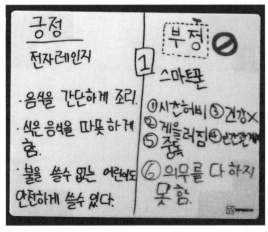

[그림3] 1모둠은 부정적인 영향을 준 기술에 스마트폰을 쓰고
그 이유 여섯 개를 적었다.

휴대폰을 너무 오랫동안 사용하면 시간을 허비해서 할 일

을 다 못 할 수도 있고요. 그리고 눈 건강도 안 좋아지고, 게을러지고, 가족들이나 친구들이랑 인간관계도 안 좋아지고, 오래 하면 중독이 될 수도 있고, 자기 의무를 다하지 못할 수 있어서 안 좋아요.

1모둠의 혜인이가 칠판 앞에 나와서 작은 목소리로 천천히 이야기를 시작하자 아이들이 일순 조용해졌다. 그러면서 작은 목소리가 교실 안 모두에게 잘 들리게 되었다.

"자! 여섯 가지를 이야기했네요. 질문해보고 싶은 사람?"

여기저기서 아이들이 손을 들어 질문을 했고, 혜인이는 대답을 했다. 중학교에 들어온 지 이제 겨우 한 달이 되어가는 1학년 아이들은 아직 입이 많이 열려 있다.

> **동현** 말을 안 해서 인간관계가 안 좋아진다고 했는데, 오히려 핸드폰으로 말을 더 많이 하면 좋지 않나요?
> **혜인** 그런데 휴대폰으로 다른 걸 해서…….
> **인철** 왜 게을러져요?
> **혜인** 스마트폰만 오래 하면 할 일을 제대로 안 하니까요.

여기저기서 아이들의 질문이 이어졌는데, 비슷한 질문만 계속 나오자 내가 나섰다.

> **교사** 선생님이 질문해보겠어요. 스마트폰을 쓰다가 중독이 될 수도 있다는 게 무슨 이야기예요?

혜인 밤에 혼자 잠도 안 자고 스마트폰만 너무 오래 하는
거요.

교사 몇 시까지 해봤어요?

혜인 새벽 두 시 정도까지요.

이 대화를 전체 아이들과 연결 지었다. "새벽 두 시보다 더 오래
해본 사람?" 여기저기서 10여 명의 아이들이 손을 들었다. "새벽
서너 시까지 해본 사람?" 7~8명의 아이들이 손을 들었다. "아니,
어쩌다 한 번 해본 것 말고, 일주일에 한두 번 그렇게 하는 사람?"
이번에는 4~5명이 손을 들었다. 그중 한 아이에게 질문했다.

교사 밤늦게까지 휴대폰을 해서 안 좋은 게 뭐가 있어요?

우령 눈이 나빠져요. 그리고 학교에 와서 수업 시간에 잠
을 자요.

교사 자, 또 다른 친구? 나는 휴대폰에 중독된 것 같기도
하다?

동현 대변을 보러 갔는데, 휴대폰이 없으면 정말 심심해요.

교사 동현이랑 비슷한 사람 손들어보세요.

채윤 볼일 보다가 휴대폰이 없으면 자꾸 휴대폰이 생각
나요.

친구들 앞이기도 하고, 30여 명이 넘는 선생님들이 교실에 가득
차 있는데도 아이들은 스스럼없이 개인적인 이야기를 꺼내놓았다.
친구들의 생생한 이야기들이어서 그런지 아이들이 높은 관심을 가

지고 잘 들었다. 그런데 아이들에게서 나오는 이야기는 사실 모두 가벼운 것들이 아니다. 아직 중학교 1학년인데 밤늦게까지 스마트폰 하느라 잠을 못 자고, 아이들 25명 중 안경을 안 쓴 아이는 10명이 채 안된다. 이것이 요즘 아이들의 일반적인 모습이 아니기를 바라는 안타까운 생각까지 들었다. 기술 발달이 우리에게 미치는 영향이 이와 같다면 뭔가 문제가 크게 있는 것이 아닐까?

공개수업이 끝난 뒤 아이들에게 어떤 점이 가장 기억에 남는지에 대한 설문을 받았다.

- 핸드폰을 어떻게 썼었는지 발표할 때 ― 친구들의 말을 들어보니 심각했다는 것을 알게 되어서.
- 스마트폰이 미치는 부정적 영향에 대한 친구들의 생각.
- 친구들이 의외로 스마트폰을 굉장히 오랫동안 한다는 것을 알았다.
- 스마트폰 중독에 걸린 것 같다고 생각한 학생을 통해 스마트폰 중독이 심각하다는 걸 알게 되었다.
- 대변을 볼 때 핸드폰이 없으면 심심하다고 한 발표가 내 기억엔 오래 남을 것 같다.

많은 아이들이 스마트폰의 폐해를 알고 있지만 수업이라는 공개된 자리에서 자기 경험을 이야기하고 다른 친구들의 이야기를 듣고 나누면서 스마트폰의 폐해를 거대한 실체로 느낀 셈이다.

수업모임을 통해 수업을 배운다

이 수업을 수업모임과 함께 하게 된 것은 나에게는 큰 행운이었다. 내가 간단하게 말로 정리하고 넘어가거나, 아니면 새로운 시도를 해보려고 혼자서 이리저리 궁리하며 헤매다가 결국 이도저도 아닌 엉성한 수업이 되기 쉬운 부분이었다. 공개수업을 자청하면서 처음 구상 단계부터 수업모임과 함께 했다. 나는 이 수업에 대한 현상들을 있는 그대로 말한 것이 전부였다. 분석과 대안 제시는 모두 수업모임에서 나왔다. 수업모임 교사들은 핵심 과제를 만들고, 그 과제에 대한 아이들의 반응을 관찰하고 분석해서 효과적인 수업 운영 방법을 이끌어내는 데까지 큰 역할을 했다.

그들은 특별하지 않았고, 나 또한 마찬가지여서 우리들 사이에는 별다른 차이점이 없었다. 그러나 내 교과 수업에서는 달랐다. 그들은 나와 다른 눈을 가졌고, 내가 보지 못하는 것을 보았다. 내가 틀에 갇혀 생각하는 동안 그들은 거기에서 벗어나 내가 하지 못하는 생각을 쉽게 했고, 한 보따리나 되는 아이디어를 내놓았다. 무엇보다 그들은 나보다 훨씬 더 아이들 입장에 가까이 서 있었다. 그들을 통해 아이들 눈높이에서 수업을 디자인하는 것의 가치를 다시 한 번 경험할 수 있었다. 수업설계가 제대로 되어 있다면 아이들은 수업 속으로 쏙쏙 들어온다는 사실을 다시 한 번 확인할 수 있었다. 그들과 함께 하다 보면 언젠가는 나 혼자의 힘만으로도 수업설계를 해낼 수 있는 날이 올 것이라 기대해본다.

3장

전공 지식을 털어내고
낯선 곳에서 다시 시작하는

과학 1학년 '판구조론의 이해'

전경아

지구의 겉 부분은 '판'이라고 부르는 여러 조각으로 나뉘어져 있다. 각각의 판들은 매우 느리지만 끊임없이 움직이면서 화산 폭발과 지진 활동을 일으키기도 하고, 산맥이나 해구를 형성하는 등 다양한 지각 변동의 원인이 된다. 판구조론은 1910년대 알프레드 베게너의 대륙이동설을 시작으로 맨틀 이동설, 해저 확장설 등의 내용을 체계적으로 종합한 것으로, 변화무쌍한 지표의 움직임을 설명해주는 강력한 이론이다. 그렇다면 중학교 1학년 판구조론 수업 시간에는 무엇을 준비해야 하는 것일까? 수업을 어떻게 구성해야 이 순간에도 조각난 지구 껍질이 움직이고 있으며, 그로 인해 지구의 모습이 계속 바뀌고 있다는 사실에 고개를 끄덕이게 할 수 있을까?

1. 아이들의 눈높이로 과학에 다가서기

네 장의 지도로 소개하는 판구조론

나는 아이들이 대상을 직접 관찰하고 조작해볼 수 있는 실험 수업을 선호하는 편이다. 하지만 판구조론처럼 실물을 준비할 수 없거나, 직접 관찰을 통해 의미 있는 결과를 얻기 힘든 경우에는 동영상이나 사진, 그림을 준비한다.

4월에 공개하기로 한 판구조론 수업에는 내가 예전부터 꼭 해보고 싶은 활동이 있었다. 과학 교사인 성종규 선생님은 《과학 교사, 교과서를 버리다》에서 학생들이 판의 경계를 표시한 지도, 지형의 높낮이를 나타낸 지도, 화산과 지진 활동이 표시된 지도를 서로 비교해보면서 판의 움직임이 지표의 변화를 일으킨다는 것을 알아내는 수업을 소개했다. 그 활동에 알맞은 지도만 찾을 수 있다면 교사의 강의가 아닌 아이들의 모둠 활동을 통해 판구조론을 이해할 수 있을 것 같았다.

문제는 서로 완전히 일치하는 판 경계 지도, 지형도, 화산 분포도, 지진 분포도를 찾는 것이었다. 얼핏 보면 비슷해 보이지만 지도를 그리는 방법이 조금씩 다르고, 태평양이 중심에 있는 지도부터 대서양이 중심에 있는 지도까지 제각각이기 때문에 서로 겹쳐봤을 때 아귀가 딱 맞는 지도를 찾는 것은 쉽지 않았다. 운 좋게도 인터넷 검색으로 적당한 지도를 찾았는데, 나중에 보니 그것은 성종규 선생님의 책에서 본 것과 같은 것이었다. 이왕이면 여러 지도를 나란히 놓고 비교하기보다는 아예 겹쳐볼 수 있도록 판 경계 지도를 투명한 OHP 용지에 인쇄하고, 나머지 지도는 A4 용지에 컬러로 인쇄했다.

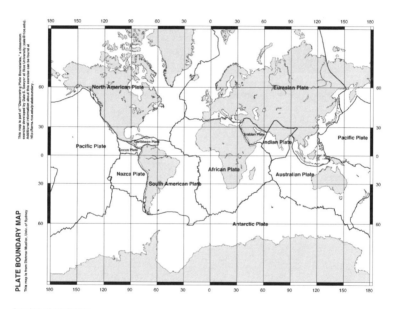

[그림 1] 판 경계 지도
　　　출처 : http://plateboundary.rice.edu/downloads.html

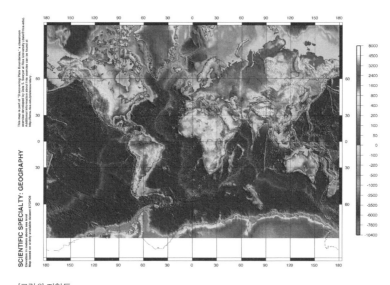

[그림 2] 지형도

출처 : http://plateboundary.rice.edu/downloads.html

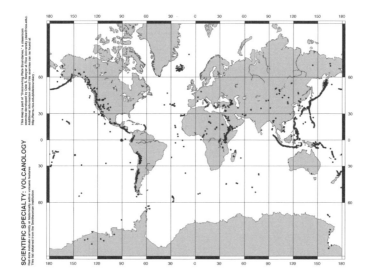

[그림 3] 화산 분포도

출처 : http://plateboundary.rice.edu/downloads.html

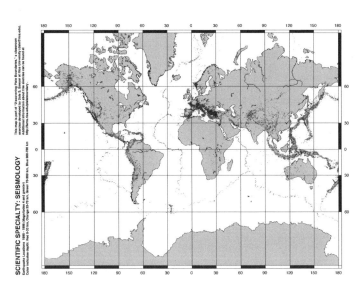

[그림 4] 지진 분포도

출처 : http://plateboundary.rice.edu/downloads.html

공개수업을 위한 첫 번째 수업모임에서 선생님들께 미리 준비한 네 장의 지도를 나누어드리며 판구조론에 대해 간략하게 설명했다.

수업 교사 아주 오래전에는 모든 대륙이 '판게아'라는 하나의 땅덩어리였다고 해요. 그 후 판게아는 판이라고 부르는 여러 조각으로 떨어져나가 움직이면서 지금의 모습이 되었지요.
박나현(사회) 그렇다면 지금도 판이나 대륙들이 멀어지고 있나요?
수업 교사 네. 대륙들은 조금씩 멀어지다가 2억 년 후에는 다시 모인다고 해요[지구상의 여러 대륙은 주기적으로 모여서 거대한 초대륙을 만든다고 알려져 있다. 약 18억 년 전에는 누나(Nuna), 10억 년 전에는 로디니아(Rodinia), 3억 년 전에는 판게아(Pangea)라는 초대륙을 형성했으며, 앞으로 2~3억 년 후 새로운 초대륙이 형성될 것으로 예측하고 있다]. 이번 공개수업은 지구의 표면이 움직이는 판으로 이루어져 있다는 내용이에요. 저는 아이들에게 판 경계 지도, 지형도, 화산 분포도, 지진 분포도를 나누어주고, 모둠 활동을 통해 판이 이동하면서 다양한 현상이 일어난다는 것을 알게 하고 싶어요.

나에게 범교과 수업모임은 수업 자료의 수준과 흥미도를 측정하기 위한 리트머스 시험지이기도 하다. 왜냐하면 범교과 수업모임에 둘러앉은 선생님들의 반응이 아이들의 그것과 별반 다르지 않기 때문이다. 때문에 나는 실험 결과를 기다리는 심정으로 선생님들의 반응을 유심히 살폈다.

준비한 지도들은 순식간에 선생님들의 눈길을 사로잡았다. 지도를 나누어드리자마자 삼삼오오 모여 이야기가 시작되었다. 사회 선생님들은 뭐라고 설명을 하기도 전에 지도들을 겹쳐보고 돌려보고 하는 바람에 내가 미처 끼어들 틈도 없었다. 나는 선생님들이 판과 판 사이의 경계선과 높은 산맥, 깊은 해구, 화산, 지진 발생 지역이 서로 일치한다는 것을 찾아내길 기대했다. 조금만 더 나아가 판의 움직임 때문에 지각 변동이 일어난다는 것을 알아내게 된다면 수업목표에 도달한 셈이니 앞으로 공개수업을 준비하는 과정이 그리 어렵지 않을 것 같기도 했다.

과학 교사의 익숙함을 버리고 낯설게 다시보기

잠시 후 지도를 보던 선생님들이 잇달아 의견을 내놓았다.

박나현(사회) 지도가 많아서 정신이 없을 것 같아요.
서은지(영어) 유럽에는 왜 이렇게 지진이 많아요?
조윤성(사회) 판의 경계가 아닌 중국 대륙에도 화산이 있네요.
이경은(수학) 히말라야는 어디지? 난 세계지리가 정말 싫었어요.
박나현(사회) 여기가 폼페이네요. 주변에 지진도 엄청 많은데요.

뭔가 이상했다. 내게는 판과 판 사이의 경계선이 또렷하게 잘 보이는데 선생님들은 왜 엉뚱한 이야기를 하는 걸까? 나는 좀 더 적극적으로 판의 경계에서 일어나는 현상을 봐달라고 말했다. 하지만 내가 기대했던 의견은 좀처럼 나오질 않았다. '준비한 지도에 무슨 문제가 있는 걸까?' 슬슬 걱정이 되기 시작했다. 마음이 조급해져서 이번에는 약간 재촉하듯 투명한 판 경계 지도와 다른 지도를 겹쳐서 봐달라고 했더니 다음과 같은 이야기를 꺼냈다.

서동석(기술) 저는 일단 우리나라가 어디 있는지 제일 먼저 찾아봤고요. 대륙이 바다처럼 진한 색으로 되어 있고, 오히려 바다가 밝은 색이어서 헷갈렸어요. 그리고 대륙

과 해안의 경계선이랑 판 경계선이 비슷해서 구별이 잘
안 가고요. 지도 전체에 가로, 세로 격자 선에 숫자까지
있어서 너무 복잡해 보여요. 이거 다 지우면 안 돼요?
수업 교사 이걸 다요? 수정하기 쉽지 않을 것 같은데요.
박나현(사회) 아이들이 사회 시간에 지도 공부를 했기 때
문에 대륙과 해양은 구별할 거예요. 그리고 위도와 경도
는 알긴 하는데, 선이 이렇게 많으면 보기 힘들 것 같아요.
조윤성(사회) 투명한 판 경계 지도랑 다른 지도랑 딱 맞춰
서 겹쳐보기 힘들 것 같아요. 그리고 위도, 경도선은 지워
야 할 것 같아요. 저도 처음엔 이게 위도, 경도선인지도
몰랐어요.

다른 선생님들의 의견을 듣고 나니 그분들이 왜 판 경계가 아니
라 다른 것에 관심을 보이는지 짐작할 수 있었다. 나는 애초부터
판구조론을 가르치기 위해 지도를 준비했고, 지도를 찾기 전부터
줄곧 판구조론을 생각해왔다. 하지만 그날 처음 지도를 본 선생님
들은 지도를 통해 다른 무엇을 알아낸다기보다는 지도 자체를 어
떻게 봐야 하는지가 더 큰 과제라고 느꼈을 것이다. 결국 사회 과
목 선생님조차 지도에 그려진 격자선이 위도와 경도를 나타내는
선인지 못 알아봤다고 하는 순간, 지도를 대대적으로 보정할 수밖
에 없다는 생각이 들었다.

나는 매년 같은 내용으로 예닐곱 학급에서 비슷비슷한 수업을
반복한다. 게다가 과학 교과에서는 교육과정이 바뀌어도 순서가
달라질 뿐 내용 자체가 크게 변하는 일은 많지 않다. 다시 말해 나

는 중학교 과학 교과에 익숙해질 대로 익숙해져버린 것이다. 그러니 대단원 제목만 흘깃 봐도 비커에 담긴 액체의 온도를 재야 할지, 농도를 재야 할지, 질량을 재야 할지 파악할 수 있는 것이다.

이미 알고 있는 것을 털어버리고 낯설게 바라볼 수 있어야 아이들이 스스로 배워가는 수업을 준비할 수 있게 된다. 하지만 그것은 말처럼 쉽지 않을뿐더러 그래야 한다는 것조차 종종 잊어버린다. 다행히 아이들만큼이나 낯선 눈길로 과학을 바라보는 다른 교과 선생님들 덕분에 내 머릿속에 견고하게 자리 잡은 사고의 틀을 깨고 아이들 눈높이에서 문제를 바라볼 수 있었다.

첫 번째 수업모임 후 다음과 같은 원칙에 따라 네 장의 지도를 수정했다.

1. 판 경계 지도의 판 경계선은 해안선보다 굵게 바꾼다. 또한 다른 지도와 겹쳤을 때 판 경계선이 다른 표식을 가리지 않도록 검은색에서 회색으로 수정한다.
2. 모든 지도에서 위도와 경도선은 가능한 삭제한다.
3. 지도 바깥쪽에 영어로 적혀 있는 설명을 삭제하고 꼭 필요한 내용만 요약하여 한글로 바꾼다.
4. 판의 이름은 영어로 적힌 그대로 둔다. 판의 이름을 한글로 바꾸면 아이들이 판 경계에 집중하는 것이 아니라 판의 이름을 익히느라 주의가 분산될 수도 있기 때문이다.
5. 판 경계 지도와 지형도, 판 경계 지도와 화산 분포도, 판 경계

지도와 지진 분포도를 두 장씩 묶어서 쉽게 겹쳐볼 수 있도록
한다.

6. 판 경계 지도는 검은색, 지형도는 초록색, 화산 분포도는 빨
간색, 지진 분포도는 파란색으로 굵은 테두리를 표시해서 아
이들이 쉽게 구분할 수 있도록 한다.

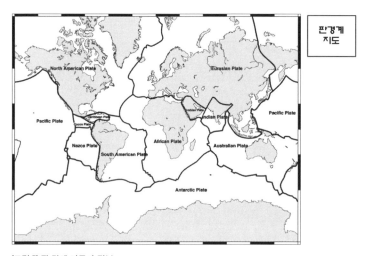

[그림 5] 판 경계 지도 수정본

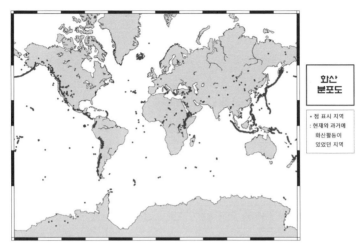

[그림 6] 화산 분포도 수정본

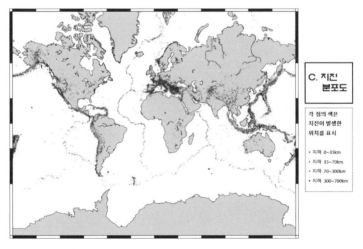

[그림 7] 지진 분포도 수정본

2. 장황한 설명 대신 질문으로 징검다리 놓기

징검다리 질문으로 이해의 간극 뛰어넘기

판 경계 지도와 화산 분포도, 지진 분포도는 지도를 수정하면 내용을 이해하는 데 도움이 될 것 같았지만, 지형도의 경우는 지도를 수정한 후에도 여전히 해석하기 난해한 부분이 남아 있었다.

지형도는 지도에 칠해진 색깔을 통해 고도를 짐작하도록 되어 있는데, 그 '짐작'이라는 것이 교사의 부연 설명 없이 가능할 정도로 직관적이지 않았다. 예를 들어 고도가 0~400m인 지역은 초록색으로 되어 있는데, 그러다 보니 1년 내내 눈이 쌓여 있는 북극 근처나 메마른 사하라 사막이 초록색이라서 이상한 느낌이 들었다. 왠지 초록색은 식물이 잘 자라는 지역일 것 같은 선입견 때문이다. 게다가 수심이 7,000m보다 깊은 바다는 진한 분홍색이고, 남극 대륙은 온통 연보라색이어서 아무래도 따로 설명을 해야 할 것 같았다. 그럼 지형도를 나누어주면서 어떤 설명을 덧붙이는 것이 좋을까?

수업목표에 도달하기 위해서는 아이들이 지형도를 보면서 다음의 정보를 파악할 수 있어야 한다. 일단 우리나라가 어디에 있는지 알아야 나머지 대륙과 해양의 상대적인 위치를 가늠할 수 있다. 그다음으로 히말라야처럼 높은 산맥, 수심이 깊은 해구, 바다

속에 화산이 줄지어 만들어진 해령을 찾을 수 있어야 한다. 왜냐하면 이러한 지형들은 대부분 판과 판이 만나는 곳에서 만들어지기 때문이다. 아이들이 지도를 보고 산맥이나 해구를 찾아낼 수 없다면, 이런 지형의 위치가 판의 경계와 일치한다는 것 또한 알아낼 수 없다.

하지만 구구절절 우리나라는 여기에 있고, 여기가 높은 산이고, 저기가 깊은 바다라고 설명하기에는 시간이 턱없이 부족할 것 같았다. 때문에 장황한 설명 대신 징검다리처럼 짧은 질문들을 활동지에 넣어보기로 했다.

> **수업 교사** 아이들이 지형도에서 우리나라와 높은 곳(산맥), 낮은 곳(해구)의 위치를 찾아보도록 하려고요. 문제를 해결하다 보면 지도상의 방위와 높낮이를 파악하게 되지 않을까요?
> **이경은(수학)** 그럼 에베레스트산을 찾도록 하면 어떨까요?
> **수업 교사** 안데스산맥은 알까요?
> **조윤성(사회)** 아직 안 배웠어요. 에베레스트산이 좋을 것 같아요.

일주일 후 네 장의 지도와 활동지 초안을 들고 두 번째 수업모임을 시작했다. 선생님들의 의견을 반영하여 수정한 판 경계 지도는 말 그대로 판의 경계가 잘 드러나 보였고, 화산 분포도와 지진 분포도는 지도에 찍힌 점이 곧 화산과 지진 발생 지역이기 때문에 금세 필요한 정보를 파악할 수 있었다.

활동지의 첫 번째 과제는 지형도만 나누어준 상태에서 몇 개의 문제를 풀어보면서 지형도에 담겨 있는 정보를 파악하도록 하는 것이었다.

[표1] 판구조론 활동지 첫 번째 과제 초안

1. 지구 표면의 높낮이를 나타내는 지형도이다.
   제시한 지점들을 색연필로 표시해보자.

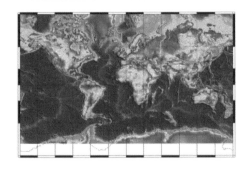

가. 우리나라는 어디에 있는가? 초록색
나. 에베레스트산은 어디에 있는가? 빨간색
다. 높은 산맥이 있는 곳은? 주황색
라. 깊은 바다가 있는 곳은? 파란색

수업 교사 아이들에게 초록, 빨강, 주황, 파랑 색연필을 나누어주고, 문제의 답에 해당하는 지점을 색연필로 표시하게 할 거예요. 아이들 활동지에는 지형도가 흑백으로 인쇄되어 있으니까 이렇게 하면 잘 보일 것 같아요.

김지원(국어) 여기 에베레스트산은 빨간색이 아니라 흰색인데요?

수업 교사 활동지에 에베레스트산이 있는 곳을 빨간색 색연필로 표시하라는 뜻이에요. 지형도에서 에베레스트산은 흰색으로 칠해진 곳이 맞아요.

이경은(수학) 그러면 아이들이 헷갈릴 것 같아요. 꼭 색연필로 표시해야 할까요?

김지원(국어) 아예 '흰색으로 칠해진 곳을 찾으시오.' 한 다음, '흰색으로 칠해진 곳은 어떤 곳인가요?' 하고 물어서 그곳이 높은 산이라는 것을 알게 하면 어떨까요?

깊이 고민하지 않고 만든 과제는 금세 한계를 드러냈다. 일전에 해수의 순환을 가르칠 때 지도에 색칠을 하면서 진행했던 수업이 좋았기 때문에 같은 방법을 써보려고 한 것이다. 하지만 이 과제를 풀면서 색연필을 쓰게 되면 지형도를 소개하는 데만 족히 10분은 걸릴 것 같았다. 뭔가 다른 방법이 필요했고, 논의 끝에 문제를 다음과 같이 수정하기로 했다.

수업 교사 높은 산맥과 깊은 해구, 우리나라, 에베레스트산 등 다섯 곳을 'A, B, C, D, E'같이 기호로 표시한 다음 문제의 답을 기호로 쓰게 하면 어떨까요?

서은지(영어) 그렇게 하면 지형도를 소개하면서도 빨리 지나갈 수 있겠네요. 좋아요.

[표2] 판구조론 활동지 첫 번째 과제 수정안

1. 지구 표면의 높낮이를 나타내는 지형도이다.
   물음의 답을 기호로 적어보자. (중복 가능)

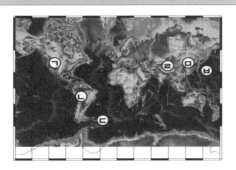

가. 우리나라의 위치는?
나. 에베레스트산의 위치는?
다. 아주 높은 산맥이 있는 곳은? (3곳)
라. 아주 깊은 바다가 있는 곳은? (2곳)

　　나중에 보면 과제를 이렇게 바꾸는 과정이 오랫동안 고민할 거리도 아니고, 아주 기발한 아이디어가 필요했던 상황도 아니다. 그러나 수업 공개 날짜가 다가오면 마음이 조급해지면서, 활동지를 수정해야 한다는 부담 때문에 결정을 내리지 못하고 주저하게 된다. 아마 나 혼자 디자인하는 공개수업이었다면 수업을 해보고 나서야 과제를 수정하든가, 아이들에게 과제를 소개할 때 지속적으로 부연 설명을 해주면서 상황을 넘겨보려고 했을 것이다.

　　하지만 여럿이 함께 모여 특정 단원이나 주제에 집중하는 수업 모임에서는 문제해결을 위한 다양한 아이디어를 얻을 수 있고, 문제 상황을 인식하고 수정하는 과정이 신속하게 이루어지며, 혼자가 아니라 함께 결정하기 때문에 수업 교사의 심리적 부담이 덜어진다.

두 번째 과제는 아이들에게 판 경계 지도, 화산 분포도, 지진 분포도를 추가로 나누어주고, 투명한 판 경계 지도와 다른 지도를 겹쳐보면서 알아낸 것을 적어보는 활동이었다. 판 경계 지도는 공개수업 전 차시에 간단하게 소개할 예정이었고, 화산 분포도와 지진 분포도는 알아보기 쉽게 바꾸었기 때문에 아이들 스스로 모둠 활동을 통해 해결할 수 있을 것 같았다.

왜 판구조론을 배워야 하는가?

이제 남은 문제는 뒷장에 넣을 마지막 과제였다. 나는 아이들이 판구조론의 의미에 대해 생각해보도록 하고 싶었는데, 범교과 수업모임은 특히 이런 과제를 디자인할 때 큰 도움이 된다.

보통 과학 교사들만 모여서 수업 준비를 할 때에는 "왜 판구조론을 배워야 하는가?"라는 질문은 거의 나오지 않는다. 과학 교사에게 그것은 너무나 당연한 것처럼 느껴져서 오히려 한 번도 떠올려 본 적이 없는 종류의 질문이다. 하지만 여러 교과 선생님들이 섞여 있는 수업모임에서는 '그 내용을 왜 배워야 하는가?'에 대한 논의가 자주 이루어진다. 이런 질문은 수업 교사에게 당혹감을 안겨주기도 하지만, 수업의 목표와 내용을 되돌아보게 하고 앞으로

나아가야 할 방향을 정하는 데 길잡이가 되어주는 고마운 질문이
기도 하다.

나는 "왜 판구조론을 배워야 하는가?"라는 질문을 어떻게 표현
해야 할지 막막했기 때문에 예비 문항을 몇 개 만든 다음 수업모
임 선생님들의 의견을 들어보기로 했다.

[표3] 판구조론 활동지 판구조론의 의미 초안

1. 과거 베게너가 발표한 대륙이동설은 당시 과학자들에게 받아들여지지 못하고 폐
기되었다. 반면 오늘날 대부분 과학자들은 지구 표면이 여러 개의 판으로 이루어
져 있다는 '판구조 이론'에 동의한다. 사람들은 왜 판구조 이론을 받아들이게 되었
을까? 그 이유를 적어보자.

2. 과학자들에 의해 완성된 '판구조 이론'은 지구 표면이 여러 개의 판으로 둘러싸여
있다는 내용으로 되어 있다. 그렇다면 이 '판구조 이론'은 어디에, 어떻게 쓰이는
걸까?

3. 과학자들에 의해 완성된 '판구조 이론'은 지구 표면이 여러 개의 판으로 둘러싸여
있다는 내용으로 되어 있다. 그렇다면 이 '판구조 이론'의 장점은 무엇일까?

수업 교사 저는 판구조론이 어떤 가치를 가지는지 물어보
고 싶어요. 판구조론으로 화산이나 지진을 예측할 수도
있고, 지각 변동에 대한 연구를 할 때 연구 방향을 알려주
기도 하거든요. 세 개 중에 어떤 질문이 좋을까요?
권현주(국어) 저는 2번에 대해서만 답을 써봤어요. 실생활
과 관련지어 생각해봤는데, 판의 경계에는 중요한 시설을
지으면 안 된다고 썼어요.

수업 교사 아이들이 그런 답을 쓰면 좋겠어요.

서동석(기술) 1번 질문은 답이 너무 뻔하게 정해져 있는 것 같아요. 2, 3번 질문은 사실상 같은 내용인 것 같고요. 3번 질문을 "이 '판구조 이론'을 실생활에 어떻게 활용하면 좋을까?"라는 식으로 바꿔보면 어떨까요?

이렇게 해서 활동지에 들어갈 마지막 과제를 "과학자들에 의해 완성된 '판구조 이론'은 지구 표면이 여러 개의 판으로 둘러싸여 있다는 내용이다. 그렇다면 실생활에서 '판구조 이론'을 어떻게 활용하면 좋을까?"로 정했다.

3. 지형도와 판 경계의 연계성을 찾기 위한 참관 교사들의 1인 3역

첫 번째 배역, 학생이 되어보기

어떤 선생님이 수업모임에서 "처음에 교사가 가르쳐야 할 기본 개념을 설명해주고 나서, 아이들이 토의할 만한 응용 문제를 제시하는 것이 모둠 활동 중심의 수업인 줄 알았는데 알고 보니 많이 다르네요."라는 말씀을 하셨다. 사실 처음엔 나도 그런 줄 알았다.

우리가 함께 만들려고 하는 수업에서 아이들은 과제를 해결해가는 과정을 통해 스스로 기본 개념을 세우고, 교사는 아이들의 답안을 서로 연결 짓고 다듬어가면서 수업목표에 도달할 수 있도록 유도하는 역할을 한다. 때문에 교사는 수업 전에 아이들의 답안을 예상해보고 각각의 답안을 어떻게 연결 지어 나갈지, 아이들의 질문에 어느 정도로 답할지 하는 일종의 수업 시나리오를 그려보게 된다. 하지만 이번처럼 처음 시도해보는 과제인 경우 아이들이 얼마나 해낼 수 있을지, 어떤 답안을 내놓을지 감을 잡기 어렵다. 이럴 때 아이들의 반응을 막연하게 예상하기보다는 수업모임에서 다른 교과 선생님들에게 보여드리고 함께 풀어보면서 조언을 구해볼 수 있다.

[표4] 판구조론 활동지 두 번째 과제

겹쳐보는 지도의 종류		두 지도를 겹쳐보고 알아낸 것들
2. 판 경계 지도와 지형도, 화산 분포도, 지진 분포도를 서로 겹쳐보면서 알아낸 것을 모두 적어보자.		
A 판 경계 지도 + 지형도		• • •
B 판 경계 지도 + 화산 분포도		• • •
C 판 경계 지도 + 지진 분포도		• • •

다음은 수업모임 선생님들이 두 번째 과제를 풀어보면서 작성한 답안이다.

A. 판 경계 지도와 지형도를 겹쳐보고 알아낸 것
- 판의 경계선에는 높은 산과 깊은 바다가 있다.
- 높은 곳은 두 개의 판이 만나는 곳이다(판 경계이다).
- 낮은 곳은 두 개의 판이 만나는 곳이다(판 경계이다).

- 판 경계선과 대륙의 해안선이 일치하는 곳도 있다.
- 깊은 곳(해구)이 판 경계선을 따라간다.

B. 판 경계 지도와 화산 분포도를 겹쳐보고 알아낸 것
- 판 경계 부근에 화산활동이 활발하다. (5명)
- 판 경계가 아닌 곳은 화산활동이 적다.
- 아프리카는 판 경계가 아닌데도 화산활동이 있다.
- 대륙과 해양의 경계선에 화산활동이 많다.

C. 판 경계 지도와 지진 분포도를 겹쳐보고 알아낸 것
- 판 경계 부근에 지진 발생률이 높다. (5명)
- 판 경계가 아닌 곳은 지진활동이 적다.
- 태평양판 경계 부근은 모두 지진 발생률이 높다.
- 판 경계를 중심으로 육지 쪽에서 지진이나 화산이 많이 생긴다. (2명)
- 우리나라는 판 경계가 아니라서 지진 발생률이 낮다.

선생님들의 답안을 정리해보면서 이 수업이 할 만하다는 느낌이 들었다. 이번 차시 수업목표는 판 경계 근처에서 다양한 지형이 생긴다는 것을 알게 하는 것이고, 판 경계에서 이런 지형이 만들어지는 원리는 다음 차시 수업에서 다룰 것이니 이 정도 답안이 나온다면 충분하다는 생각이 들었다.

그럼 어째서 다른 전공 교사들의 답안을 근거로 학생들의 답안을 예측해볼 수 있는 걸까? 내 짧은 경험으로 내린 결론은 다음과 같다.

전공 분야 이외에 우리가 가지고 있는 지식은 중고등학교 때 배웠던 교과 내용을 기반으로 한 경우가 많을 것이다. 특별히 관심 분야가 있어서 따로 공부하지 않았다면 보통 학교에서 배운 내용이 상식의 기저를 이루는 것이다. 한편 중학교에는 흔히 말하는 이과, 문과, 예체능 분야에 이르기까지 소질과 전공 분야가 서로 다른 교사들이 골고루 섞여 있기 때문에 집단의 다양성으로 볼 때 범교과 수업모임은 중학교 교실의 축소판으로 볼 수 있다.

다만 몇 가지 다른 점이 있다면 선생님들의 반응이 좀 더 즉각적이며, 학생들에 비해 수업 교사와 수평적인 관계를 맺고 있기 때문에 자료에 대한 의견을 주저 없이 내놓을 수 있다는 것이다. 예를 들면, 학생 때 아주 힘들게 배웠음에도 불구하고 생활하면서 한 번도 써볼 기회가 없었던 내용은 아예 삭제하면 어떻겠냐는 다소 과격한 제안을 하기도 한다.

두 번째 배역, 수업 교사가 되어보기

이번에는 두 번째 과제를 진행하는 방법에 대해 의견이 오가기 시작했다. 수업모임 선생님들은 어느새 판구조론을 가르치는 과학 교사가 되어 수업 상황을 그려보기 시작했다.

서동석(기술) 활동 결과를 어떻게 공유하게 하지요?

수업 교사 지도를 모두 나누어주고 나서 두 명씩 짝을 지어 판 경계 지도와 나머지 지도 중 하나를 겹쳐보면서 알아낸 것을 적으라고 할 거예요. 이런 지도는 혼자 보는 것보다 두 명이 함께 이야기를 나누면서 볼 때 더 많은 것들을 알아내는 것 같아요. 지금 가장 고민이 되는 건 두 번째 활동 과제 결과를 전체적으로 공유하는 방법이에요.

이경은(수학) 맞아요. 아이들이 A-지형도, B-화산 분포도, C-지진 분포도를 보고 알아낸 것을 각각 세 개 정도씩 쓰게 되니 그걸 모둠 칠판에 쓰기에는 양이 너무 많아요.

조윤성(사회) 모든 모둠이 A, B, C에 대한 내용을 활동지에 적은 다음, 1, 2모둠은 A, 3, 4모둠은 B, 5, 6모둠은 C에 대한 답만 모둠 칠판에 써서 붙이면 어떨까요?

서동석(기술) 아무래도 시간이 부족할 것 같아요. 혹시 지진 분포도와 화산 분포도를 겹쳐서 하나의 그림으로 주면 안 될까요?

남경운(과학) 저는 특히 지진 분포도가 판 경계 지도와 거의 일치하고, 화산은 지진보다 횟수가 적다는 것이 인상적이었어요. 만약 두 지도를 한 장에 겹쳐서 주면 이런 생각을 할 기회가 사라질 것 같아요.

논의 끝에 각 모둠은 모둠 칠판에 A-지형도, B-화산 분포도, C-지진 분포도의 세 과제 중 하나의 답안만 옮겨 적기로 했다. 모둠 칠판을 교실 칠판에 붙일 때에는 서로 같은 과제를 적은 답안끼리 위아래로 나란히 붙여서 두 모둠의 활동 결과를 비교해볼 수 있도록 배려하기로 했다.

수업 전에 이런 논의를 함께 하면 실제 수업이 어떤 식으로 전개될지, 어떤 문제가 생길 것이며 어떻게 대처해야 좋을지 등을 정리한 수업 진행 매뉴얼을 만들 수 있게 된다. 물론 수업 공개 전에 사전 수업을 통해서도 이런 효과를 얻을 수는 있지만, 공개하는 학급 이외에 다른 학급의 수업도 모두 소중하기 때문에 이런 방식으로 시행착오를 줄이려고 노력하는 것이다.

수업모임 선생님들이 이처럼 자연스럽게 수업 교사의 입장이 되어서 수업을 예상해보고 문제점을 파악해볼 수 있는 이유는 활동지를 만드는 과정에서부터 수업 교사와 함께 하기 때문이다. 수업을 공개하는 날 교단에 서 있는 것은 나 혼자인 것처럼 보이지만, 함께 수업을 준비한 교사들과 공동으로 수업을 진행하는 것 같은 느낌이 드는 것도 같은 이유에서일 것이다.

세 번째 배역, 수업 관찰자가 되어보기

활동지가 어느 정도 완성된 다음에는 공식적으로 수업을 공개하는 학급보다 진도가 빠른 학급에서 같은 주제로 사전 수업을 해보면서 활동지와 수업을 좀 더 다듬는다. 사흘 후인 목요일에 6반, 9반, 10반에서 사전 수업을 진행했고, 수업을 참관한 선생님들은 다음과 같은 의견을 주었다.

서동석(기술) 제가 볼 때 6반은 첫 번째 과제를 진행하는 데 11분 걸렸어요. 두 번째 과제는 13분이 걸렸고, 모둠 칠판을 쓰는 데 6분이 걸렸어요.

남경운(과학) 6모둠은 지형도에 대해 가장 많이 썼고, 지진 분포도에 대해서는 한 개밖에 못 썼어요.

이경은(수학) "지형도의 하늘색 부분과 판 경계가 일치하는데……."라고 말하더라고요. 그런데 전체 공유할 때 '아하!' 하는 지점이 생길 만한데 안 된 것 같아요.

박승현(과학) 4모둠은 답안 세 개를 채우려고 말을 억지로 짜냈어요. 화산 분포도를 보면서 '일본이 안타깝다.' 이런 것들을 썼어요.

　구체적이고 세심한 관찰 내용은 수업 교사에게 더없이 소중한 자료가 된다. 그날 내가 세 학급의 수업을 공개하고 나서 받은 자료는 과제별 활동 시간, 학생 답안의 수준과 개수, 교사의 발문에 대한 학생들의 반응, 한 차시 수업 동안 발표한 학생의 수, 교사 주도 활동과 학생 주도 활동의 비율, 중간에 문항을 수정한 경우 수정 전 문항과 수정 후 문항에 대한 답안과 반응의 차이, 친구의 발표나 교사의 설명을 듣고 이해한다는 듯 고개를 끄덕인 학생의 수, 내가 "이해하는 사람?"이라고 물었을 때 손을 든 학생의 수, 칠판에 붙어 있는 답안을 촬영한 사진과 수업을 기록한 동영상 자료 등이다. 사전 수업 직후 이루어지는 수업모임에서는 이런 자료를 바탕으로 활동지와 수업 진행 방법을 수정하게 된다.

　수업을 치밀하게 준비했음에도 사전 수업에서 다음과 같은 문제가 드러났다. 아이들은 화산 분포도와 지진 분포도를 판 경계 지도와 겹쳐보면서 판의 경계와 화산 및 지진 발생 지역이 일치한다는 것을 어렵지 않게 찾아냈다. 하지만 지형도와 판 경계 지도를 겹쳐보고 작성한 내용에는 문제가 있었다.

- 우리나라는 유라시아 판에 속한다.
- 태평양판의 수심이 깊다.
- 에베레스트산은 유라시아에 있다.
- 아주 깊은 바다는 태평양과 대서양에 있다.

첫 번째 과제에서 지형도를 보면서 높은 산맥과 해구, 에베레스트산의 위치를 찾아보게 한 이유는 두 번째 과제를 풀면서 앞서 찾은 지형의 위치가 판 경계와 일치한다는 것을 쉽게 알아낼 수 있도록 디딤돌을 놓아준 것이었다. 하지만 아이들의 답안을 보니 첫 번째 과제와 두 번째 과제를 연결 짓지 못하고 있었다. 그래서 5, 6교시 사전 수업에서 두 번째 과제의 지형도 문제를 풀 때, 첫 번째 과제의 결과를 참고하라는 설명을 했지만 별 소용이 없었다.

결국 마지막 사전 수업을 마치고 나서 선생님들의 의견을 참고하여 지형도와 판 경계 지도를 겹쳐보고 알아낸 것을 적어보는 문항 옆에 "힌트! 판 경계 지도와 1번 과제의 '다'와 '라'를 비교해보자."라는 문장 한 줄을 추가했다. 사실 문장 한 줄을 추가한다고 아이들의 활동 결과가 달라질까 반신반의하는 마음이 없지 않았

다. 하지만 이후 월요일에 있었던 공개수업에서 아이들의 답안은
이렇게 달라졌다.

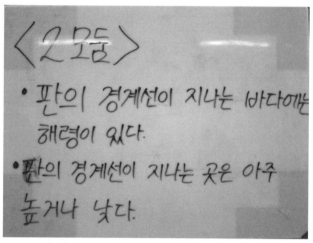

[그림 8] 판 경계에 대한 2모둠의 답안

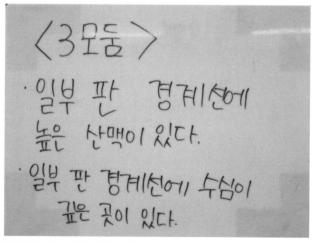

[그림 9] 판 경계에 대한 3모둠의 답안

더도 말고 덜도 말고 딱 내가 원했던 답안이었다. 아이들이 활동지를 대충 읽는 것 같아 보여도 문구를 조금 수정하거나 그림과 질문의 위치만 바꾸어도 전혀 다른 결과가 나오는 경우를 종종 보는데, 이번에도 힌트 한 줄의 효과는 예상보다 훨씬 컸다.

4. 수업을 통해 성장하는 아이들

실수를 통해 성장하는 아이들

사전 수업을 공개하고 나서 나에게는 약간의 자신감과 몇 개의 고민이 생겼다. 우선 많은 아이들이 지도에 흥미를 보였고, 수업 목표에 도달하는 적절한 답안을 써냈다. 하지만 지도에 흥미를 보였던 아이들이 정작 모둠 칠판을 붙이고 나서 전체 공유를 할 때에는 반응이 시큰둥해서 이상하다는 생각이 들었다. 사전 수업 공개 후 참관 교사의 이야기를 들어보면서 무엇이 문제였는지 파악할 수 있었다.

이경은(수학) 모둠 칠판을 보면서 공유하는 부분을 다시 디자인해야 할 것 같아요. 지금은 선생님이 설명하고 정리하고 아이들은 주로 들었어요.

서동석(기술) 아이들이 선생님 설명을 듣고 "예."라고 답하고, 또 설명을 듣고 "예."라고 답하고 이렇게 진행되었어요. 두 번째 과제를 할 때 모둠 칠판을 붙인 후 진행 시간의 80% 동안 선생님이 이야기를 했어요. 선생님이 이야기를 계속하니까 아이들이 "예, 예." 하면서 대답하는 숫자도 점점 줄어들었어요. 그렇게 대답하는 애들도 분위기상 대답해주는 것처럼 느껴졌어요.

문제는 모둠 칠판을 붙인 후 수업을 진행하는 방식에 있었던 것이다. 모둠 칠판에 적어놓은 답안이나 발표하는 아이들의 표현은 꽤나 미숙하다. 바로 전 쉬는 시간에 복도가 떠나갈 듯 재잘거렸던 아이들은 칠판 앞에만 서면 갑자기 모기만 한 소리로 중얼거린다. 게다가 이제 갓 중학교에 입학한 아이들은 자신이 써놓은 답안을 글자 그대로 읽지 못하는 경우도 많다. 이런 상황을 줄곧 보아왔던 터라 아이들의 답안을 내가 직접 설명해주었고, 아이들은 그저 "예, 예." 하면서 예의상 대답해주었던 것이다.

사실 겉으로는 시간이 부족하고 적절한 답이 나오지 않아서 내가 정리했다고 했지만, 속으로는 아이들을 완전히 믿지 못해서 맡길 수가 없었던 것이다. '저렇게 어설프게 이야기하면 다른 아이들이 알아들을 수 있을까?', '중요한 부분인데 아이들 발표만으로 충분할까?' 하는 불안한 마음이 지루한 설명을 낳고 말았다.

> 모둠 칠판에 쓴 답안 중에 중요한 내용을 하나만 골라서 그 모둠 아이에게 설명하도록 하면 어떨까요? 그리고 나머지 아이들에게 "무슨 뜻인지 알겠어요?" 또는 "발표한 내용 중에 질문 있어요?" 하고 묻는 거지요. 질문이 있다면 역시 설명한 아이가 답해보도록 하고, 답변이 이해되었는지 다시 묻고, 이렇게 진행한다면 아이들이 좀 더 알게 되지 않을까요? 아이들의 표현은 불완전합니다. 그래도 표현해보면서 배워나간다고 생각합니다.

서동석(기술) 선생님의 마지막 말이 마음을 움직였다. "틀려도 괜찮아. 모르니까 배우러 오는 거지. 다 아는 거라면 뭐하러 힘들게 학교에 오겠니?" 내가 수업 시간에 자주 하는 말이기도 하고, 특히 자신감이 부족한 아이들이 발표하기를 망설일 때 용기를 내라며 덧붙이는 말이다. 그 말이 맞다. 아이들은 불완전하니까 더 많이 표현해봐야 하는 것이다.

이후 사전 수업에서는 모둠 칠판을 붙이고 나서 "가장 많이 나온 단어가 어떤 거지요?"라고 물어서 판 경계라는 답이 나오면 여섯 개의 모둠 칠판에서 '판 경계'라는 표현을 찾아 빨간색 보드마커로 밑줄을 그었다. 아이들에게 그것이 중요한 용어라는 것을 상기시키기 위한 의도였다.

그다음에는 각 모둠에서 한 명씩 나와서 모둠 칠판에 쓴 내용을 발표하고, 나는 발표가 끝나길 기다렸다가 "질문 있어요?"라고 되물었다. 물론 질문에 대한 답은 발표 학생이 하거나, 그게 어려운 경우에는 같은 모둠의 친구가 대신 답을 하도록 했다. 그렇게 질의와 응답이 끝나면 "발표 내용을 이해한 사람?" 하고 물어본 뒤 아이들이 몇 명이나 손을 들었는지 수를 세고, 그 수가 적당하면 다음 모둠이 발표를 이어가도록 했다.

이런 방식으로 나는 교사 주도의 강의를 접고 진행자로 한 발물러섰는데, 그 결과 많은 아이들이 자신의 의견을 발표해볼 기회를 얻었다.

참고로 2009 과학 교육과정에서는 '판구조론의 발달 과정을 과학사적 관점에서 이해하고, 판의 운동과 지진, 화산활동을 연계하여 설명한다.'라고 적고 있다. 이렇게 구성된 수업에서 아이들은 자신이 찾아낸 내용을 정말 '설명해볼 기회'를 얻게 된다. '이해할 수 있다'는 것과 '다른 사람에게 설명할 수 있다'는 것의 엄청난 차이에 주목해본다면, 교사는 발언권을 내려놓고 아이들의 말을 경청하는 길을 선택할 필요가 있다.

교사의 믿음으로 성장하는 아이들

사전 수업을 하면서 두 번째 과제의 A, B, C 중 하나의 답안만 모둠 칠판에 옮겨 적도록 했고, 여섯 개의 모둠 중 두 모둠씩에게 같은 내용을 선택하도록 했다.

> **수업 교사** 9반 수업을 할 때에는 1모둠과 4모둠에게 지형도, 2모둠과 5모둠에게 화산 분포도, 3모둠과 6모둠에게 지진 분포도를 보고 알아낸 것을 써서 붙이도록 했어요.
> **남경운(과학)** 사실 6모둠은 지형도에 대해 가장 많이 썼고, 지진 분포도에 대해서는 한 개밖에 못 썼어요. 그런데 갑자기 지진 분포도에 대해 쓰라고 해서서 당황했던 것 같아요.
> **수업 교사** 네. 그런 경우가 있을 것 같아서 두 번째 반부터는 돌아다니면서 가장 많이 쓴 과제를 골라서 나누어주었어요.
> **남경운(과학)** 각 모둠에게 어떤 지도에 대해 쓸지 물어보

면 어떨까요? 꼭 두 모둠씩이 아니라 어떤 지도는 세 모
둠, 어떤 지도는 한 모둠으로 정해지더라도 괜찮을 것 같
아요.

남경운(과학) 선생님의 의견은 너무 한쪽으로 몰리지만 않는다
면, 모둠 칠판에 아이들이 스스로 선택한 지도에 대한 답을 옮겨
적을 수 있도록 배려하자는 것이었다.

수업을 공개하는 교사 입장에서 어차피 모두 해야 하는 과제라
면 그냥 두 모둠씩 나누어주는 것이 편하다. 혹시 어려워 보이는
지형도를 모두 피하면 어쩌지? 한쪽으로 너무 몰리면 어떻게 해야
하지? 애초에 이런 고민이 되는 상황을 만들고 싶지 않은 것이다.
하지만 아이들의 선택을 존중하면 좀 더 책임감을 가질 거라는 남
경운 선생님의 말에 마음이 또 움직였다.

이 수업 이후에도 몇 개의 과제를 모둠별로 나누어 수행하는 경
우가 여러 번 있었다. 재미있는 것은 아직까지 모든 모둠에게 외
면당해 버려진 과제는 없다는 것이다. 어려워 보이는 과제는 도전
적인 모둠의 과감한 선택으로, 재미없어 보이는 과제는 의리 있는
모둠의 희생적인 선택으로 살아남는다. 그리고 지금껏 지켜본 바
에 의하면, 그 도전적인 모둠과 의리 있는 모둠은 남들이 피하려
고 했던 과제를 골랐다는 묘한 자부심에 책임감까지 더해져 예상
치 못한 멋진 반전을 일으키기도 한다.

존중을 통해 성장하는 아이들

세 번째 활동 과제 "실생활에서 '판구조 이론'을 어떻게 활용하면 좋을까요?"라는 질문에는 미처 생각해보지 못했던 재미있는 답안이 많이 나왔다.

- 판 경계 지역으로 여행 갈 때 미리 재난에 대비한다.
- 부동산 투자를 할 때 판 경계 자료가 필요하다.
- 판 경계 지역에는 특이한 지형이 많으니 관광지로 개발하겠다.
- 판 경계 지역에 사는 사람들에게 위험을 인식시키고 보험 가입을 권유하겠다.
- 지진파를 연구할 때 판 경계 자료를 사용하겠다.
- 판 경계 지역의 국가에서는 국민들에게 재난 대피 훈련을 더 많이 하도록 해야 한다.
- 지구 모양의 판 퍼즐을 만들어 판매하겠다.
- 비행기의 항로를 정할 때 활동적인 판 경계는 피하도록 하겠다.

톡톡 튀는 다양한 아이디어는 여기저기서 작은 감탄사를 불러 일으켰다.

"뒷면에 있는 과제를 할 때 아이들이 재미있어했어요. 그때 칠판에 아이들이 하는 말을 명사 정도만이라도 적어주면 어떨까요? 선생님이 말로만 받아주니까 아이들은 선생님이 수업 끝날 때 형

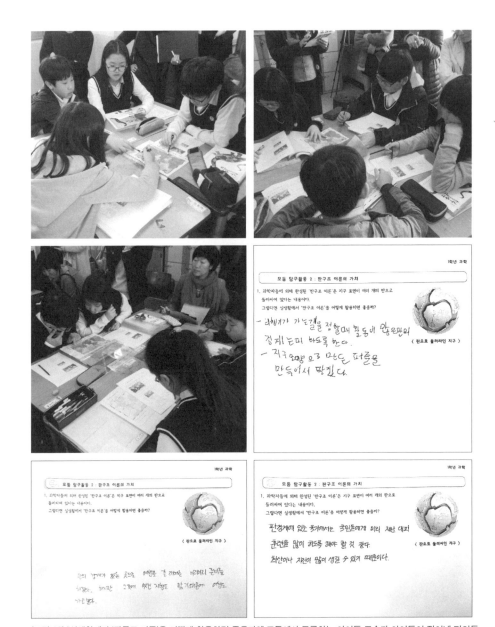

[그림 10] "실생활에서 '판구조 이론'을 어떻게 활용하면 좋을까?" 모둠에서 토론하는 아이들 모습과 아이들이 적어낸 답안들

식적으로 하는 마무리 말처럼 느끼고 마는 것 같았어요."

정말 그랬다. 시간이 부족해서 끝종이 친 다음에 진행하게 된 마지막 과제는 몇몇 아이들의 답을 듣는 정도로 넘어갔는데, 이것이 조윤성(사회) 선생님의 마음에 걸렸던 것이다. 발표를 하거나 수업을 듣는 아이들의 마음도 매한가지였을 텐데, 마침 선생님이 아이들의 마음을 잘 읽어주었다.

모둠 수업을 해오면서 아이들은 교사가 자신의 발표와 자기 모둠의 답안에 얼마나 관심을 보이는지 주의 깊게 살펴본다는 것을 알게 되었다. 가끔 모든 모둠이 거의 같은 내용의 답을 적은 경우 한두 모둠의 답안은 그냥 넘기기도 했는데, 그러면 나중에라도 자기 모둠 칠판은 왜 안 읽어줬냐면서 서운함을 표현한다.

발표를 하는 와중에도 교사가 자신의 이야기를 얼마나 열심히 듣고 있는지 거의 본능적으로 느끼고 확인하는 듯했다. 가끔 아이가 나를 바라보면서 발표하는 경우, 그 아이의 시선을 친구들에게 향하게 하려고 내가 교실 구석에 슬며시 숨기도 하는데, 그럴 때조차 발표하는 아이의 시선이 끊임없이 느껴진다.

이런 이유로 아이들의 발표를 듣거나 모둠 칠판의 내용을 읽을 때에는 아주 작은 부분이라도 피드백을 해주는 것이 좋다. 누군가의 발표가 교사와 아이들을 통해서 존중받을 때, 그 이야기가 살아나 서로에게 울림을 전해줄 수 있으니 말이다.

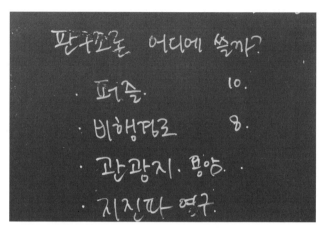

[그림 11] 칠판 한 편에 적은 세 번째 과제의 발표 내용

수업 공개 그 후 남은 이야기

수업 공개의 바쁜 여정이 끝났다. 함께 수업을 디자인하고 참관했던 선생님들은 공개수업을 보면서 수업 교사인 나만큼이나 의미 있는 시간을 보냈을 것이다. 그도 그럴 것이 활동지에 적혀 있는 질문뿐만 아니라 내가 모둠 칠판의 특정 단어에 밑줄을 긋는다든가, 아이들에게 질문을 하면서 손을 들어보라고 한다든가, 손을 든 아이들의 숫자를 센다든가 하는 동작은 모두 수업모임 선생님들의 아이디어를 내가 행동으로 옮긴 것뿐이다. 때문에 공개수업을 참관하는 과정은 각자 제시한 아이디어가 얼마나 유효했는지 가늠해볼 수 있는 기회이기도 한 것이다. 그리고 이런 이유로 준비 과정부터 함께 한 수업을 참관할 때에는 수업 교사가 아님에도

3인칭이 아닌 1인칭 시점으로 수업을 바라보게 된다.

최근에 수업 공개를 마친 한 선생님이 수업을 공개하는 것은 특별한 혜택을 누리는 것 같다고 얘기했다. 수업 교사는 본인의 수업만 하면 되지만, 나머지 교사들은 본인의 수업 이외에도 약 일주일 동안 수업 교사의 수업을 참관하고, 참관 후에 수업보임에 참석하느라 이래저래 바쁜 시간을 보내기 때문이다. 그래도 매번 이 분주함을 자청하는 것은 좋은 수업에 대한 간절함과 열정이라는 것을 알기 때문에 서로를 의지하며 함께 하게 되는 것 같다.

이번 공개수업을 통해 손가락으로 달을 가리키는 교사와 달이 아닌 그 손가락 끝을 바라보는 아이들 사이의 간극을 실감하게 되었다. 공들여 찾은 자료들을 다듬고 또 다듬어 아이들이 보아야 할 것을 보이게 하고 그들의 눈높이에 맞추기 위해 과학 교사의 익숙함 대신 다른 교과 교사의 낯선 눈길이 필요하다는 것을 깨달았다. 아이들에게 믿음을 실어 보내면 성장을 담아 되돌아오는 부메랑을 받아보면서 오늘도 좋은 수업을 꿈꿔본다.

4장

가르쳐야 한다는 고집을 내려놓으니 서로 배우는 아이들 모습이 들어온다

국어 1학년 갈등과 성장, 〈하늘은 맑건만〉

박미경

'이 나이 먹어서 뭔가를 새롭게 해야 할까? 그러면 좋아지는 게 있을까?' 주저하는 마음속에서도 앞에 있었던 3월과 4월 공개수업에 함께 참여한 경험은 유아독존식의 내 수업에 조용한 혁명을 일으켰다. 한 단원의 중요한 내용 대부분을 강의식 수업으로 진행하고 한두 시간 정도 이벤트 형식의 모둠 활동을 하면서 학생 중심 수업을 하고 있다는 나의 착각을 처음으로 직시하게 만들었으니 말이다. 3, 4월 두 달 동안 나는 조용하지만 꽤 많이 바뀐 수업 형태를 만들어내고, 적어도 아이들이 졸지 않는 수업이 가능해지면서 수업 공개를 통해 더 한층 나아지는 수업 혁신의 첫걸음을 내딛고 싶어졌다. 배운다는 입장에서 공개 차시뿐 아니라 한 단원 전체를 수업모임에서 다루고자 했다.

1. 소설의 내용, 민낯 보기

갈등과 성장을 중심으로 소설 이해를 다룬 활동지 초안

월요일이 공휴일(석가탄신일)이어서 화요일에 수업모임을 열었다. 화요일에는 정규 수업이 7교시까지 있다. 그래서 평소보다 늦은 오후 4시 10분에 수업모임을 시작할 수 있었다. 모임에 참석한 교사들 수도 평소보다 적었다. 국어 두 명, 과학 두 명, 영어 한 명, 수학 한 명, 기술 한 명씩이었다. 약 3주 후에 있을 공개수업을 논의하는 첫 번째 수업모임이었다. 나는 〈하늘은 맑건만〉이라는 소설을 단원 목표에 충실하게 갈등과 성장을 중심으로 여덟 개 차시 활동지 초안을 만들어 참석한 교사들에게 돌렸다. 초안을 받아든 다른 교과 교사들은 활동지가 생소한지 이리저리 뒤적이며 눈에 잘 들어오지 않는 듯한 표정을 지었다.

[표1] 〈하늘은 맑건만〉 단원 수업 계획

1차시. 갈등의 종류
2차시. 소설의 전체 줄거리 파악하기
3차시. 발단 부분 파악하기(225쪽 처음 ~ 227쪽 21줄)
4차시. 전개 부분 파악하기(227쪽 22줄 ~ 237쪽 4줄)
5차시. 위기 부분 파악하기(237쪽 5줄 ~ 241쪽 18줄)
6차시. 절정 부분 파악하기(241쪽 19줄 ~ 244쪽 3줄)

7차시. 결말 부분 파악하기(244쪽 4줄 ~ 끝)

8차시. 국민참여재판 - 역할극

우선 전체적인 수업 개요를 설명했다. 〈하늘은 맑건만〉은 거스름돈을 잘못 받은 한 소년에게 일어난 갈등을 그린 소설이다. 소설을 잘 이해하려면 갈등의 형성에서 해결에 이르는 과정을 파악하는 것이 중요하다. 갈등을 중심으로 소설을 이해한다는 학습목표인 만큼 1차시에서는 갈등에 대한 일반적인 내용을 학습한다. 2차시에서는 소설 내용을 음성으로 듣고, 삽화를 보고 줄거리를 써 보는 활동을 하면서 소설 전체 내용을 파악한다. 3차시부터 7차시까지의 활동지는 비슷하다. 앞부분에 내용 학습 '골든벨'이 있고 뒷부분에 활동 과제 두세 개씩을 두어 단계(발단, 전개, 위기, 절정, 결말)별로 갈등의 양상과 주인공의 행동이 무엇인지 파악해 보는 활동을 한다. 마지막 8차시는 등장인물에 대한 국민참여재판을 역할극으로 하여 마무리한다.

다른 교과 교사들의 제안과 나의 의구심

소설 수업에서는 읽기가 기본인데, 대부분의 다른 교과 교사들은 소설의 기본적인 내용은 물론 활동지의 활동이나 학습목표도 파악하지 못한 상태에서 국어 교과서를 훑어보고 학습지를 넘겨

보며 질문을 했다.

남경운(과학) 이번 단원의 목표는 무엇인가요?

수업 교사 '갈등의 전개를 중심으로 소설을 이해한다.'가 이 단원의 목표입니다. 이 소설에는 갈등이 다양하게 나타나서 갈등을 중심으로 이해하기에 적절합니다.

이경은(수학) 선생님이 몇 쪽부터 몇 쪽까지는 발단 이런 식으로 전체를 나누어주셨는데, 혹시 아이들에게 나눠보게 하면 어떨까요? 아이들에게 이 소설을 발단, 전개, 위기, 절정, 결말로 나누어보라고 하면요?

김지원(국어) 그렇게 하려면 구성 단계에 대한 설명을 먼저 해줘야 하는데요. 더 어렵지 않을까요?

수업 교사 2차시 할 때 소설 전체를 음성으로 듣고 나서 사건의 내용 써보기를 할 텐데요.

남경운(과학) 소설을 다 듣는 데 얼마나 걸리나요?

수업 교사 약 25분 정도 걸려요. 듣고 쓰기를 같은 날 해야 하는데, 그렇게 구분하게 하기는 시간적으로 힘들 것 같아요.

"소설 전체의 구성을 교사가 구분해서 제시하지 말고 아이들이 구분해보도록 하면 어떨까요?" 하는 제안이 나왔다. 나는 아이들 스스로 구성 단계를 나누게 하자는 제안에 머뭇거렸다. 아이들이 그런 활동을 하기 위해서는 그 전에 먼저 소설의 구성 단계에 대한 이론 학습을 해야 한다고 생각했다. 그렇지 않으면 아이들이 소설을 이해하는 것에 더 어려움을 느낄 것 같아 걱정이 되었다.

이런 내 마음을 알기나 하는 듯 다른 제안이 나왔다.

> **서동석(기술)** 학습목표가 작품을 이해하는 것이네요?
>
> **수업 교사** 네.
>
> **서동석(기술)** 그럼 아이들이 이해한 바를 얘기해보게 하면 어떨까요? 같은 소설이어도 아이들은 자기 상황에 따라 관심 있는 부분이 다르고, 이해하는 바가 다를 수 있으니까요.
>
> **이경은(수학)** 수학에서도 같은 수식을 두고 아이들이 서로 다르게 이해하는 경우가 많아요.
>
> **서동석(기술)** 소설을 다섯 부분으로 나누어서 차시마다 '가장 관심이 가는 문단은? 그 이유는?' 같은 식으로 과제를 주고 써보게 해요. 그다음, 쓴 것을 보며 함께 얘기를 나누도록 하면 어떨까요? 그러다 보면 아이들이 작품을 더 잘 이해할 수 있지 않을까요?
>
> **수업 교사** 그렇게 한다면 이야기하기 쉽겠네요.

처음부터 발단, 전개, 위기, 절정, 결말, 이런 식으로 분석하여 제시하는 것보다는 아이들이 각자 자신이 관심을 두는 부분이나 이해한 바를 서로 이야기할 수 있도록 하자는 것이었다. 예를 들면 지전, 도적질, 수신 시간, 정육점, 한복, 일본 글씨…… 이런 단어들에 관심을 가지는 아이들도 있을 테니까. 아이들 각자 할 말이 있을 것 같다는 의견이었다.

다른 교과 교사들이 소설의 기본 내용과 단원 목표도 제대로 파악하지 못한 상태에서 하는 질문이나 제안이 무슨 실효가 있을까 하는 의구심이 있었다. 그러나 나와 수업을 함께할 아이들의 수준도 이와 비슷할 거라는 생각이 들자 한마디 한마디가 소중하게 다가왔다.

사건의 변화를 가정하고 결말 바꿔 쓰기

> 3차시부터 7차시까지 활동지 구성은 같아요. 앞부분에 내용 학습 '골든벨'을 진행합니다. 그리고 뒷부분에 활동 과제 두세 개 정도씩을 두었어요. 거기서 단계별로 갈등의 양상과 주인공의 행동이 무엇인지 쓰도록 해서 갈등을 통해 소설을 이해하는 기회를 갖도록 했습니다. 만약 3차시부터 7차시까지 수업 중 하나를 골라 공개수업을 해야 한다면 저는 7차시를 하고 싶어요. 활동 과제가 "문기가 삼촌에게 고백을 하지 않았다면 이 소설의 결말은 어떻게 될까요?" 묻는 것입니다. '결말 바꿔 쓰기'를 하는 것이지요. 아이들이 자기 생각을 표현하는 것이니까 좋을 것 같아요.

소설 수업에서 당연하게 생각했던 구성 단계에 따른 작품 이해는 아이들의 관심과 흥미 정도에 따라 다르게 받아들인다는 것, 소설의 민낯은 그 작품을 감상하는 아이들마다 다를 것이라는 것, 그것을 수업에서 발표하게 하자는 것은 내가 미처 생각하지 못한 것이었다. 아이들 스스로가 이해한 날것 그대로의 〈하늘의 맑건

[표2] 7차시 활동지 초안

활동지	5. 갈등과 성장 (1) 〈하늘은 맑건만〉　7/8차시
	친구와 협동하여 학습하는 영림중학교 1학년　반　번　이름 :

결말 244쪽 4줄 ~ 끝
: 문기가 삼촌에게 자신의 잘못을 털어놓고 후련해함

● 내용 학습- 골든벨
　40. 문기가 병원에서 눈을 뜨자 희미하게 나타난 사람은?
　41. 문기가 마땅히 받아야 할 벌이란 무엇인가?
　42. 문기의 어떠한 행동이 마음속의 어둠을 차츰 사라지게 하고 맑아지게 했는가?
　43. 문기가 하늘을 떳떳이 마음껏 쳐다볼 수 있을 것이라고 생각한 이유는?
　44. 이 소설의 제목은?
　45. 이 소설의 제목 '하늘은 맑건만'의 의미는?

활동 1〉 삽화 11, 12를 통해 결말 부분의 내용을 정리해보자.
활동 2〉 결말 부분에서 문기가 갈등을 해결한 방법은 무엇인가?
활동 3〉 문기가 삼촌에게 고백을 하지 않았다면 이 소설의 결말은 어떻게 될까요?

만〉의 민낯을 보는 것. 흥미롭다. 아이들이 각자 수준에서 관심을 가지는 부분이나 다르게 이해한 소설의 민낯에 집중하여 서로 이야기할 수 있도록 공개 예정인 7차시를 포함하여 여덟 개 차시 모두를 수정하기로 했다. 이렇게 해서 가장 중요한 전체적인 수업 개요의 큰 틀을 얻었다.

나는 아이들이 작품을 통해 갈등이 어떻게 전개되고 있는지, 갈등을 해결하기 위해 주인공이 어떻게 하는지, 등장인물들의 삶을 각자 이해한 바를 바탕으로 간접 경험하고, 더불어 자신이 갈등을 겪었던 상황을 떠올려보면서 소설의 내용을 직접 이해하게 하고 싶었다. 나아가 주인공과 같은 갈등 상황이 되었을 때 '양심을 속이지 말고 정직하게 살자'라는 주제를 삶 속에서 실천할 수 있는 힘을 지닌 '살아 있는' 수업 혁신이 되기를 소망했다.

2. 소설의 뼈대, 갈등에 집중하기

'삽화를 보면서 아이들은 무엇을 생각할까?'

그다음 주에 다시 수업모임을 가졌다. 이전 모임을 토대로 수정한 활동지를 제출했다. 아이들이 소설을 직접 이해하게 하자는 제안에 따라 활동지 초안에서 구성 단계마다 있던 '골든벨'을 뺐다. 그렇지만 내용 파악을 위한 '골든벨'을 안 할 수는 없어서 소설 전체의 내용을 음성으로 들은 2차시 이후 3차시에 소설 내용 전체를 파악하는 '골든벨'을 몰아서 다 넣었다.

이렇게 여덟 개 차시를 재조정하니 9차시가 될 국민참여재판은 삭제하는 것이 나을 듯 보였다. 메르스로 연기된 수련회 등의 행사로 인해 7차시가 아닌 6차시가 공개수업 차시가 될 듯했다. 세부적인 내용 파악이 주를 이루는 4차시부터 활동지에 아이들이 궁금한 것이나 알게 된 내용을 적는 부분을 넣었다. 이렇게 수정하면서 아이들이 거기에 무슨 내용을 적을지 궁금했다.

[표3] 6차시 활동지 '활동 1' 1차 수정안

237쪽 5줄 ~ 241쪽 18줄	
활동 1〉이 부분의 책 내용과 삽화 7, 8, 9를 통해 알 수 있거나 궁금한 내용을 써보자.	
	알 수 있거나 궁금한 내용
	— 수만의 협박 심화 : 문기 ↔ 수만 외적 갈등
	— 문기의 해결책
	— 문기의 내적 갈등

삽화 : 《중학교 국어 ①》(박영목 외 14인 공저, 천재교육)[1]

---

1. 4장에 나오는 삽화는 모두 같은 출처에서 가져온 것이다.

[표4] 6차시 활동지 '활동 2' 1차 수정안

활동 2) 이 부분에서 문기가 겪는 갈등

◆ 문기의 내적 갈등

사건의 진행	갈등의 양상	문기의 행동
— 쫓겨난 '점순'의 울음소리를 들음	(　　　　　) ↕ (　　　　　)	

◆ 외적 갈등

	문기	수만
문기와 수만의 갈등 양상		
수만과의 갈등을 해결하기 위한 문기의 행동		
문기의 행동에 대해 어떻게 생각하나요?		
나라면 어떻게 했을까?		

수업 교사　수련회 등 행사로 인해 수정해온 활동지의 6차시를 공개해야겠어요. 6월 17일(수) 3반에서, 그다음 날 1반, 4반에서 6차시 수업을 해요.

남경운(과학)　그럼 1차시는 언제 시작해요?

수업 교사　이번 주 목요일 1차시 들어가요. 아이들이 무순 말을 할지 궁금해요.

이경은(수학) 거스름돈을 얼마나 더 받은 것인지 궁금해 할 듯.

김지원(국어) 1원 내고 10원 받은 셈이죠.

김지수(국어) 9,000원에서 10,000원 정도?

수업 교사 1원이 10,000원은 넘을 듯해요.

김지원(국어) 그때 두부장수가 한 달에 15원 벌었다고 나와요.

김지수(국어) '지식인'에 물어보면 알려주지 않을까요?

수업 교사 찾아보니 20만 원에서 200만 원까지 나오네요.

전경아(과학) 소설 읽은 후에 얼마일지 추리해보라고 하면 재미있을 것 같아요.

수업 교사 쌀값으로 비유할 수도 없고…….

김지수(국어) 이거 생각해보는 것으로 10분 정도 해도 재미있겠어요.

소설 속에서 받은 거스름돈이 요즘 가치로 얼마일까 추정하는 것에 모든 선생님들이 흥미 있게 대화를 나누었다. 그러니 아이들도 재미있게 얘기를 나누겠다고 쉽게 예상할 수 있었다.

흥미 있는 이야깃거리 찾기

이 소설은 지금 아이들에게는 너무도 먼 1930년대를 배경으로 하고 있고, '양심을 속이지 말고 정직하게 살자'라는 주제 자체가 도덕 교과서 같아서 흥미를 잃기 쉽다. 그래서 아이들이 흥미를 잃지 않고 이야기할 만한 내용이 모든 차시에 있어야 한다. 세부적인 내용 파악이 필요한 4차시에서는 '거스름돈'이, 5차시에서는 '물건을 던져버린 것'이 흥미 있는 이야깃거리가 될 수 있겠다고 생각했다.

그리고 공개수업 차시가 될 6차시에서는 내적 갈등과 외적 갈등을 생각해보도록 했다. 그중에서도 수만이 문기를 협박함으로써 벌어지는 외적 갈등에 초점을 맞추었다. 이 부분에서 아이들이 이야기할 것이 많지 않을까 싶었다. 선생님들에게 "수만이 같은 아이가 협박하면 어떻게 하겠어요?"라고 물었다.

> **남경운(과학)** 때릴 수도 있나요? (하하하)
> **이경은(수학)** 아이들은 뻔한 답을 할지도 몰라요. 과연 솔직하게 쓸 수 있을까요?
> **박승현(과학)** 지금 우리라면 117에 전화 건다!

다들 가벼운 마음으로 쉽게 대답하는 것을 보니 아이들도 이야기할 것이 많겠다는 생각이 들었다.

아이들이 이해할 수 있는 질문과 표현으로 수정

그런데 활동지에 문기가 겪는 갈등을 처음부터 내적 갈등과 외적 갈등으로 구분하여 시작하는 것이 다른 교과 교사들에게는 영

마음에 걸리는 모양이었다.

전경아(과학) 갈등을 내적 갈등과 외적 갈등으로 구분하는 것이 의미가 있나요?

수업 교사 이 소설에서는 내적 갈등을 제대로 해결하지 못해서 다시 문제가 되고 있어요.

김지원(국어) 드러내지 않고 버리고 싶어 하는 바람에.

전경아(과학) 아이들도 갈등을 내적 갈등과 외적 갈등으로 나누는 까닭을 이해할 수 있으면 좋겠어요.

수업 교사 외적 갈등은 외부에 대해 대응해야 해요.

이경은(수학) 내적인 힘이 생기면 외적 갈등을 해결할 수 있지 않나요? 본문에서 갈등을 다 찾게 해서 분류하고 각 갈등이 어떻게 차이가 있는지 말하게 하면 어떨까요?

남경운(과학) 내적 갈등, 외적 갈등을 알려주지 말고, 여러 가지 갈등 상황을 분류한 뒤, 이를 어떤 기준에 따라 분류했는지 말하게 하면 어떨까요?

이경은(수학) 갈등은 이 아이를 이해하는 소재가 된다, 갈등을 겪으면서 성장한다, 이 아이가 갈등을 통해 달라졌다, 갈등을 통해 어떻게 달라질 수 있는지 그런 점을 생각해보도록 하는 것이 아이들에게 의미 있지 않을까요?

수업 교사 8차시에 "맨 마지막이 제대로 해결된 것인가요?"라고 물어보면 그런 이야기도 나올 수 있어요. 재미있겠네요.

처음부터 아이들에게 내적 갈등, 외적 갈등이라고 구분하여 주는 것보다는, 아이들이 갈등을 찾아보고 얘기하는 과정에서 알도록 하면 어떨까 하는 제안이었다. 열려 있는 과제가 아이들에게 효과적일 것이라는 관점을 반영한 것이기도 했다. 이어서 활동지 문구를 아이들이 이해하기 쉽게 고쳐 쓰자는 제안이 나왔다.

남경운(과학) 활동 2에서 '갈등의 양상'이 뭔가요?

수업 교사 '어떤 시점에서 드러나는 일의 모양이나 상태'예요. 어렵나요? 교과서에 나오는 용어라서…….

이경은(수학) '갈등의 내용' 어떤가요?

남경운(과학) 그게 낫겠어요. 그리고 왼쪽 칸은 '갈등의 원인' 아닌가요? '사건의 진행'보다는.

이경은(수학) 오른쪽 칸 문기의 '행동'도 문기의 '선택'이 더 적합한 듯해요.

국어 교사들은 이미 교과서에서 익숙해진 문구라 별 느낌이 없었지만, 다른 교과 교사들은 쉽게 이해가 안 되는 듯 보였다. 이들의 반응이 곧 이 활동지를 처음 보는 아이들과 같다는 점은 필히 유념할 부분이다.

김지수(국어) 활동 1에서 아이들이 궁금해하는 것을 쓰면 답을 알려주나요?

수업 교사 현재는 그냥 넘어가려고요. 알아낸 것과 궁금한 내용을 모두 다 듣기만 하려고 해요.

김지수(국어) 궁금하다고 했는데 그걸 안 풀어주고 넘어가는 건 좀⋯⋯.

남경운(과학) 그럼 아이들이 그 차시에서 다루고 있는 소설의 내용을 잘 파악하지 못할 수도 있겠어요. 그러면 활동 2의 '나라면 어떻게 했을까?'에 진지하게 답하기 힘들 것 같아요.

수업 교사 그러면 활동 1에서 삽화와 관련된 사건이나 줄거리를 쓰도록 하는 게 낫겠어요. 모든 차시에 그렇게 다 고칠게요.

아이들이 '알아낸 것과 궁금한 내용'이 모둠 수업에서 옥신각신하게 만드는 지점이 되리라 생각했는데, 소설의 내용을 잘 파악하지 못하고 오히려 다음 활동을 방해할 수 있겠다는 의견들이 나왔다.

결국 전체적으로 내용 이해를 바탕으로 하되 뼈대가 되는 갈등을 중심으로 하는 사건에 집중해야 한다는 의견이었다. 여럿이 검토하다 보니 이런 부분들까지 크게 힘들이지 않고 발견해낼 수 있었다.

3. 새로운 과제 : 외적 갈등 만들기

지식의 깊은 생명력은 정답에 있는 것이 아니다

그로부터 일주일 후에 다시 수업모임을 열었다. 공개수업이 일주일 남은 시점이었다. 그동안 전체 여덟 개 차시 중 1차시, 2차시, 3차시 수업을 진행했다. 먼저 그 과정을 설명했다.

> 3차시까지 거의 다 했어요. 입체 낭독된 소설의 전체 내용을 모두 들으니 30분 정도 걸렸어요. 그 뒤 책 내용 중에는 여러 가지 갈등이 있는데 무슨 갈등이 있었는지 말해보자고 진행했어요. 소설에서 중요한 갈등으로 나오지 않는 갈등을 말하는 아이들이 많았어요. 예를 들면 "외숙모의 돈을 훔칠까?" 그리고 수만이와 문기의 갈등이 아니라 "선생님에게 이를까, 말까?" 이런 갈등을 말하는 아이들도 많았어요. 중심인물도 수만이와 문기라고만 말할 줄 알았는데, 삼촌도 아닌 담임 선생님을 넣는 아이도 있더라고요. 그런 아이들의 마음은 이해가 잘 되지 않았어요. 시대적 배경도 1930년대라는 표현보다는 일제강점기라는 표현이 아이들에게는 더 구체적으로 와 닿는 것 같았어요.

지난 수업모임 논의들에서 선생님들이 예견한 대로 아이들은 소설의 내용을 각자의 경험을 바탕으로 이해하고 있었다. 내 예상과 다른 답안을 제시하는 아이들이 많았고, 의외의 답안들도 나왔다. 대체로 보면 학원에서 미리 배운 아이들이 교사인 내가 원하거나 예상한 답을 했다.

교사들은 정해진 답을 기대하면서 수업을 진행하는 경향이 있다. 그러나 사실 교사가 예상하지 않은 답안들이 많이 나오는 것이 자연스럽고 당연한 것이라고 보아야 한다. 이미 정답을 알고 있는 경우에는 정답을 향해 정해진 순서대로 사고를 하게 되지만, 정답을 모르는 경우에는 이리저리 곁가지를 건드리다 다시 제자리로 되돌아오는 과정을 거치는 것이 일반적이기 때문이다.

그래서 활동지에는 별다른 제한 없이 열려 있는 과제를 제시하고 곁가지를 건드릴 만한 시간의 여유를 주며 수업을 진행하는 것이 효과적이다. 그렇게 해서 스스로 터득한 지식은 확장과 전이를 통해 긴 생명력을 지니게 될 것이다.

실천과 대화를 거쳐 나온 실험적 아이디어

공개수업 차시는 6차시로 예정되어 있었다. 하지만 거의 비슷한 방법으로 진행되는 4차시 수업부터 사전 수업 참관이 필요할 듯했다. 4차시부터 8차시까지는 활동지가 거의 비슷한 패턴이므로 위기 부분을 다루는 6차시 활동지 2차 수정안을 놓고 논의를 계속 이어갔다.

[표5] 6차시 활동지 2차 수정안

237쪽 5줄 ~ 241쪽 18줄

활동 1〉 책 내용과 237쪽, 240, 246-⑥의 그림을 바탕으로 사건의 내용을 쓰시오.	
그림	사건의 내용

활동 2〉 이 부분에서 문기가 겪는 갈등

◆ 갈등 1

갈등의 원인	갈등의 내용	문기의 행동
─ 수만에게 협박을 받음	(　　　　　　) ↕ (　　　　　　) ＿＿＿＿ 갈등	

문기의 행동에 대해 어떻게 생각하나요?

나라면 어떻게 했을까?

◆ 갈등 2

갈등의 원인	갈등의 내용	문기의 행동
─ 쫓겨난 '점순'의 　울음소리를 들음	(　　　　　　) ↕ (　　　　　　) ＿＿＿＿ 갈등	

4장 가르쳐야 한다는 고집을 내려놓으니 서로 배우는 아이들 모습이 들어온다　**135**

서동석(기술) 활동 2에서 '갈등 1'의 내용 칸에 답 쓰기가 애매해요.

남경운(과학) 저도 그래요. 선생님은 외적 갈등을 쓰도록 의도한 문제잖아요. 그런데 아이들은 내적 갈등을 많이 이야기할 것 같아요.

전경아(과학) 순전히 내적 갈등인 것은 없지 않은가요? 보통 외적 갈등으로 인해 내적 갈등이 생기고 심화되는 것 같은데…….

수업 교사 맞아요.

서동석(기술) 그러면 '수만이의 협박을 받음'에 따른 문기의 외적 갈등과 내적 갈등을 모두 쓰도록 하면 되지 않을까요?

지난 수업모임에서 '내적 갈등', '외적 갈등'이라고 제시하지 말고 '갈등 1', '갈등 2'와 같은 문구를 제시하기로 했다. 아이들이 갈등을 찾아서 논의하는 과정에서 외적 갈등인지 내적 갈등인지 생각해보도록 유도하기 위함이었다. 그런데 갈등 하나에는 크고 작음만 다를 뿐 외적 갈등과 그로 인한 내적 갈등이 동시에 존재하기 때문에 아이들이 답안을 쓰기가 애매할 것 같다는 의견이었다. 논의 끝에 갈등 1에 대하여 외적·내적 갈등을 모두 쓸 수 있도록 칸을 구분해 3차 수정에 넣기로 했다. 이처럼 활동지는 논의를 거듭하면서 앞서 논의된 내용으로 되돌아가기도 하면서 조금씩 수정되어 아이들이 활동하기 적합한 과제로 주어지게 된다.

남경운(과학) 위기 부분에서는 외적 갈등을 주요하게 다루고 있잖아요. 그런데 아이들은 내적 갈등을 떠올리고 답하기 쉬울 것 같아요. 그래서 "수만이의 협박(외적 갈등)이 없었다면 소설은 어떻게 달라질까?"라고 물어보는 것은 어떨까 해요. 그러면 외적 갈등이 소설에서 어떤 역할을 하는지 느낄 수 있을 것 같은데요?

수업 교사 이 소설에서 수만이의 협박이라는 외적 갈등이 없다면 갈등이 적어서 갈등을 중심으로 이해할 수 있는 소설이 아니라 개인적인 경험을 다룬 수필의 느낌이 날 거예요. 소설은 갈등의 진행 과정을 잘 배치해야 이야기가 흥미진진해지고 플롯을 갖추게 되는데, 음…… 그러면 "수만이의 협박이 없었다면 문기는 달라졌을까?"라고 묻는 것은 어떨까요?

'갈등을 중심으로 소설을 이해한다'는 이 단원의 학습목표로 볼 때 아이들이 외적 갈등에 주목해보도록 하기 위해서 나온 제안이었다. 그러나 수만의 협박과 같은 강력한 외적 갈등이 없다면, 갈등이 심화되어 문기의 고민이 더 깊어지는 사건의 진행을 보여주기 어렵다는 것이 문제였다. 그래서 질문을 살짝 바꾸는 방법을 얘기했는데, 그보다 더 획기적인 제안이 나왔다.

조은진(수학) '갈등 2'에서 쫓겨난 점순이의 울음소리가 지금은 내적 갈등으로 다루어지고 있잖아요. 그런데 이 부분에 대해서 외적 갈등 만들기를 하면 어떨까요? '점순이와 문기 사이에 외적 갈등이 일어나는 상황을 상상해서 써보세요.'라고 하면요?"

아예 새로운 외적 갈등을 만들어서 써보도록 하자는 제안이었다. 갈등을 중심으로 소설을 이해한다는 학습목표에 비추어볼 때 앞서 나온 '외적 갈등이 없었다면'의 경우보다 효과적일 것 같았다. 다만 '아이들이 적절한 외적 갈등을 만들어낼 수 있을까?' 하는 우려가 있었지만, 대부분 좋은 아이디어라고 하면서 한번 해보자는 분위기였다.

> **남경운(과학)** 그러면 활동 2의 윗부분에서는 '협박'에 따른 내적 갈등과 외적 갈등을 찾아보고, 아랫부분에서는 점순이로 인한 내적 갈등은 가볍게 다루고 외적 갈등을 써보라고 하면 딱 맞을 것 같아요. 위에서 외적 갈등이 무엇인지 살펴봤으니까 아래에서 써보면서 외적 갈등에 대해 더 잘 알게 될 것 같아요.
>
> **수업 교사** 재미있을 것 같아요. 그러면 점순이와 문기 사이에 외적 갈등이 일어나는 상황을 상상하여 써보자는 '나도 소설가' 활동을 마지막 부분에 배치하도록 할게요.

'과연 아이들이 잘할 수 있을까? 어떻게 할까?'라는 궁금증이 저절로 생겼다. 의외로 '잘할지도 몰라!'라는 기대가 생기기도 하는 과제였다. 수업모임을 하다 보면 이렇게 수업모임 교사들에게 호기심과 궁금증을 불러일으키는 과제가 가끔 만들어진다. 이런 과제는 수업 참관을 흥미롭게 만들고, 볼 것이 많게 만들며, 나눌 얘기도 많게 만든다.

4. 사전 공개수업과 교사들의 피드백

사전 공개수업을 통해 활동지를 세심하게

수업모임 이틀 후인 수요일에 사전 수업이 있었다. 공개수업은 6차시이지만 그에 앞서 하게 되는 4차시 수업부터 수업모임 교사들이 참관하는 사전 공개수업을 했다. 수업설계에는 크게 두 가지 측면이 포함되어 있다. 활동지 과제 만들기와 수업 운영 방법이다. 수업모임 초반에는 활동지 과제 만들기에 대한 논의를 많이 한다. 어느 정도 활동지가 완성되면 사전 공개수업을 한 후에 수업 운영 방법에 대한 논의도 함께한다. 사전 공개수업 참관 후의 의견을 통해 활동지 수정을 거듭하면서 점차 아이들이 서로 배울 만한 활동지에 다가가게 된다. 수업에 사용된 4차시 활동지는 다음 [표6]과 같았다.

서동석(기술) 4교시에 수업을 해본 후 선생님은 어떠셨어요?

수업 교사 4교시에 아이들이 활동지의 '1930년대 10원은 얼마 정도일까?'라는 과제에 지나치게 집중되는 느낌이었어요.

서은지(영어) 그래서 시간이 모자랐어요.

조윤성(사회) 아이들이 한자를 모르니까 화폐 가장자리의 숫자를 보더라고요. 화폐 그림 제시가 학습을 방해하는 요소로 작용한 거지요. 마찬가지로 10원이 얼마일까를 계산하는 과정은 불필요한 혼란을 초래할 수도 있겠어요. 그래서 활동지에 '1930년대의 10원은 지금의 100만 원 정도'라고 제시한 다음 "문기의 고민은 어느 정도였을까?"라는 식으로 질문을 하면 어떨까요?

[표6] 4차시 수업에 사용된 활동지

225쪽 처음 ~ 227쪽 21줄

과제 1) 책 내용과 225쪽, 226쪽의 그림을 바탕으로 사건의 내용을 쓰시오.	
그림	사건의 내용
	— —
	— — —

— 10원을 내면 고기를 주고, 거스름돈으로 9원하고 은전 몇 닢을 더 준다고…….

— 1930년대의 10원은 현재 가치로 얼마 정도일까 근거를 들어 추측해보자.

과제 2〉 문기가 겪는 갈등의 내용과 그에 따른 선택을 정리해보자.		
갈등의 원인	갈등의 내용/종류	문기의 선택
— 거스름돈을 더 많이 받음	( ) ↕ ( ) _____ 갈등	—

— 나라면 어떻게 했을까?

사전 공개수업 참관 이후 수업모임에서는, '1930년대의 10원은 현재 가치로 얼마일까?' 하는 과제에 아이들이 큰 관심을 가지고 덤벼들었는데, 정작 그 활동이 학습목표를 달성하는 쪽과는 무관했고 시간이 많이 소모되어 오히려 방해가 되었다는 참관 교사의 의견이 나왔다. 그래서 간단하게 화폐 가치를 설명해주고, 인물의 고민을 추측해보는 질문을 넣자는 제안이 나왔다. 타당했다. 아이들이 할 말이 많아도 학습목표를 향한 '옥신각신'이어야 좋지 않을까 싶다.

"이렇게 해보면 어떨까?"라는 수정 방법을 제안해볼 수 있는 것은 사전 수업 참관을 통해서만 가능한 장점이다. 다른 교사들도 그 제안에 대해 자신의 경험을 바탕으로 의견을 말해볼 수 있다. 또 다음 시간에 그 부분이 어찌 될 것인지에 대한 높은 관심은 다음 수업과 수업 참관을 더욱 흥미롭게 만들어준다.

활동지의 과제를 하도록 제시한 후에 "그림을 보자, 그림이 다르네, 뭐하는 그림이지, 고기 파는 곳이 다르죠, 머리 스타일, 옷차림……" 이런 부연 설명은 아이들에게 그리 효과가 없었어요. 그때 아이들은 반 이상이 이미 활동지를 채우고 있었거든요. 과제 시작 후에 부연 설명해야 할 상황이 생기지 않도록 아이들이 해야 할 활동을 활동지에 명료하게 제시할 필요가 있습니다.

수업을 참관한 선생님의 발언이었다. 이런 상황은 아마 실제 수업에서 가장 많이 발생하는 상황 중의 하나일 것이다. 안 그런다고 하면서도 과제 제시 후에 아이들을 못 믿어 하며 부연 설명을 하여 과제를 수행하는 아이들에게 오히려 방해가 되는 실수를 범한 것이다.

서동석(기술) 내일 5차시 수업도 비슷한 패턴인데 5차시 활동지는 그대로 하나요?

수업 교사 그래서 활동 1에서 그림에 대한 각각의 질문을 따로 만들어볼까 생각하고 있어요. 첫 번째 그림은 '누가 수만일까? 이유는?' 이런 식으로.

조윤성(사회) 두 번째 그림은 '꾸중을 듣는 문기의 심정은 어땠을까?'가 좋겠어요.

서동석(기술) 세 번째는 '왜 고깃간에 돈을 던졌을까?', 네 번째는 '문기의 성격을 써보자.'가 좋겠네요. 활동 2의 '나라면 어떻게 했을까?' 대신 '내가 꾸중 들은 경험을 써보자.'라고 바꿔보는 건 어떨까요? 아이들은 이런 문제에도 잘 쓸 것 같아요.

조윤성(사회) 뒤에다 '그때 어떻게 했나요?'를 넣으면 더 좋을 것 같아요.

수업 교사 네, 좋은데요.

4차시 수업을 해보니 비슷한 패턴인 5차시 수업에서도 시간이 부족할 것 같았다. 그래서 활동지에 아이들이 빨리 할 수 있도록 좀 더 구체적인 질문을 주어야겠다는 생각이 들었다. 내가 질문을 하나 만들자 바로 이어서 다른 교과 교사들이 다음 그림에 대한 질문들을 만들었다([표 7] 참고).

[표7] 5차시 수업에 사용된 활동지

활동 1) 책 내용과 229, 231, 246②, 235쪽의 그림을 바탕으로 사건의 내용을 쓰시오.

그림	생각해볼까요?	사건의 내용 (중심 내용 - 줄거리)
① 교과서 229쪽 	– 누가 수만일까? 이유는?	수만과 함께 거스름돈을 씀
	– 간판을 잘 살펴보세요. 어느 시대일까?	
② 교과서 231쪽 	– 꾸중을 듣고 있는 문기의 심정은?	

③ 교과서 246②쪽	― 문기는 고깃간집 안마당에 왜 돈을 버릴까?	
④ 교과서 235쪽	― 누가 문기일까? ― 표정을 잘 살펴보고 어떤 느낌이 드는가? ・문기 : ・수만 :	약속한 환등 틀을 사러 가자고 수만이 재촉한다.

활동 2) 문기가 겪는 갈등의 내용과 그에 따른 행동을 정리해보자.

갈등의 원인	갈등의 내용/종류	문기의 행동
― 삼촌에게 꾸중을 들음	( ) ↕ ( ) _____ 갈등	― ― ―

• 잘못 받은 거스름돈을 돌려주지 않고 쓴 문기는 삼촌의 추궁에 거짓을 말하는데, 삼촌은 "네 말이 맞겠지."라며 믿어준다. 여러분도 문기처럼 큰 잘못을 저질렀는데, "네 말이 옳겠지." 하고 믿어주면서 꾸중을 들은 경험이 있는가?

― 그런 꾸중을 들은 경험 :

― 그때의 나의 기분이나 행동 :

수업 교사의 말과 행동까지 주의 깊게

그다음 날 5차시 수업을 했고, 수업모임 교사들이 이를 참관했다. 수업 이후 수업모임에서 수업을 참관한 서동석(기술) 선생님이 의견을 말했다.

"2교시에 5차시 수업을 봤어요. 그런데 활동 1에서 아이들에게 모둠 활동을 시켰는데, 무엇을 논의해야 할지 아이들 입장에서는 덜 명확했던 것 같아요. 모둠에서 아이들이 서로 무엇을 얘기해야 할지를요. 그래서 예를 들면 '서로 다르게 쓴 것 확인하고 그것에 대해 이야기해보세요.'와 같이 안내해서 아이들이 논의할 내용을 좁혀주면 좋을 듯해요."

서동석 선생님의 발언을 듣고 아이들이 해야 할 활동을 구체적으로 안내할 필요를 다시 한 번 느꼈다. 또 다른 참관 교사인 전경아(과학) 선생님의 발언이 나왔다.

"아이들이 발표할 때 선생님의 위치는 중요해요. 선생님이 앞에 서 있으면 발표자가 선생님을 보고 발표하는 경향이 있다는 단점이 있습니다. 이때는 선생님이 발표를 듣는 아이들의 반응을 볼 수 있다는 장점이 있어 아이들의 반응을 보고 교사가 적절하게 개입하여 발표자를 도와줄 수 있지요. 오늘 선생님은 뒤쪽에 있었는데 발표하는 아이가 자연스럽게 아이들을 보고 하게 된다는 장점이 잘 부각되었어요. 교사의 위치는 이처럼 장단점이 있기 때문에 발표 내용에 따라 알맞은 위치에서 진행하면 좋을 것 같습니다."

수업에 참관한 선생님들은 이처럼 세세한 부분까지 눈여겨보았다가 이어지는 수업모임에서 상황을 떠올리며 이야기를 해준다. 평소 자신의 수업에서 많이 겪어오던 경험이기도 하기에 이런 참관 의견을 말할 수 있는 것이다. 발표하는 아이를 보려고 별 생각 없이 뒤로 갔는데 때에 따라 알맞은 위치라! 그렇게 수업모임은 내게 단순히 수업 내용을 넘어 수업 운영 방법까지 마련해주는 '수업 솔루션'이 되었다.

그럼에도 '잘할 수 있을까?' 의구심

공개수업 전에 6차시 사전 수업이 2교시와 6교시에 있었다. 수업모임에서 함께 만든 '나도 소설가' 과제를 처음으로 수업에 적용하면서 아이들이 어떻게 할지 궁금했다.

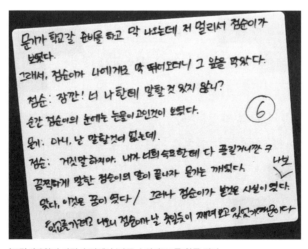

[그림 1] 6차시 사전 수업에서 '나도 소설가' 모둠 활동 결과

서동석(기술) 2교시에 18분 남겨두고 '나도 소설가'를 시작했는데, 아이들이 예상 밖으로 짧은 시간 안에 3~4줄로 잘 썼어요. 다 쓰고 5분 남았을 때 쓴 것 읽어보았는데 시간이 조금 더 있으면 좋겠다 싶었어요. 공개수업할 때는 이 부분에 시간을 좀 더 확보했으면 좋겠습니다.

수업 교사 '나도 소설가' 과제를 아이들이 '문기와 점순이가 싸웠다.' 이렇게 짧게 쓰고 말 줄 알았는데 상황이 드러나도록 잘 썼어요. 그리고 2반 아이들이 개구쟁이들이어서 막장 내용을 쓸 거라고 생각했는데 그러지 않았어요. 오히려 얌전한 4반에서 막장 내용이 두 개 모둠에서 나와서 놀랐습니다.

전경아(과학) '나도 소설가' 과제를 쓸 때 모둠으로 모여서 더 이야기한 후에 모둠 칠판을 가져다 쓰도록 진행했습니다. 이런 진행 덕분에 못 썼던 아이들이 더 쓴 것 같아요. 과제를 제시할 때 '소설의 내용에 큰 변화가 없도록'이라는 제한을 주면 어떨까요? 그러면 너무 엉뚱한 내용을 쓰는 아이들이 덜 나올 테니까요.

공개 차시의 마지막 과제인 '나도 소설가'에 대한 참관 의견이 많았다. 처음으로 수업에 적용했는데 아이들이 의외로 막힘없이 길게 글을 잘 써내려가는 모습이 인상적이었다. 놀라웠다. 가끔 아이들은 교사들의 예상과는 다른 모습을 보여준다. 아니, 교사들이 아이들을 매일 보고 있으면서도 사실은 아이들을 잘 모르는 것이라고 해야 더 정확할까?

공개수업을 준비하는 수업모임의 끄트머리인 만큼 시간 분배에 대한 의견이 많이 나왔다. 모둠 칠판을 가져가는 타이밍이나 엉뚱한 내용을 쓰지 않도록 제한 조건을 주자는 참신한 의견도 나왔다. 구로중학교 참관 교사는 '나도 소설가' 시간 확보를 위해 활동 1과 2를 한꺼번에 진행하면 좋겠다는 의견을 내놓기도 했는데 모험인 듯싶어 나로서는 선뜻 받아들이기 어려웠다. 고민스러웠다.

사실 나는 수업을 걱정하는 교사는 아니었다. 그 단원에서 중요한 것들에 대해서 설명하고 밑줄 치게 하고, 제대로 했는지 검사해서 안 했으면 혼내주고, 엎드려 있거나 졸면 가차 없이 일으켜 세워놓는 카리스마로 아이들을 꼼짝없이 수업에 임하게 했다. 열심히 수업을 듣는 아이들과 눈을 맞추고 소통하면서 참고서에 나올 만한 정도의 것들을 빠짐없이 정리해서 전달해주고, 단원의 마지막 차시는 이벤트처럼 아이들의 활동으로 마무리했다. 마이크 없이는 수업이 불가능하면서도 내 나름대로는 학생 중심 수업을 하고 있다고 생각했다.

그런데 내가 설명하지 않고 밑줄 치게 하지 않아도 아이들이 중요한 부분을 알 수 있을까? 떠드는 놈, 멍하게 있는 놈들을 그냥 놔두면 안 되는데. 쓰게라도 해야 하는데…….

이런 의구심이 여전히 나를 사로잡고 있었다.

물론 그동안 3주간의 사전 수업 공개와 수업모임을 통해 수차례 활동지를 수정해왔다. 아이들이 스스로 할 정도로 활동지가 완성되었다. 그리고 수업 운영도 개선 방향을 찾아왔다. 첫째, 학생들이 논의해야 할 것이 무엇인지 명확하게 해준다. 둘째, 어떤 학생이 발표할 때 수업 교사는 상황에 맞게 적절한 곳에 위치하고 있어야 한다. 셋째, 주요 활동에 시간을 충분히 쓸 수 있도록 시간 안배에 세심한 주의를 기울여야 한다.

이런 것들을 명심하겠다고 되새기는데도 '잘할 수 있을까?' 하는 염려가 떠나지 않았다.

5. 소설의 갈등 상황을 묘사하는 '나도 소설가'

충분한 시간을 위한 마지막 수정과 공개수업

월요일에 공개수업을 진행했다. 공개수업을 할 우리 반 아이들이 너무 부담스러워했다. 공교롭게도 4, 5차시 사전 수업 때 공개수업 반인 우리 반엔 참관 선생님들이 한 번도 들어오지 않았다. 평상시와 같이 하면 된다고 말했지만, 아이들은 우리 학교 선생님뿐만 아니라 다른 학교 선생님들까지 교실에 빼곡히 들어서자 경직된 모습을 보였다.

나의 실수 덕분에(?) 다행히도 아이들의 긴장이 풀어졌고, 수업은 활동 1, 활동 2의 개인별 활동으로 차분히 진행됐다. 마지막 사전 수업을 참관한 구로중학교 선생님의 제안을 받아들인 것이다. '나도 소설가' 시간을 충분히 확보하려면 활동 1과 활동 2를 한꺼번에 진행하는 것이 필요했다.

[표8] 6차시 공개수업을 위한 활동지

활동지	5. 갈등과 성장 (1) 〈하늘은 맑건만〉 6/8차시
	친구와 협동하여 학습하는 영림중학교 1학년 반 번 이름 :

237쪽 5줄 ~ 241쪽 18줄

활동 1〉 책 내용을 떠올리며 237쪽, 240, 246⑥의 그림을 바탕으로 알 수 있는 것과 사건의 내용을 쓰시오.

	그림	생각해볼까요?	사건의 내용
①		— 문기가 수만에게 받은 협박을 모두 쓰세요.	— 문기가 수만에게 점점 심한 협박을 받는다.
②		— 여기는 어디일까요? — 지금 문기의 심정은 어떨까요?	
③		— 문기는 밤새 무슨 생각을 했을까요?	

활동 2〉 문기가 겪는 갈등의 내용과 그에 따른 행동을 정리해보자.

	갈등의 원인	갈등의 내용		문기의 행동
갈등 ①	— 수만에게 협박을 받음	외적 갈등	문기 : (이제 나쁜 짓 안 할 거야.) 수만 : (넌 빠지고 _____.)	
		내적 갈등	( ) ⇕ ( )	

| 갈등 ② | – 쫓겨난 '점순'의 울음소리를 들음 | ( ) 갈등 | ( ) ⇕ ( ) | |

〈나도 소설가〉 갈등 ②에는 문기의 내적 갈등이 심화되고 있다. 소설의 재미를 위해서 여기에 '문기와 점순'의 외적 갈등 상황을 추가하면 어떻게 될까?

(외적 갈등을 추가하여 그럴듯한 위기 상황을 만들어보되, 소설의 뒷이야기를 훼손하면 안 됩니다.)

활동 1은 아이들이 쓴 것을 간단히 확인하고 활동 2는 역할극으로 갈등의 상황을 보여주도록 했는데, 이때 점순이의 울음소리까지 실감나게 표현했다. 중심 활동인 '나도 소설가' 개인별 활동이 자연스럽게 이어졌고, 70% 정도의 아이들이 완성했을 때 모둠으로 모여서 각자 쓴 것들을 읽어보고 모둠 작품을 완성해서 모둠 칠판에 부착하도록 했다. 모둠 칠판이 모두 부착된 뒤 전체 공유의 시간을 가졌다. 아이들 모두가 진지하게 발표하고 들으며 즐기는 분위기였다.

나도 공개수업을 마치자 비로소 '잘할 수 있을까?'라는 의구심을 떨쳐버릴 수 있었다. '오늘 수업이 제일 좋았다.'라고 생각하지는 않는다. 그런데 수업을 준비하는 과정이 너무 행복했다. 수업의 결과보다는 수업을 함께 만들어준 선생님들께 감사하다. 무엇보다도 서로 배우는 모습을 보여준 아이들이 고맙다. 강의식으로 수업을 할 때 아이들은 단지 수업의 대상이었지만, 모둠 수업에서의 활동을 통해 아이들은 수업의 주체가 되어 스스로 배움을 완성한다는 것을 새삼 느꼈다.

아이들이 배워나가는 얼굴을 발견하는 잔잔한 감동

이어진 수업연구회에서 많은 교사들이 발언을 했다. 특히 아이들의 활동을 잘 묘사하는 발언도 있었다.

저는 3모둠을 보았습니다. 종찬이와 성종이, 채원이와 정원이가 있는 모둠인데요. 수업 시작하면서 종찬이와 성종이는 잡담을 하고 있었고, 정원이는 혼자 책에 그림을 그리고 있었습니다. 1분 지나서 활동1을 시작할 때 어떻게 된 건지 종찬이는 왼 손바닥에 풀이 가득 묻어 있었어요. 채원이와 정원이는 차분하게 활동지에 기록하고 있었고, 성종이는 두 칸을 쓰더니 그만두고 책표지에 낙서 중이었습니다. 종찬이가 손바닥의 풀을 계속 닦고 있길래 제가

밖에 나가서 손걸레에 물을 묻혀서 가져다주었습니다. 활동 1을 확인할 때 성종이는 다른 아이들의 발표를 들으며 활동지의 나머지 칸을 채웠구요.

활동 2 개인별 활동으로 넘어갔습니다. 채원이와 정원이는 책을 뒤적이며 갈등의 내용을 찾고 있는데, 성종이는 책을 펴지도 않고 갈등 ①에 '수만 : 넌 빠지고 (내가 알아서 할게.)'라고 정답을 쓰길래 '성종이가 책 내용을 알고 있나보다.' 생각했어요. 그런데 갈등 ②에는 '외적 갈등'이라고 틀린 답을 쓰길래 '음, 그렇군. 정확히 알고 쓴 건 아니구나.' 생각했어요. 성종이가 그렇게 열심히 하는 아이가 아니거든요.

이런 상태로 모둠 활동으로 넘어갔습니다. 3모둠은 각자 칸을 다 채운 다음 채원이가 아주 작은 소리로 종찬이와 성종이에게 말했어요. '나는 외적 갈등은 수만 : 넌 빠지고 (돈만 내.)라고 생각해.'라고 성종이와 유사한 답을 썼다고 했는데도 대꾸가 없었어요. 정원이는 혼자 자기 활동지만 보고 있고, 성종이는 대답 없이 고개만 숙이고 있고, 종찬이는 풀만 계속 닦고 있었어요. 이렇게 서로 논의가 잘 이루어지지는 않았어요. 이때 선생님이 역할극을 한다고 하자 두 남학생의 얼굴이 펴지며 웃음기가 살짝 감돌았어요. 그러나 2모둠의 주성이와 남웅이가 역할극을 할 때도 둘이는 계속 잠잠했어요. 20분이 지나서 '나도 소설가'를 시작했어요. 성종이는 마치 준비된 것처럼 바로 활동지에 쓰기 시작했어요. '점순 : 흑~ 흑~' 이렇게 쓰고 있었어요. 종찬이는 계속 손에 묻은 풀

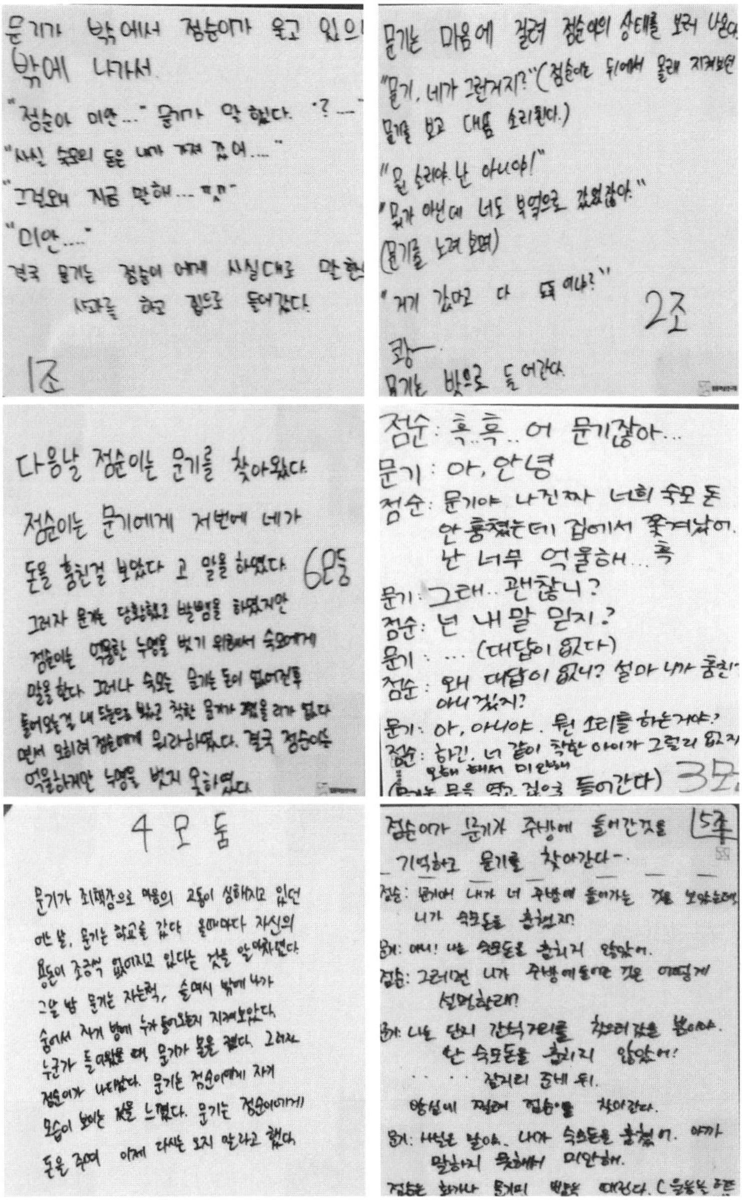

[그림 2] 공개수업에서의 모둠 활동 결과

을 닦고 있고, 정원이는 그냥 책만 보고 있고, 채원이는 책을 1~2분 정도 뒤적이다가 쓰기 시작했어요. 성종이는 거의 완성 중이었어요.

> 점순 : 흑~ 흑~, 어! 문기잖아?
> 문기 : 안녕…….
> 점순 : 문기야, 나 정말 너희 숙모 돈 안 훔쳤는데 집에서 쫓겨났어. 너무 억울해.
> 문기 : 그렇구나.
> 점순 : 넌 내 말 믿지?
> 문기 : …….
> 점순 : 왜 대답이 없니? 설마 니가 훔친 건 아니겠지?
> 문기 : 아니!
> 점순 : 하긴 너같이 착한 아이가 그럴 리가 없지. 오해해서 미안해.
> 문기 : …….
> (문기는 문을 열고 집으로 돌아감)

정원이는 '병원에 며칠 있고 나니…… 삼촌이 오고……' 이런 식으로 꼼꼼하게 상황을 묘사하고 있고, 채원이는 이렇게 쓰고 있었어요.

> (문기가 울고 있는 점순을 찾아간다.)
> 문기 : 나는 네가 훔치지 않았다는 걸 알고 있어.
> 점순 : 흑 흑…….

문기 : 사실 내가 훔쳤거든.

점순 : 뭐? 내가 다 이를 거야.

문기 : 안 돼!

(점순이가 뛰어나가 숙모에게 말하지만 믿지 않는다. 결국 점
순은 쫓겨난다.)

여기까지 썼을 때 모둠으로 모여서 이야기해보라고 했잖아요.
3모둠은 말이 없이 계속해서 각자 쓰다가 채원이가 성종이 것을
받아서 읽어보았어요. 그때 모둠 칠판 가져다 쓰라고 하자 성종이
가 처음으로 말을 했어요.

성종 내 걸 쓰자. 채원이 네 것은 너무 말이 안 돼.

채원 니건 맞춤법이 너무 심해! 정원이 네 것 좀 보자.

정원 아직 다 안 썼어.

성종 종찬아, 넌 내 걸로 할래?

종찬 아무거나 해.

성종이가 자기가 쓴 것을 모둠 칠판에 쓰고 싶어 해서 종찬이한
테 지원 요청까지 하는 모습이 의외였어요. 그리고 채원이보다 성
종이의 글이 더 생생한 것도 의외였고요. 망설이던 채원이가 큰
반발 없이 모둠 칠판에 성종이 것을 그대로 쓰기 시작하자 정원이
는 세 줄 정도 써가던 자신의 활동지를 덮었어요. '외적 갈등'이 존
재하는지 여부는 아무도 따지지 않았어요. 쓰고 옮기느라 그럴 시
간이 충분치 않기도 했어요. 여섯 개의 모둠 칠판이 칠판에 붙자 3

모둠도 높은 관심을 보였어요. 1모둠, 2모둠, 6모둠이 나와서 읽을 때 채원이와 정원이는 가만히 듣고 있었고, 성종이는 모자를 빙빙 돌리고 만지작거리면서 자기 작품이 읽히기를 기대하며 초조해하는 모습이었어요. 3모둠 것을 채원이가 나가서 읽는데, 성종이가 자부심을 느끼는지 얼굴에 미소가 가득했어요. 그걸 보면서 선생님께서 "누구 글이니?"라고 물었다면 성종이 얼굴이 더 활짝 피어날 것이라는 생각을 했어요. 이어서 4모둠과 5모둠 것을 읽는데 3모둠의 네 명 모두 관심이 지대했어요. 다만 특별한 표정을 짓지는 않았어요. '나도 소설가'가 끝나고 교과서 239쪽의 문제를 다 같이 읽어보자 했을 때 성종이도 같이 소리 내서 읽고 책에 답도 써보고 하는 것이 아까와는 다른 모습이었어요.

참관 교사는 자기가 담당한 관찰 모둠의 모습을 이렇듯 세세하게 말해주었다. 특히 초반에 수업에 들어올락 말락 하던 성종이가 수업 후반부로 갈수록 활동에 몰입하며 수업에 잘 참여해가는 장면을 세심하면서도 인상적으로 전달해주었다. 특히 참관 발언에서 변화해가는 아이들의 심리까지 엿볼 수 있어서 잔잔한 감동이 느껴지기까지 했다. 수업 교사인 내가 "누구 글이니?"라고 물었다면 성종이는 얼굴이 더 활짝 피었을 것이라는 참관 선생님의 조언은 나에게 많은 것을 생각하게 했다. 그 선생님의 시선을 따라가니 '덩어리로서의 학생들'이 아니라 '개성을 지닌 살아 있는 한 학생'의 모습이 그대로 전달된다. 내 수업의 지향점으로 삼고 싶은 부분이다. 참관 교사의 의견을 들으면서 '개성을 지닌 살아 있는 한 학생'의 모습을 깨닫는 것을 보니 아직은 많이 부족하다. 부족함을 느끼니 나는 앞으로도 계속 노력할 것이다.

5장

소곤거림을 넘어 소통으로

수학 1학년 '통계' 단원

이경은

내게 통계 영역은 함수나 기하 영역에 비해 매력적인 단원은 아니다. 학생들이 공학적 도구를 사용해보게 하고, 보고서나 포스터 정도 만들어보게 하는 프로젝트 활동이 강조되는, 그러니까 나한테 큰 부담인 단원은 아니었다. 그런데 공교롭게도 공개수업을 하게 될 단원이 시기상 1학년 통계 4차시. 이런 아쉬움 속에 준비하게 된 공개수업 과정에서 내가 간과했던 것 몇 가지를 돌아보았다. 프로젝트 활동은 학생들에게 그냥 하라고 시간을 준다고 제대로 되시 않는나는 것. 그 활동을 할 수 있도록 아이들이 자기 생활을 수학적으로 생각해볼 수 있는 기반을 차근차근 마련해주어야 한다는 것. 수업모임에서는 아이들의 일상과 닿아 있는 자료로, 평범한 차시마다 아이들이 자료를 단순히 정리하는 것을 넘어 분석해보도록 하는 구체적 방법을 함께 고민했다.

1. 아이들 일상을 담는 통계 수업

'우리가 사는' 일상을 설문으로 알아보자

"중학교 1학년 통계는 자료를 정리하는 것이 핵심입니다. 자료를 정리하는 여러 가지 방법이 있는데, 줄기잎그림, 도수분포표, 도수분포다각형, 히스토그램 등이 있지요. 두 번째로 상대도수와 상대도수 그래프가 있어요. 보통 자료의 정리, 상대도수, 통계 보고서 써보기, 이렇게 세 가지를 해왔어요."

나는 통계 단원에서 '통계 보고서'가 주된 줄기라고 생각했던 것 같다. 그런데 수업모임에서는 자료 정리 방법을 배운 후 작성할 통계 보고서에는 별로 관심이 없었다. 오히려 자료를 정리하는 방법의 각 과정, 그 한 차시 한 차시 과정에 초점을 두고 논의했다.

"책 보니까, 줄기잎그림을 왜 그리나 하고 봤더니 그려보고 끝나고, 그다음 넘어가면 도수분포표 채우다 끝나고, 히스토그램 하다가 그려보다 끝나고, 그러다가 상대도수 구해보다 끝나고, 그렇게 '나열'되어 있네요. 그런데 결론은 뭐예요? 다 하고 나면?"

처음에는 이 부분은 정리 방법을 배우는 과정이니까 그냥 해야 한다고 답했다. 그런데 여러 이야기가 오가면서 다시 한 번 생각을 하게 되었다. '다른 방법이 있을까?' 그리고 '여러 가지 자료 정리 방법의 특징을 이해하고 분석하는' 통계 단원의 학습목표. 이

것은 단순히 통계 보고서를 만드는 것으로 구현된다고 보장할 수 없음에도 불구하고 그렇게 '믿고' 있던 나를 보게 되었다.

"자료 정리하는 여러 가지 방법의 특징을 알게 되겠죠. 어떤 결론을 내릴 때 자료를 수집해서 정리해야 함을 느낄 수도 있고요. 또 '내가 결정한 주제에 적합한 자료를 선택해야' 할 테고요. '그 자료가 내 주장을 뒷받침하기에 적절한가?' 그런 것도 생각해볼 수 있겠고, 통계의 오류 같은 것도 다들 한 번쯤 다루고 싶어 하는 주제이지요. 평균의 함정, 그래프 오류 등이요."

내가 말하면서도 실소하게 되는 지점이었다. 수학 교사들이 늘 중요하다고 말하던 것을 앵무새처럼 되풀이하는 나를 본다. '그런데 정말 내 수업이 그런가? 내가 머릿속에서 하고 싶은 것이지, 실제 그렇게 하고 있나?' 내가 이렇게 마음속으로 반문하고 있을 때, 다른 교과 선생님들은 내가 말하고 있던 수업은 내가 하고 있는 수업이 아니라고 말해주었다.

> **남경운(과학)** 이렇게 잘 안내해주면 학생들이 활동지를 채워가며 따라가기는 하지만, '내가' 무엇을 배우는지 모르는 상황, 왜 이것을 배우는지 알 수 없는 상황이 되겠군요. 숲을 볼 수 없는 학생들, 코를 꿰인 소 같네요.
>
> **서동석(기술)** 여기에는 그런 의도가 담겨 있지 않네요. '내가' 이걸 왜 배워야 하는지 감을 잡아야 좀 더 동기가 생길 것 같아요. 왜 하는지 모르는데 계속하라고만 하네요.

결국 병렬적으로 자료 정리 방법을 학습하는 기존의 활동지로는 정말 아이들이 성장했으면 하는, 그 '아하!' 하는 순간이 생길 수 없다는 것을 인정하게 되었다.

"아이들이 기사, 실생활 자료 같은 것을 볼 때, 통계 자료를 이해하면서 볼 수 있으면 좋겠어요. 아이들이 자신의 의견을 다른 사람들에게 제시할 때, 근거로 자료를 정리해서 보여주겠다고 생각하거나, 혹은 누군가 정리한 자료를 자신이 이용하고 싶다고 생각하면 좋겠어요. 그런 생각을 하게 되면 성공일 것 같아요."

일단 수업모임의 선생님들은 영림중학교 1학년 전체 학생들의 일상을 보여주는 자료를 수집해보자고 했다. 수업에서 사용하는 자료는 아이들 자신의 생활을 나타내는 것이어야 그것을 분석하는 의미를 느낄 수 있다는 것이었다. 물론 내 욕심 같아서는 학생들이 서로에 대해 궁금한 것을 조사해보게 하면 좋겠지만, 실제 통계 수업에 내가 할애할 수 있는 시간이 네댓 개 차시라는 것을 고려하면 그럴 여유는 없었다.

이 논의를 하고 설문 문항을 완성한 다음 날, 1학년 전체 10개 반에 그날 수업이 있는 선생님들이 설문지를 가지고 가서 쉬는 시간, 남는 시간에 설문조사를 해주었다. 전체 학생의 설문 결과를 다 받는 데에 꼬박 하루가 걸렸다. 다음 [표 1]은 그렇게 함께 만든 설문지 양식이다.

[표1] 생활과 여가 설문지

우리 학교 친구들의 일상생활을 조사하여 수학 시간에 통계적으로 분석하려고 합니다.
- 느낌으로 쓰지 말고 실제 시간을 잘 따져서 응답해주세요.

1. 일주일에 스마트폰이나 컴퓨터로 게임을 몇 시간 하나요?

2. 일주일에 용돈을 얼마나 받나요?
   - 받지 않으면 '받지 않음'이라고 쓰세요.
   - 월별로 받는 사람은 일주일분으로 나누어 (월별 용돈/4)으로 쓰세요.

3. 일주일에 밖에 나가서 노는 시간은 얼마나 되나요?
   - 자전거 타기, 농구, 축구 등 바깥에서 노는 시간
     (PC방과 노래방에서 보내는 시간은 제외)

4. 일주일 동안 학원 다니는 시간은 몇 시간인가요?

5. 일주일 동안 TV를 몇 시간 보나요? (휴대폰 말고 집에 앉아서 TV 보는 시간)

6. 일주일 동안 수업 시간이나 학원 외에 혼자 복습하거나 공부하는 시간은 몇 시간인가요?

7. 일주일 동안 평일에 몇 시간 정도 자나요? (평균적으로)

8. 그밖에 우리 학교 친구들이 어떻게 생활하고 있는지 알고 싶은 게 있으면 편하게 써보세요.

이제 어떤 형태가 될지 모르겠지만, 각 차시 활동지를 위 설문 결과를 적용하여 만들어보기로 했다. 다음과 같은 순서로 다섯 개 차시를 만들었는데, 그렇게 하면 [표 2]와 같이 그중 네 번째 차시가 공개수업 차시가 된다.

[표2] 1학년 '통계' 수업 계획

1차시. 줄기와 잎 그림과 도수분포표
2차시. 도수분포표와 히스토그램, 도수분포다각형
3차시. 상대도수의 뜻과 그래프
4차시. 상대도수 그래프의 활용
5차시. 평균

자료를 정리하는 기술보다 중요한 것

놀랍게도 새로 만든 활동지들은 예전의 활동지와 별 차이가 나지 않았다. 학생들에게 자료를 주고, 줄기잎그림을 그리라 하고, 도수분포표의 빈칸을 채우도록 하는 문제를 내게 되는 나를 보았다. 자료만 이번에 조사한 것으로 교체했을 뿐, 과제 형태에는 변함이 없었다. 고민하던 내게 남경운(과학) 선생님이 질문을 했다.

이 방법 말고 다른 방법이 뭐가 있죠? 줄기잎그림과 도수분포표 말이죠. 두 방법은 어떻게 자료를 정리한 것인가요? 쉬워 보이는데 각각 설명을 할 필요가 있나요? 오히려 '두 방법의 차이는 뭘까?', '각각의 장단점은 뭘까?' 이런 걸 파악하는 시간을 가지면 어떨까요? 방법을 알려주고 그려보는 것보다요.

그리고 서동석(기술) 선생님은 30개가 넘는 자료를 가르친 방법대로 정리하는 연습이 왜 필요한지를 물었다.

"30개씩이나 해볼 필요가 뭐 있어요? 방법만 알면 된다면서요."

나는 변량을 주고, 줄기잎그림과 도수분포표를 만들도록 하는 것만 생각했다. '학생들이 직접 만들게 해야지.' 여기까지만 생각했던 것이다.

한편 다른 교과 선생님들은 변량을 정리하여 줄기잎그림이나 도수분포표로 만드는 것은 어렵지 않으며, 지루한 과정이라고 판단했다. 대신 줄기잎그림과 도수분포표로 정리하면서 무엇을 새로 알게 되는지가 더 중요하다고 제안했다.

[표3] 1차시 활동지 수정안

모둠 탐구 활동 1 : 일주일 동안 스마트폰 사용 시간 실태 조사

다음은 우리 반의 일주일 동안 스마트폰 사용 시간(음악 듣기 제외)을 조사한 자료이다.

11	57	20	18	30	22	2
4	22	14	20	7	38	1
4	36	28	37	4	3	2
2	1	15	44	26	10	3
4	25					

1. 위 자료를 정리하다가 밑줄 친 마지막 10개 자료는 미처 정리하지 못했다. 아래 두 개의 표에 완성해보자.

[표 1]

십의 자리	일의 자리
0	7
1	1 8 4 4
2	0 2 4 2 0 8
3	0 8 6
4	
5	7
합계	25

[표 2]

사용 시간	사람 수
0시간 이상 ~ 10시간 미만	\
10시간 ~ 20시간	\\\\
20시간 ~ 30시간	\\\\\\
30시간 ~ 40시간	\\\
40시간 ~ 50시간	
50시간 ~ 60시간	\
합계	25

2. [표1]과 [표2]는 자료를 각각 어떻게 정리한 것인지 쓰고, 각 표에서 알 수 있는 내용을 써보자.

	[표1]	[표2]
정리 방법		
알 수 있는 것		

그동안 '표와 그림으로 정리하면 한눈에 알기 쉽다.'라고 안일하게만 생각했었다. 그런데 무엇이 알기 쉬워지는지에 대해서는 너무나 추상적으로 대답해왔다는 것을 또다시 발견한 것이다. 이런 과정으로는 아이들의 일상과 수학을 이어줄 수 없다는 것도 다시금 깨닫게 되었다. 이런 관점에서 과제를 새로 만들었다.

수업모임에서 논의한 활동지 수정의 주안점은 다음과 같았다. 첫째, 많은 자료를 모두 표와 그림으로 나타낼 필요는 없으므로 1번과 같이 밑줄 친 변량 10개 정도만 해볼 수 있도록 하자. 둘째, 나타내는 방법은 쉬운 내용이므로 군이 말로 설명할 필요 없이 직관적으로 자기가 생각해서 채워넣도록 한 후, 그 방법을 스스로 정리해보게 하자. 셋째, 줄기잎그림과 도수분포표로 정리하면, 정리하기 전과 비교하여 새롭게 알게 되는 점을 써보게 하자.

문제를 풀면서 다른 교과 선생님들은 마지막 발문, '새롭게 알게 되는 것'을 과연 아이들이 쓸 수 있을까 살짝 염려하기도 했지만, 아이들이 자기 일상을 표나 그림으로 정리할 수 있는 과제라 여겨 일단 하기로 했다.

> **박미경(국어)** 살펴보니 줄기잎그림은 개별이 살아 있어, 그런 것들을 볼 수 있고, 그런데 도수분포표는 개별이 아니라 계급을 중심으로 전체의 경향을 보는 거네요.
>
> **남경운(과학)** 도수분포표의 초점은 '내가 어디 있는가?'네요? 소득 조사 같은 걸 하면 '내가 상위나 하위 몇 %에 속하는구나.'처럼 자기 위치를 파악하는 데 이용될 수 있고,

'하위의 비율이 왜 이렇게 많아?' 하면서 전체적인 비율을 파악하는 데 이용할 수 있네요.

　선생님들의 우려와 달리 학생들은 생각보다 여러 가지 해석을 어렵지 않게 찾았다. 다음은 한 반에서 줄기잎그림과 도수분포표로 정리했을 때 '알 수 있는 것'을 쓴 모둠의 발표 내용 중 일부이다.

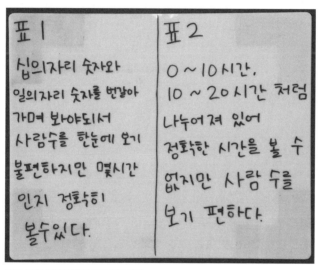

[그림 1] 두 표의 특징을 비교하고 있다.

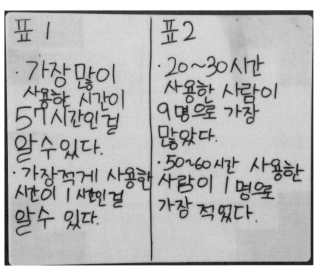

[그림 2] 두 표를 보고 알게 된 정보를 서술하고 있다.

　학생들은 두 표의 특징을 비교하기도 했고, 표에서 실제로 알아낸 정보를 기술하기도 했다. 내가 설명했다면 아마도 정리하는 방법을 배우는 정도에서 끝났을 것이다. 아이들이 알아낸 것은 조금씩 달랐고, 아이들은 다른 아이들이 알아낸 결과에 서로 관심을 가졌다.

　나는 이런 과정을 몇 번 경험하면서 아이들이 단순히 주어진 방법대로 그려보고 표를 채워보게 하는 기존 수업 방식의 한계를 몸소 체험했다. 그리고 실제로 정리된 표에서 무엇을 알 수 있는지 직접 써봐야 주어진 자료와 자신의 상황을 연결할 수 있다는 것도 알게 되었다.

1모둠은 주당 57시간! 여기에 꽂혀서 "이게 가능하냐?",
"가능하지 않냐?"를 열심히 이야기했어요.

1차시 수업을 참관한 박미경(국어) 선생님은 아이들 모둠 활동
이 가장 활발했던 순간은 '스마트폰을 1주일에 57시간이나 이용할
수 있는가?', '이것이 가능한가?'를 토론하던 때였다고 이야기했다.
1차시의 이런 다양한 학생들의 해석을 보며, 우리는 과제의 방
향성을 전환해볼 용기를 갖게 되었다. 그리고 공개수업으로 예정
되어 있던 4차시는 '용돈'에 관한 설문 결과를 활용하여 활동지를
만들기로 했다.
기존에는 '자료의 정리' 단원을 수단으로만 보았다는 것을 새삼
느꼈고, 이제 자료 정리를 하면서 알게 된 것들을 학생들과 함께
찾아가기 시작했다.

2. 자료를 근거로 누군가를 설득해보자

적절한 소재를 찾아 기본적 틀을 만들자

처음에 상대도수 수업을 두 개 차시로 구성할 때는, 각 차시에서 어디까지로 해야 할지 감이 오지 않았다. '3차시는 4차시를 수행할 수 있도록 디딤돌 같은 역할을 했으면 좋겠는데…….' 그런데 수업모임에서는 이런 나의 고민과 달리 매우 현실적으로 접근했다. 일단 각 차시 핵심 과제에 아이들 설문 자료 중 어떤 것을 사용할 것인가부터 논의하자는 제안이 나왔다.

지난번 영림중학교 학생들을 대상으로 실시한 설문조사 결과와 EBS Math 웹 사이트에 있는 동영상 통계 자료, 그리고 한국청소년정책연구원의 청소년 생활 실태조사 결과 중에서 어떤 것이 가장 적합할지를 논의했다.

> **서은지(영어)** 밖에 나가서 노는 시간, 밖에서 활동하는 시간, 집에 있는 시간, 이런 거는 어떨까요? 아이들이 이런 결과를 보면서 자기의 생활 패턴, 친구들의 생활 패턴을 좀 생각해볼 수 있도록요.
>
> **조숙영(수학)** 용돈이 애들 제일 관심사가 아닐까요? 그리고 용돈에 대한 분석은 애들이 엄마랑 대화를 할 때 쓰일 수도 있어요. 배운 것을 토대로 분석해서 근거를 가지고

이야기를 전달해보면서 통계를 이렇게 활용할 수도 있구나 생각해볼 수 있잖아요.

전경아(과학) 의사결정! 과학에서 쓰는 그래프도 비슷한데요, 김밥 장사를 하더라도 여기가 좋은지, 저기가 좋은지 데이터를 조사해서 그래프를 그려보고 결론을 내고 시작해볼 수 있잖아요.

박미경(국어) 도수분포표나 상대도수나 성적에서 제일 많이 쓰이지 않나요? 성적이 비교하기도 제일 좋고, 꼭 필요한 내용인 것 같아요.

논의 결과 3차시에서는 '밖에서 노는 시간과 성적', 4차시에서는 'PSY 〈강남스타일〉 유튜브 조회 수'[1] 자료를 사용하기로 했고, 아이들에게는 용돈 문제를 해결해야 할 과제로 제시하기로 했다.

사실 어떤 것도 내 마음에 딱 와 닿지는 않았던 것 같다. 아직도 나는 이상만 크지 현실적인 눈을 갖기에는 욕심이 많았다. 특히 '성적'은 매우 식상한 소재라는 생각이 들었지만, 수업모임의 제안을 받아들여 일단 활동지 형태라도 갖추어보려고 했고, 3차시와 4차시의 수업목표도 정리했다.

조윤성(사회) 성적 자료 표 하나만 주고 해봐라 하면 끝. 3차시는 4차시를 위한 뜸 들이기 과정이야.

서동석(기술) 구하기, 그리기를 3차시로. 이것은 성적으로 해도 될 것 같아요. 성적으로 도수분포표를 만들어서 주

1. EBS Math 웹 사이트 www.ebsmath.co.kr

고, 상대도수를 표에서 구하도록 하면 될 것 같네요.

수업 교사 그런데 3차시에서 표를 보고 덤덤하게 상대도
수만 구해도 될까요? 왜 구하는지도 없고?

서동석(기술) 일단 왜 필요한지에 대한 얘기는 하지 맙시
다. 4차시를 위해서.

수업모임에서 논의하면서 처음에 잡은 수업 개요는 대략 다음
과 같았다.

- 3차시 : 학생들의 설문조사 자료를 이용하여 상대도수와 상대
  도수의 그래프를 그리고, 새롭게 알게 되는 것을 써보게 하자.
- 4차시 : 1학년 전체 학생과 한 개 반의 용돈 설문조사 결과를
  비교하는 활동을 해보자.

이를 토대로 [표 4]의 활동지 초안을 만들었다.

[표4] 3차시 활동지 초안

〈모둠 탐구 활동 1 : 상대도수의 뜻〉

1. 다음 표는 영림중학교 1학년 학생들의 밖에서 활동하는 시간을 조사한 것이다. 상
   대도수를 구하고 물음에 답하여라.
   (1) 밖에서 노는 시간이 0시간 이상 4시간 미만인 학생은 전체의 몇 %인가?
   (2) 밖에서 노는 시간이 12시간 이상인 학생은 전체의 몇 %인가?
   (3) 이 표를 보고 알 수 있는 것을 쓰고, 추가로 조사해야 할 것은 무엇인지 써보자.

계급(시간)	도수(명)	상대도수
0 이상 ~ 4 미만	16	
4 ~ 8	5	
8 ~ 12	3	$\dfrac{3}{25} = \dfrac{3 \times 4}{25 \times 4} = \dfrac{12}{100} = 0.12$
12 ~ 16	0	
16 ~ 20	1	
합계	25	

〈모둠 탐구 활동 2 : 상대도수의 그래프를 그려보자.〉

(1) 다음은 영림중학교 전체 학생과 어느 한 반 학생들의 과학 성적에 대한 도수분포표이다. 상대도수를 구하고 그래프를 그려보자.

〈A반〉

과학 성적 (점)	학생 수(명)	상대도수
0점 이상 ~ 20점 미만	1	$\dfrac{1}{25} = 0.04$
20 ~ 40	0	$\dfrac{0}{25} = 0$
40 ~ 60	1	
60 ~ 80	4	
80 ~ 100 (100점 포함)	19	
합계	25	

〈우리 학교 전체〉

과학 성적 (점)	학생 수(명)	상대도수
0점 이상 ~ 20점 미만	15	
20 ~ 40	7	$\dfrac{7}{250} = 0.02$
40 ~ 60	34	$\dfrac{34}{250} = 0.14$
60 ~ 80	67	$\dfrac{67}{250} = 0.27$
80 ~ 100 (100점 포함)	127	$\dfrac{127}{250} = 0.51$
합계	250	

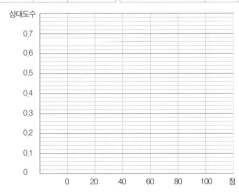

(2) 위 표와 그래프에서 알 수 있는 것을 두세 가지 써보자.

-
-
-

[표 5] 4차시 활동지 초안

〈동영상 보고 답하기 : 강남스타일 유튜브 동영상 조회 수〉

1. 아래 표는 〈강남스타일〉 유튜브 동영상에 대한 미국과 한국 사람들의 연령별 클릭 횟수이다. 모든 연령대에서 미국에서 한국보다 인기가 더 많다고 할 수 있을까?

나이(세)	미국 도수(뷰)	한국 도수(뷰)
10 이상 ~ 20 미만	50,055,815	2,217,432
20 ~ 30	32,249,399	3,347,067
30 ~ 40	32,051,550	8,702,375
40 ~ 50	40,163,362	14,434,227
50 ~ 60	30,073,059	10,166,717
60 ~ 70	13,255,888	2,970,522
합계	197,849,073	41,838,340

2. 아래 그림은 위의 표를 그래프로 나타낸 것이다. 다음 문장이 성립하도록 알맞은 국가에 ○표를 하여라.

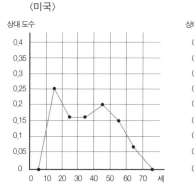

〈미국〉

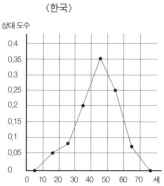

〈한국〉

(1) 10대와 20대는 (한국, 미국)이 (한국, 미국)보다 클릭 비율이 높다.
(2) (한국, 미국)은 대부분의 연령대가 골고루 클릭했다.
(3) 30 ~ 50대는 (한국, 미국)이 (한국, 미국)보다 클릭 비율이 높다.

〈모둠 탐구 활동 1 : 우리 학교 1학년 학생들의 용돈에 대한 실태조사〉

(1) 다음은 영림중학교 전체 학생과 어느 한 반 학생들의 일주일 용돈에 대한 도수분포표이다.
상대도수를 구해보자.

〈A반〉

계급 (원)	도수 (명)	상대도수
0 이상 ~ 3,000 미만	11	
3,000 ~ 6,000	7	
6,000 ~ 9,000	2	
9,000 ~ 12,000	3	
12,000 ~ 15,000	0	
15,000 ~ 18,000	2	
합계	25	

〈우리 학교 전체〉

계급 (원)	도수 (명)	상대도수
0 이상 ~ 3,000 미만	77	
3,000 ~ 6,000	16	
6,000 ~ 9,000	48	
9,000 ~ 12,000	50	
12,000 ~ 15,000	43	
15,000 ~ 18,000	16	
합계	250	

〈모둠 탐구 활동 2 : 용돈 실태조사에 대한 상대도수 그래프 분석하기〉

(1) 모둠 탐구 활동 1에서 구한 영림중학교 전체 학생과 어느 한 반 학생들의 일주일 용돈에 대한 상대도수를 그래프로 나타내보자.

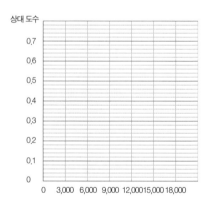

(2) 상대도수의 그래프에서 알 수 있는 것을 두세 가지 써보자.

-
-
-

처음 접한 학생들도 해볼 만한 과제 만들기

수업모임 선생님들이 3차시(표 4)와 4차시(표 5) 활동지를 봤을 때 제일 먼저 말한 의견은 "문제들이 다 비슷비슷한 것 같아요."였다. 4차시 〈동영상 보고 답하기〉를 제외하면 사실상 3차시, 4차시 모두 다음 네 가지를 똑같이 묻는 과제이다.

- 상대도수 계산하여 표 채우기
- 표에서 알 수 있는 것 찾아 쓰기
- 상대도수 그래프 그리기
- 그래프에서 알 수 있는 것 찾아 쓰기

그래서 수업모임에서 3차시는 분석의 기초, 즉 상대도수를 배운 후, 이를 이용해서 자료를 어떻게 분석할 수 있는지 경험하는 데 초점을 두기로 했다. 다만 3차시, 4차시 수업을 구상할 때, 아이들이 상대도수를 처음에는 이해하지 못해도 첫 번째 과제를 풀면서 조금 이해하고, 두 번째 과제를 풀면서 조금 더 많이 이해할 수 있도록 친절하게 구성한다는 원칙을 세웠다. 이것은 첫 번째 과제를 이해하지 못하는 학생들이 많다는 것을 전제하고 두 번째 과제를 구성한다는 뜻일 수도 있다. 또한 3차시 수업 내용을 100% 이해하지 못하더라도, 4차시 활동을 통해 이해할 수 있도록 하는 것을 전제하고 있다는 뜻이기도 하다. 수업을 운영할 때도 아이들이 교사의 표현이 아니라 서로의 표현을 들으며 상대도수 개념에 다양하게 접근할 수 있도록 신경 쓰려고 했다.

앞에서 제시한 3차시(표 4) 활동지로 수업할 때의 운영 흐름을 살펴보면 다음과 같다. 활동지 과제 수정은 학생들과 수업 교사가 어떻게 호흡을 맞추며 탐구해가는지를 염두에 두고 이루어진다.

- **도입 과제** : 1면 모둠 탐구 활동 1
  우리 학교 1학년 학생들이 밖에서 노는 시간에 대한 상대도수를 구한다. (개인별 활동, 칠판에 간략히 확인)
- **개념 설명 과제** : 2면 모둠 탐구 활동 2.(1)
  1학년 한 반과 전체 학생들의 과학 성적에 대해 상대도수를 구하는 것이다. 상대도수 구하는 연습을 한 번 더 하게 하되, 개수는 줄인다. (개인별 활동, 모둠 내 확인)
- **핵심 과제** : 모둠 탐구 활동 2.(2)
  학생들이 그린 과학 성적에 대한 상대도수와 그 그래프에서 알 수 있는 것을 쓰도록 하는 과제이다. 이때 모둠별로 한두 가지씩을 적도록 한 후, 이를 들고 그 친구들의 해석이 옳은지 그른지 생각해본다.

우리의 고민은 3차시 핵심 과제이다. 4차시에서 다룰 내용과 연관이 되면서, 4차시에서 학생들이 깊이 있게 상대도수의 의미를 이해할 수 있도록 '뜸 들이는 과제'가 될 수 있어야 하는데, 과연 가능할지 궁금했다.

> **박미경(국어)** 5반은 이 두 그래프에서 대조되는 요소가 있
> 으니까, 이런 분석을 해볼 수 있을 것도 같은데요.
> **조윤성(사회)** 잘하든 못하든 일단 상대도수를 구해봤고,
> 비교에 사용할 수 있구나, 3차시에서는 여기까지 하고 4
> 차시에는 제대로 실컷 해보는 것이라고 생각해요.
> **서동석(기술)** 일단 아이들 설문 자료가 정말로 비교할 만
> 한지 실제로 검토해봅시다. 지금 이 도수는 한 반의 분포
> 가 전체의 분포와 대체적으로 비슷하다는 말밖에 할 수가
> 없네요.

교사들이 먼저 두 그래프를 통해 새롭게 알게 되는 점을 찾아보
았지만 마땅히 쓸 만한 것이 없다는 것을 발견했다. 그래서 아이
들이 직접 문장을 찾게 하지 말고, 좀 편안하게 진위를 판단하게
만들자는 것으로 수정했다([표 6], [표 7]).

한편 전경아(과학) 선생님은 [표 6]의 문장 개수가 많고 너무 딱
딱하니 아이들이 일단은 먼저 '덤벼볼' 만한 문장으로 조정하자고
했다. 수학인 듯 수학이 아닌 듯한 애매한 문장을 주면 보다 열심
히 그래프를 보고 생각을 해보지 않겠냐는 제안이었다.

[표6] [표4] 모둠 탐구 활동 2.(2)에서 수정된 문항

(2) 다음은 위 상대도수의 그래프에 대해 친구들이 말한 내용이다. 옳으면 ○, 알 수 없거나 틀리면 ×로 표시하고, 그 이유를 간단히 설명하여라.

► A반 학생들의 과학 성적은 전반적으로 우수하다. ( )
► 60점 이상 80점 미만인 계급에서 1학년 전체의 비율이 A반의 비율보다 높다.
 ( )
► 80점 이상인 학생 수는 A반이 전체보다 많다. ( )
► 두 그래프와 가로축으로 둘러싸인 부분의 넓이는 같다. ( )
► A반의 학생 수가 25명이라면 20점 미만인 학생은 1명이다. ( )

[표7] [표6]에서 수정된 문항

(2) 다음은 위 상대도수의 그래프에 대해 친구들이 신문 기사 헤드라인을 쓴 것이다. 이 글이 적절한지 여부를 판단하고, 그 이유를 설명하여라.

① A반 과학 과목 시험 문제 유출 의혹 제기
 A반 학생들의 과학 고득점 학생들은 전체에 비해 약 3배 많다.

② 과학 부진아, 수학에 비해 현격히 적음!
 40점 이하의 학생은 10% 미만으로, 과학을 수학보다 잘함을 입증했다.

③ 과학 시험 문제 난이도 매우 적절
 대부분의 학생은 60점을 넘는다고 할 수 있다.

3차시 수정된 활동지로 수업했을 때 [그림 3], [그림 4], [그림 5]는
이 문항을 모둠에서 논의한 활동 결과를 보여준다.

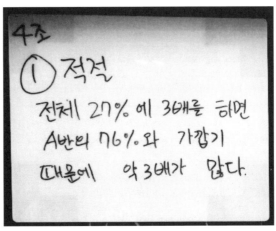

[그림 3] 모둠 탐구 활동 2.(2).①에 대한 학생 의견

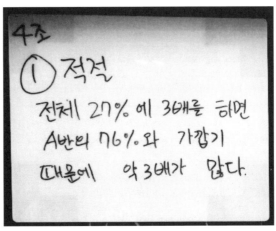

[그림 4] 모둠 탐구 활동 2.(2).②에 대한 학생 의견

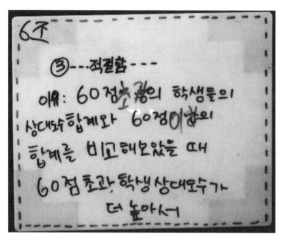

[그림 5] 모둠 탐구 활동 2.(2).③에 대한 학생 의견

이런 연습을 통해 상대도수의 개념을 접하기도 하고, 주장을 하는 데 표와 그래프를 사용할 수도 있다는 생각을 자기도 모르는 사이에 갖도록 3차시가 정리되었다고 생각해볼 수 있었다. 4차시에 스스로 해보기 전에 이런 형태의 해석도 가능하다는 것을 연습하는 기회였다고 하겠다.

엄마를 잘 설득하자

이제 4차시를 수정하기 시작했다. 처음에는 EBS Math 사이트의 〈강남스타일〉 유튜브 조회 수에 관한 자료 영상이 참신했으나, 이것을 그냥 보는 것은 학생들에게 큰 의미가 없을 것이라는 생각이 들었다. 그 결과에 대해 분석할 거리가 없다는 것이 이유였다.

그래서 도입할 때 앞부분만 끊어서 주의 환기 수준에서 보여주기로 하고 모둠 탐구 활동에는 이용하지 않기로 결정했다.

> **남경운(과학)** 다시 보니 〈강남스타일〉 유튜브 영상에서 '분석'이 특별한 게 없다는 느낌이 들어요. 우리나라는 40대까지는 많이 보다가 잘 안 본다, 그 이유를 애들과 같이 생각해본다든지, 그런 활동이 있으면 모를까 그런 분석이 무슨 의미가 있을까요?
>
> **서동석(기술)** 어렵게 계산을 해서 분석했는데 분석을 한 보람이 없네요. 해석이 적절한지도 알 수 없고. '40대까지는 꾸준히 증가한다.'보다는 30대 점 세 개가 높으니 미국 사람보다 30~50대 한국 사람에게 인기가 좋다, 반대로 10~20대는 미국이 한국보다 인기가 높다, 그런데 왜 그럴까? 그런 해석을 해볼 수가 없네요.
>
> **조윤성(사회)** 결국 표면적인 분석. 정확하긴 한데 그 이면의 이야기는 검증할 수가 없으니 서로의 상식에 기반한 두루뭉술한 이야기가 나오겠네요.

모둠에서 수다 떨듯이 자신의 상식과 상상에 근거해 나오는 이야기는 학생들의 사고가 한 단계 올라서는 데 별다른 도움이 되지 않는다고 판단했다. 그렇다면 분석과 해석을 해보는 것이 의미 있는 소재는 무엇일까? 한 선생님이 이렇게 말했다.

이것보다는 용돈이 어떨까요? 용돈 문제라면 자기에게

절실하기도 할 테고, 이면에 대한 이야기를 하더라도 조
금 공감을 할 수 있을 것 같아요. 〈강남스타일〉은 공감하
기 힘든 이야기도 나올 수 있고요.

소재에 대해 다시 논의했다. 학생들에게 절실한, 그리고 공감대
가 형성될 수 있는 소재를 '용돈'이라 가정하고, 어떤 과제를 만들
수 있을지 고민했다.

수업 교사 알 수 있는 것 두세 가지를 써보자고 일단 해오
긴 했는데요, 뭐라고 쓰면 잘 쓴 걸까요? 쓸 말이 있는지
모르겠어요.
서동석(기술) 이 자료가 아이들을 상대로 조사한 건데 당연
히 A반은 전체의 경향성을 따라갈 수밖에 없어요. 조작하
지 않으면 분포의 특징이 비슷해서 별로 쓸 말이 없어요.

학생들이 앞서 시험 점수, 〈강남스타일〉 유튜브 조회 수 등의
그래프를 보고 어떤 진술이 참인지, 거짓인지 판단했던 것에 이어
서 용돈에 대한 그래프를 보고 알 수 있는 것을 쓰도록 하자는 의
도였는데, 과연 아이들이 그래프를 보며 무엇을 쓸 수 있을까를
고민했고, 정말 쓸 만한 것이 있는지 수업모임에서 실제로 해보았
다. 그리고 원래 자료보다 분석할 만한 특징이 잘 드러나도록 자
료의 도수를 89, 51, 39, 26, 14, 31로 수정했다.

그런데 역시나 알 수 있는 것을 쓰라고 하는 것은 무리라는 판단이 들었다. 다시 3차시와는 차별되도록, 그러나 아이들이 더 접근하기 쉽도록 해볼 만한 방법을 고민했다.

> **남경운(과학)** '나는 일주일에 6,000원 받는다. 용돈을 더 올리고 싶다. 그런데 엄마한테 이 표와 그래프를 준다. 이 표를 이용해서 엄마한테 어떻게 이야기를 할 것인가?' 이렇게 주면 어때요?
>
> **서동석(기술)** 근데 그것도 뭐가 걸리냐 하면, 이 지점이 내가 아니잖아요. 우리 반이지. 내가 없지 않나요? 이 그래프 안에.
>
> **박미경(국어)** 그래도 그냥 주장인 거지. 엄마한테 이걸 가지고 이야기할 수 있냐는 거지요. 한번 해볼 만해요.
>
> **남경운(과학)** '엄마가 깎으라고 하면 어떻게 방어할 수 있을까?' 이건 어떨까요?

학생들이 한 개 반과 전체 학생, 두 개의 그래프를 비교하며 어떤 주장을 할 수 있을까 하는 우려도 있었다. 결론은 두 개의 그래프 중에서 자기의 주장을 뒷받침하는 어느 하나를 선택해 근거를 찾아보는 것으로 모아졌다.

> **수업 교사** 그래도 A반과 우리 학교 전체를 비교하는 것은 어려운 거 같아요. 애들이 아까 앞 1, 2차시 수업에서 보니까 두 개 반을 비교해서 쓰는 것은 어려워하더라고요.

박미경(국어) 그래도 애들은 논리적으로 살펴보지 않고 편 안하게 쓸 거 같긴 해요. 아마 둘 중에 하나 골라서 한 가 지로만 쓸 거 같은데……. 두 개 같이 쓰는 애는 아주 드 물 것 같아요.

이런 논의의 과정을 거쳐서 [표 5]의 모둠 탐구 활동 2. (2)번 상 대도수의 그래프를 이용한 과제를 다음과 같이 수정했다.

[표8] 수정된 4차시 활동지 (1)

---

2. 일주일에 용돈을 3,000원 받는 미경이는 용돈에 대해 엄마에게 제안을 하려고 한 다. 다음 대화를 완성하여라.

미경 : 엄마! 저 용돈 좀 3,000원에서 (　　　　　)원으로 올려주세요.
　　　왜냐하면 (　　　　　　　　　　　　　　　).

엄마 : 미경아, 엄마는 그렇게 생각하지 않는단다.
　　　왜냐하면 (　　　　　　　　　　　　　).

---

3. '많다', '적다'를 넘어 다른 설득 방법을 찾도록 하는 아이들과의 소통 과정

표와 그래프를 참고하라는 안내 한마디

만들어진 활동지로 4차시 첫 번째 사전 수업을 했다. 탐구 활동 1은 동영상을 보면서 가볍게 넘어가기로 했고, 탐구 활동 2에서 일부 시간은 그래프 그리기, 나머지는 논리를 만들어가기로 했다. 모둠 탐구 활동 2번에 25분을 할애하기로 하고 수업을 진행했다.

그런데 첫 번째 반의 모둠 활동 결과는 매우 실망스러웠다. 모둠 칠판 사진을 보면, 두 표와 그래프를 통해 주장을 하기보다는 '많다, 적다' 등의 표현이 다수였다.

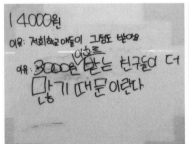

[그림 7] 첫 번째 반

이 반에서는 학생들 답에 대해 기대할 수 있는 것이 별로 없었다. 그리고 학생들이 본인의 입장과 엄마의 입장을 동시에 고려하여 두 가지 주장을 하는 것이 쉽지 않다는 것을 관찰할 수 있었다. 논의 끝에 학생의 입장에서만 논리를 만들어보도록 과제를 수정했다. 근거를 쓸 때에도 '표와 그래프를 보고' 쓰도록 문제에 굵게 표시했다.

[표9] 참관 후 다시 수정된 문항

2. A반에서 한 학생이 일주일에 용돈을 2,500원 받고 있다. 이 학생이 위 **표와 그래프를 보고** 엄마에게 용돈을 올려달라는 제안을 하려고 한다. 다음 대화를 완성해보자.

엄마! 저…… 용돈을 2,500원에서 (   )원으로 올려주세요.
왜냐하면 (   ).

수정한 활동지로 수업을 진행한 두 번째 반의 학생들은 어떻게 답했을까? 확실히 첫 번째 반에서보다 약간의 변화를 보였다. 다음 그림과 같이 이번에는 '도수가 두 번째로 큰 계급만큼으로 용돈을 인상해달라'는 주장이 많았다.

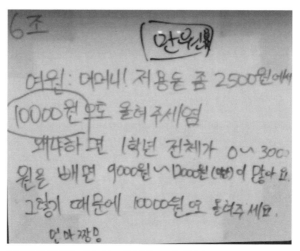

[그림 8] 두 번째 반 : 도수가 큰 계급값을 이용한 주장 1

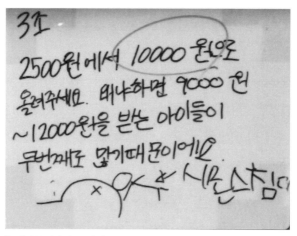

[그림 9] 두 번째 반 : 도수가 큰 계급값을 이용한 주장 2

그런데 이번 수업 참관에서 또다른 새로운 해석이 나왔다. 두 번째 반의 수업을 참관한 남경운(과학) 선생님이 다음과 같이 분석하고 해결책을 제안했다.

"선생님이 말할 때 그래프를 참고해서 주장해보라고 했어요. 그러면 아이들이 정확한 퍼센트를 사용할 수가 없잖아요. 그러니까 표와 그래프를 참고하라고 말로도 한 번 더 안내하는 게 좋을 것 같아요."

활동지에는 표와 그래프를 보라고 적었는데, 내가 말로 안내할 때는 그래프를 사용하라고 했다는 것이다. 신기한 것은 세 번째 학급은 어땠을까? 교사의 안내 한마디만 분명하게 추가하는 것으로 수정했을 뿐인데 학생들의 응답이 달라졌다. 백분율(%)을 이용한 주장도 나왔다.

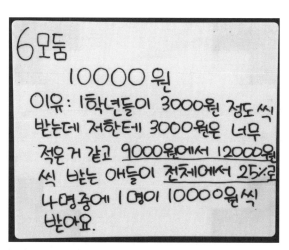

[그림 10] 세 번째 반 : 계급의 백분율(%)을 이용한 주장

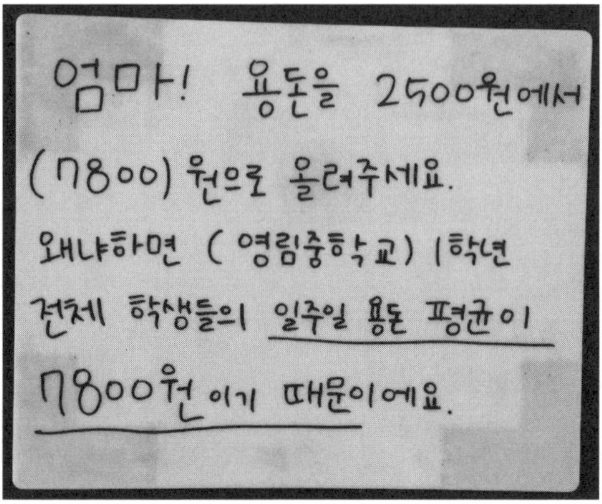

[그림 11] 세 번째 반 : 평균을 이용한 주장

여러 계급의 상대도수를 합하여 근거로

한편 자기주장에 유리하도록 어떤 그래프를 선택해서 봤는지 제시하고 여러 계급의 도수 혹은 상대도수를 더해서 논거를 제시하는 모둠은 아직까지 나오지 않았다. 다시 참관 후 수업모임을 할 때 한 교사가 이렇게 제안했다.

"모둠 칠판에 기록할 때 둘러보다가 잘 못하는 모둠이 있을 때 피드백을 주면 어떨까요? 예를 들면 '우리 집에는 돈이 없어.', '우리 학교에선 대략 그 정도 받아요.' 같은 개인적인 경험이나 애매한 표현에 머물러서 논의에 진전이 없는 주장들은 사전에 걸러주는 거지요. 다른 논의에 집중할 수 있도록요."

모둠 활동 중에 학생들의 부족한 논리를 관찰하게 되면 그것을 반 전체에게 보여주고 어떤 점이 부족한지를 학생들이 알게 하자는 것이었다. [그림 12]는 이런 과제 제시 방법을 수정하여 반영한 네 번째 수업, 즉 전체 공개수업에서 나온 학생들의 의견이다. 이전 수업에서는 나오지 않았던 해석들이 몇 가지 제시되었다.

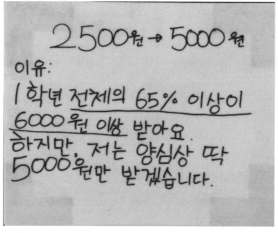

[그림 12] 네 번째 반 : 새로운 해석

앞 반에서 나오지 않았던 해석이다. 여러 계급의 도수를 합해서 65%라는 의미 있는 비율, 즉 꽤나 많은 아이들이 6,000원 이상을 받는다는 근거를 제시했다. 하나의 계급, 즉 도수가 제일 높거나 낮은 계급만 보는 것이 아니라 주장하려는 내용에 맞추어 자료를 의미 있게 사용한 모둠이 나오기 시작했다. 아이들은 "대부분이 용돈을 6,000원 이상을 받는다."고 말하는 것보다 "65%나 되는 아이들이 6,000원 이상을 받는다."고 말한 것에 새롭다는 듯 호응을 보였다.

이러한 과정을 통해 아이들이 어느 정도 사고를 하는지 여러 개 반을 통해 경험하고, 결과를 예상하여 필요할 때 적절하게 소통할 경우 사고 수준이 높아질 수도 있다는 것을 경험했다.

4. 서로 가려운 곳을 긁어주는 소통이란

아이들이 생각을 하게 하는 것이 이 수업의 목표인데

나는 모둠 활동을 한 후, 각 모둠의 결과 여섯 개가 칠판에 붙
었을 때, 그때가 가장 '멍'하다. 이번 전체 공개수업에서도 모둠
탐구 활동 2번 문제의 결과를 전체 학생들과 공유하는 과정이 제
일 어렵고 혼란스러웠다. 내 마음대로, 예상대로 되지 않은 부분
이었다.

[표10] 모둠 탐구 활동 2번

....

2. A반의 한 학생은 일주일에 용돈을 2,500원 받고 있다. 이 학생이 위 **표**와 **그래프**를 보고
  엄마에게 용돈을 올려달라는 제안을 하려고 한다. 대화를 완성해보자.

엄마! 저…… 용돈을 2,500원에서 (   )원으로 올려주세요.
왜냐하면 (   ).

....

특별하게 정답이 있는 것도 아닌, 완벽한 답안도 없는 이 과제
의 모둠 활동 결과에서 아이들은 무엇을 배울 수 있을까? 나는 아
이들의 입을 어떻게 떼게 할까? 아이들이 어떤 과정을 거쳐야 각
자의 머릿속에, 마음속에 뭔가가 남을까? 전체 공개수업 과정 중
에서 이 부분을 되짚어보고자 한다.

나는 3차시와 4차시 중 어느 차시를 공개할 것인지 공개수업 당

일까지도 결정하지 못했다. 3차시는 수업을 진행하기에는 조금 수월했지만 모둠 활동 과제가 4차시에 비해 학생들의 생생한 표현이 드러나는 성격은 아니었고, 4차시 과제는 보다 열려 있지만 모둠의 활동 결과가 반마다 모두 다르게 나와서 내가 어떻게 진행해야 아이들이 학습목표에 달성할 수 있을지 예상하기 쉽지 않았다. 솔직히 말하면 나조차도 어떤 대답이 '정답'에 가까운 것인지, 적절한 것인지 몰랐다. "3차시는 완전히 다양한 의견이 나오도록 하는 문제라기보다 수학적으로 어느 정도 방향이 정해져 있는 반면, 4차시는 상황 속에서 자기 이야기를 꺼내야 해서, 우리 반이 얼마나 자기 이야기를 할 수 있을까 고민이에요." 나는 여전히 불안했다.

수업 교사 학생들의 결과 중에 만족스러운 결과가 없으면 어떻게 할까요?
서동석(기술) 설득력 없는 이유를 쓰면 되돌리기를 합시다. 최고의 답안이 나오게 하는 것보다 애들이 생각을 하게 하는 것이 수업의 목표니까. 일단 25분 남기고 이 과제를 들어가요. 첫 번째 모둠 활동에서 원하는 결과가 나올 거라고 생각하지 마세요. 그리고 되돌리기를 시켜서 두 번, 세 번 생각해보도록 한다, 이렇게 마음을 먹어요. 쓸 만한 것이 나올 때까지 되돌리기를 한다!

세 개 반에서 사전 수업을 참관한 교사들과 논의한 결과, 학생들이 서로 생각해볼 만한 답이 있는지 없는지 판단해서 없다면 되돌리기를 해야 한다는 결론을 내렸다. 한 번에 모둠 활동을 끝내려고 하지 말고 생각이 깊어질 때까지 모둠의 결과를 되돌리자는 것이다.

> **박미경(국어)** 그런데 5반에서는 애초에 답이 다 나올 수도 있을 것 같아.
> **서동석(기술)** 답이 너무 빨리 나오면 엄마의 입장에서 이런 논리가 있다, 이렇게 반박을 준비해가요. 엄마를 설득할 만한 길이 이 그래프 안에 있다, 반과 전체 중에 어떤 것이 신뢰도가 있냐, 한 반의 그래프랑 전체의 그래프 중에 어떤 것이 더 신뢰도가 있다고 봐야 하냐, 이런 것을 이야기해보도록 할 수도 있지요.

한편 학생 답안에서 적절한 의견이 나올 경우, 어떻게 논의를 이끌어나갈 깃인가의 문제를 모임에서 미리 논의했다. [그림 13]에서 6,000원 이하를 받는 학생은 A반 그래프에서는 72%, 전체 그래프에서는 35%이다. 용돈을 6,000원 이상으로 받고 싶다면 A반이 아니라 전체 그래프와 비교해야 한다. 즉, 어떤 그래프를 선택하는 것이 좋을지를 고민하도록 하면 된다는 의견이었다.

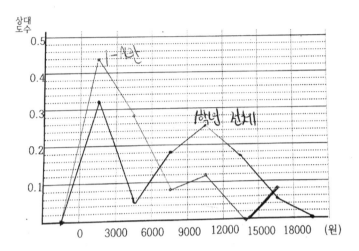

상대도수

0.5

0.4

0.3

0.2

0.1

1-A반

학년 전체

0   3000   6000   9000   12000 15000 18000   (원)

[그림 13] A반과 전체 학생의 상대도수 분포 그래프

앞서 세 개 반에서 사전 수업을 할 때 나올 수 있는 의견은 거의 나왔다고 보고, 모임에서는 그 의견을 바탕으로 전체 공유의 시간을 어떻게 진행할 것인지, 학생들 의견을 어떻게 모아야 할 것인가를 함께 정리했다.

이렇게까지 다 이야기했는데 정작 전체 공개수업에서 나는 이 부분을 소화해내지 못했다. 전체 공개수업을 마친 뒤에야, 그리고 내 수업을 다시 보면서 수업의 상황에서 이 논의를 떠올리지도, 적용하지도 못했다는 것을 깨달았다.

왜일까? 나는 '정답'에 관심이 있었다. 여섯 개 모둠의 결과 중에서 가장 정답에 가까운 답변이 무엇일지, 가장 나은 답변이 무엇일지 그것을 판단하기에 급급했고, 다른 아이들이 그 모둠의 이야기를 듣도록 하는 것에만 주의를 기울였다.

1모둠 유림이네 결과는 수업모임에서 예상했던 여러 결과 중 하나였다. 그리고 매우 평범한 내용이었다. 유림이가 나와서 잘 설명했고, 그 과정을 들으며 나도 무의식적으로 다음과 같은 질문을 했다.

> **유림** 2,500원 받기 싫다고 하니까 2,500원이 속한 계급보다 조금 높은 3,000원 이상 6,000원 미만 계급의 중간 정도를 선택했어요.
> **수업 교사** 어떤 그래프를 본 거예요? A반? 아니면 전체 그래프? 둘 중에 어떤 것을 본 것인가요?
> **유림** A반이요.
> **수업 교사** 유림이 의견이 설득력이 좀 있나요? 4조도 같은 이유인가요?

내가 이 모둠의 결과가 다른 반과 다르지 않아서 특별한 관심이 없다 보니 이 질문에 학생들이 답할 여유를 주지 않고 그냥 자연스럽게 넘어가버렸다. 유림이가 발표한 내용은 실제로도 고민의 흔적이 별로 없었다. 그러나 이 답변을 토대로 왜 A 그래프를 선택했는지 묻게 함으로써 모든 학생들이 다시금 자기 생각을 돌아보게 할 수 있다는 점을 놓쳤다. 답변의 내용이 중요한 것이 아니라, 이 답변을 통해 무엇을 주고받으며 다시 생각해보도록 할 수 있을까, 그 고민이 먼저였어야 했다.

어느 모둠의 결과가 적절한가를 보는 것이 아니라, 아이들이 수업의 목표에 다가갈 수 있는 단서를 이야기할 때, 그것을 포착해서 아이들에게 다시 질문으로 던져 생각할 기회를 마련해주었어야 했다. 그렇게 함으로써 아이들이 자기 모둠의 결과를 되짚어보면서 틀렸던 것, 애매했던 것을 곱씹어보도록 해줄 수 있다는 것을 배웠다.

공유의 과정에서 필요한 것은 정답이 아니다

[그림 14]와 같이 모둠 칠판 여섯 개가 붙어 있는 칠판을 상상해보자. 누가 나와서 이야기하면 좋을까?

나는 모둠 칠판에 적힌 결과에만 의존해서 판단했다. 일단 모둠 칠판에 적힌 내용이 비슷한 것들끼리 묶어서 분류하려고 했다. 그

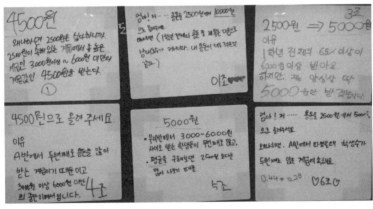

[그림 14] 전체 공개수업 반에서의 모둠 활동 결과

렇게 분류된 상태에서 비슷한 내용으로 묶인 것들을 대표하여 한 모둠씩 나와서 발표하도록 시켜보려는 것이었다. 괜찮아 보이는 모둠의 것은 뒤로 미루고 평범해 보이는 모둠의 것을 먼저 들었다. 그래서 '평범하게 보이는' 답안을 쓴 모둠의 발표자로 유림이가 나오게 되었다.

유림이네 모둠을 관찰한 한 선생님은 이렇게 말했다.

"학생들이 3,000원과 6,000원 사이에서 엄마가 주는 대로 그냥 받는다고 했어요. 그러니까 '중간 값 4,500원 하자.' 별다른 이견 없이 선택하더라고요."

수업을 참관한 선생님들은 1모둠이나 4모둠은 별다른 논의도 없이 아주 편안하게 4,500원을 선택했다고 했다. 이 답안은 아주 상식적인 답안이었고 아이들이 평범하게 제시한 의견이었다. 그렇다면 유림이가 발표했을 때 나는 어떻게 대응했어야 했을까? 일단 아이들이 별 고민이 없었다는 지점을 생각해두자.

태린이네 모둠은 평균을 냈다.

"그러면 조금 다른 조. 평균 낸 조가 있는데, 평균 구해봤어요? 어떻게 구했나요?"

태린이가 나와서 이야기했다.

"평균을 구해볼게요. 각 계급의 계급값과 도수를 곱한 다음에 다 더해서 나누기 25를 하면 5,220원이 나와요. 그래서 5,000원으로 했어요."

태린이네 모둠을 관찰한 선생님은 학생들이 평균을 구하면서 자신 없어 했다고 말했다. 평균은 그래프나 표와 직접 연관이 되지는 않는다. 나는 학생들이 평균까지 이용해서 의견을 제시한 것을 특별하다고는 생각했지만, 학생들이 이 값을 구하면서 이 답이 정답이 아닐 거라 생각하며 의견을 지우려 했다는 사실은 몰랐다. 조윤성(사회) 선생님이 평균도 괜찮다고 모둠의 논의 과정에 긍정적 피드백을 주면서 학생들이 이 내용을 적게 되었다고 했다. 이 모둠은 '고민은 했지만 의견에 자신이 없다.' 이것도 기억해두자.

나는 사실 3모둠의 결과가 새로웠다. 그래서 평균 이야기를 병렬식으로 듣고는 바로 3모둠의 이야기를 들어보자고 진행했다.

"아, 이거는 좀 설득력 있어요? 이번엔 3조 이야기 들어볼게요."

그냥 나오는 대로 한 발언인데 "설득력이 있냐?"는 질문은 참 답하기 애매하다. 학생들에게 생각을 고치도록 하는 것도 아니고, 자기 생각과 비교하도록 하는 것도 아닌 그냥 그런 말인데, 사실 내가 선호하는 결과임이 내재된 발언이었다.

무강이는 다음과 같이 발표했다.

"1학년 전체에서 6,000원 이상 받는 학생들이 65퍼센트예요. 65퍼센트인데 9,000원 달라고 하면 너무 많이 올려달라고 하는 것 같아서 5,000원으로 했어요. 5,000원이라도 확실히 받는 게 나은 것 같아서 이걸 선택했어요. 한 단계 내리면 부모님께서 확실하게 주실 것 같아서. 그래서 5,000원을 했어요."

기존의 세 개 반에서 나오지 않은 이야기이면서 적절한 근거라고 생각했다. 그래서 전체에 바로 질문을 던졌다.

"3조가 다른 모둠과 비교했을 때 어떤 점이 특이하지요?"

학생들이 바로 대답했다.

"전체 학생 그래프를 봤어요."

"또 다른 점은요?"

"퍼센트를 구해서 과반수를 넘는다는 것을 찾았어요."

"얼마를 기준으로 퍼센트를 봤나요?"

"6,000원이요."

그리고는 이에 대한 설명을 내가 바로 해버렸다.

"여기를 잘라서 6,000원 이상을 다 더해본 거죠. 그래서 이만큼이 65퍼센트더라, 이야기를 한 거죠."

그런데 무강이네 모둠을 관찰한 선생님은 이 모둠에서 결론을 낸 과정을 다음과 같이 설명했다.

"처음에는 학생들이 그냥 10,000원이라고 썼어요. 그런 다음에 이유를 뭐라고 써야 하나 생각을 한 거지, 처음부터 이유를 생각하고 고른 것은 아니었어요. 그런데 무강이가 1학년 전체 그래프를 보자, 거기는 전체에서 65%가 6,000원 이상을 받아, 갑자기 이런 거죠. 그때 소미가 그랬어요. 엄마랑 딜을 해야지 무조건 갑자기 많이 올려달라고 하면 어떻게 해? 그런데 서윤이는 그 말이 이상한 거예요. 수학 시간이니까 그래프 보고 답을 해야지 왜 딜을 해? 그런데 발표할 시간이 돼서 이 모둠은 5,000원이 된 거죠."

결과적으로 내가 선호했던 것과는 달리 이 모둠에서도 논의 과정을 들어보면 확신이 없이 뒤죽박죽이었다.

결국 발표한 세 개의 모둠 결과는 모둠 구성원들의 심도 깊은 논의를 통해 결정된 것이 아니었다. 게다가 공통적으로 각 모둠에서 아이들은 자신들의 의견에 별로 자신이 없었다.

그렇다면 이 순간 교사는 어떻게 전체가 공유하는 시간을 이끌었어야 했을까? 아이들의 흐릿하고 다소 애매한 논리를 분명하게 짚어주거나, 혹은 더 생각해볼 거리를 유도해줄 수 있어야 했다.

앞에서 이야기했듯, 어떤 그래프가 학생들에게 유리한지, 엄마에게 유리한지, 내가 설명하지 않고 학생들에게 질문하고 답할 수 있도록 했다면……. 실제 6모둠의 경우에는 모둠 내에서 A반의 그래프와 전체의 그래프 중 무엇을 보고 있는지 자기들 간에 논의가 있었다고 했다. 그렇다면 공론화되었을 때, 6모둠의 아이들은 어떤 기분이 들었을까?

논리 면에서 꽤나 완성도가 있었던 태린이네 모둠과 무강이네 모둠의 설명 중 어떤 것이 나을지 논의를 구체화해보도록 하거나, 수정·보완해볼 기회를 줄 수도 있겠다.

아이들이 수학이라는 과목에서 사실 자기의 의견에 자신감이 별로 없다는 것, 틀리는 것을 매우 두려워한다는 것, 그리고 그런 두려움이 논의에 어떻게 나타나는지를 세밀하게 관찰할 수 있었다. 또한 전체 공유의 시간에 그것을 꺼내볼 수 있도록 진행해야 한다는 것을 다시 한 번 느꼈다. 학생들이 모둠 활동을 할 때 불안하게 흔들렸던 지점들을 파악하고, 그 지점들을 아이들이 서로 긁어줄 수 있도록 논의를 진행해야 함을 말이다.

초기에 아이들의 사고 수준이 너무 낮다고, 모둠 논의가 제대로 되지 않는다고 투덜거렸던 생각이 난다. 늘 내 생각은 빗나갔다. 그런데 지금은 조금 다른 입장이다. 아이들의 모둠 내 논의는 당연히 한계가 있음을 인정하게 된 것이다. 특히 수학 교과에서는 더더욱. 그렇지만 이러한 논의 과정을 토대로 전체 공유의 시간에 서로 소통하게 함으로써 아이들에게 한 단계 도약이 있는 배움이 일어날 수 있다는 생각을 하게 되었다. 모둠 칠판에 적힌 결과가 얼마나 정답에 가까운가를 살펴보는 것보다 그 내용을 적기까지, 그리고 적힌 내용을 가지고 서로 보완해나가는 지점에서 배움이 일어난다고 말이다.

이것이 가능하려면 나부터 아이들의 소통 과정을 이해하고, 이를 잘 상상하며 섬세하게 연출해야 한다는 것, 하루아침에 잘 되지는 않겠지만 아이들의 소곤거림에 더 많이 귀를 기울여야 함을 돌아보며 재차 확인해볼 수 있는 시간이었다.

6장

내 수업의 터닝 포인트

영어 1학년 8단원 전 차시와 9단원 공개수업

서은지

발령 2년 차에 중학교 2학년 아이들을 가르치던 어느 날이었다. 내가 "애들아, 열심히 해야지."라고 하자 영어를 좀 한다는 학생이 혼잣말처럼 "재미가 있어야 열심히 하지요."라고 했다. 그 말을 듣고 가슴이 찌릿했지만, 설령 수업이 재미없다 해도 그것이 교사인 나의 책임이라고는 생각하지 않았다. 14년 전의 일이다. 이후에도 나는 강의식 수업을 했고, 모둠 활동은커녕 짝 활동도 거의 하지 않았다. 그런 내가 오랜 휴직 후 복직한 첫해에 서울형 혁신학교 1학년을 맡게 되었다. '이왕 이렇게 된 거 이번에 수업 방식을 바꾸어볼까?' 하는 생각으로 범교과 수업모임에 나갔다. 초반에는 어깨너머로 보기만 하다 중반에는 발을 담그게 되었고, 1학기가 지나고 비로소 공개수업을 하기로 마음먹었다.

1. '영어'라는 수업에 대한 나의 '공식'

나만의 레시피 : 6개 차시 수업 계획

공개수업을 자원한 후 첫 수업모임 자리에서 나는 내 영어 수업 방법을 소개했다. 나는 보통 한 단원을 6차시로 나누어 수업한다. 1차시는 듣고 받아쓰기, 2차시는 단어 학습 및 본문 듣기, 3차시는 본문 독해, 4차시는 문법, 5차시는 교과서 문제 풀이 및 Check up, 마지막 6차시는 말하기 및 정리 활동이다. 이렇게 하면 숨 가쁘고 꽉 차게 한 단원 수업이 진행된다. 내가 설명하는 동안 수업모임에 참석한 교사들은 질문을 하기도 했지만, 한 시간이 넘도록 내 설명을 거의 듣기만 했다. 세세한 부분까지 정교하게 계획된 수업 방법에 대부분 놀라는 표정을 보였다.

1차시부터 6차시에 걸친 수업 방법에 대한 설명을 마친 나는 이어서 공개수업 차시에 대해 이야기했다. 공개수업까지는 아직 기일이 많이 남아 있었지만, 나는 미리 생각해둔 것이 있었다. 공개수업으로 계획한 9단원의 제목은 〈What's Your Favorite Bread?〉였다. 나는 빵 광고지를 만들기로 거의 마음을 정했다.

"제가 공개수업 차시로 할 부분은 9단원 본문 189~191쪽이에요. 본문 공부 후 다음 차시로 모둠별 빵 광고지 만들기를 하면 어떨까 해요. 광고지를 만들면서 문장을 다듬어 써보고, 실용적인 표현도 쓸 수 있으니까요."

그러나 다른 선생님들은 공개수업 차시를 계획하는 데까지는 아직 생각을 하지 못하고 있었다. 다른 선생님들은 공개수업 차시를 논의하기 이전에 일반적으로 내가 진행하는 영어 수업을 먼저 참관할 필요가 있다고 생각했다.

> **박미경(국어)** 저는 아이들이 얼마나 소화할 수 있는지 궁금해서 먼저 수업 참관을 해보고 싶어요.
> **서동석(기술)** 저는 광고 만들기 등이 영어 교과다운 냄새가 덜 난다는 생각이 들어요. 공개수업은 영어 교과의 일반적인 수업 모습이 가장 많이 담겨 있는 방식이 좋지 않을까 생각해요. 참관하는 다른 교과 선생님들에게도요. 일단 8단원 참관을 하고 나서 의견을 나누는 것이 좋을 듯합니다.

이때 수업모임 선생님들은 내 영어 수업에 대해 처음 들은 상태였고, 내 수업 방법을 충분히 이해하지 못한 상황이었다. 설령 이해했다고 하더라도 교실에서 벌어지는 현상들은 내가 세운 수업 계획과는 많이 다를 수 있었다. 그래서 먼저 다른 선생님들이 내 수업을 참관하면서 이해하고 그것을 확인하는 것이 필요했다.

"저는 공개수업보다는 우선 수업 한 세트 전체가 아이들에게 어떻게 다가가는지를 확인해보고 싶어요. 아이들이 잘 따라오는지 어떤지도 몰라요. 따라온다 해도 소화를 잘 하는지는 장담할 수 없어요. 이참에 제 수업의 전체적인 흐름을 봐주셨으면 합니다."

이것은 처음에 공개수업을 자원할 때 내가 마음먹었던 것이기도 했다. 내가 한 학기 동안 진행한 수업 방법이 아이들에게 어떻게 다가가는지를 확인해보고 싶었다.

수업모임에서는 대개 두세 번의 활동지 검토 과정을 거친 다음 사전 수업을 참관하는데, 내가 제출한 수업 방법이 매우 구체적이고 짜임새 있게 만들어져 있어서 활동지 검토 과정을 거치지 않고 바로 사전 수업을 참관하는 것으로 계획을 잡았다. 그리하여 두 번째 모임부터 바로 사전 수업 참관 결과를 가지고 이야기하기 시작했다. 공개수업을 하기까지 나는 33시간의 수업을 공개했고, 사전 수업을 참관한 교사 수 누계는 65명이었다. 그리고 그때마다 수업모임을 가졌으니 수업모임 횟수도 12회였다. 이것은 전례가 없는 일이었다.

장기 레이스의 시작 : 모든 것을 듣고 받아쓰기

8단원 1차시 '듣고 받아쓰기' 수업을 공개했다. 교사가 되고 처음 자율적으로 수업을 공개한 것이다. 일정상 공개수업은 9단원의 1차시가 아니라 3, 4차시 중 하나가 될 가능성이 높았다. 이를 알면서도 수업모임 교사들은 1차시 수업부터 참관했다. 공개수업은 독립적으로 존재하는 것이 아니라 그 앞뒤 수업과 같은 흐름을 타기에 가능하다면 한 단원을 시작하는 첫 수업부터 참관하는 것이 가

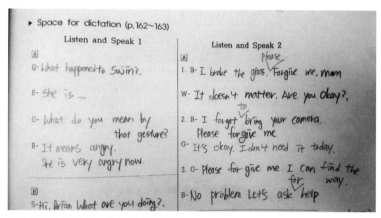

▶ Space for dictation (p.162~163)

Listen and Speak 1 | Listen and Speak 2

[A]
G- What happened to Swim?.

B- She is ...

G- What do you mean by
that gesture?

B- It means angry.
She is very angry now.

[B]
S- Hi, Brian. What are you doing?.

[A]
1. B- I broke the glass. Forgive me. mom
     please

W- It doesn't matter. Are you Okay?.

2. B- I forgot *to* bring your camera.
     Please forgive me
G- It's okay. I don't need it today.

3. G- Please forgive me I can find the
     way
     for
B- No problem. Let's ask help

[그림 1] 8단원 1차시 듣고 받아쓰기 활동지 초안 일부

장 좋다는 뜻에서였다. 수업에 사용한 활동지는 위와 같았다.

수업은 아이들이 스피커에서 나오는 대화를 듣고 그 내용 전체
를 활동지에 받아쓰는 것이다. 다 끝나고 다시 한 번 받아쓰기를
반복한다. 아이들은 자신이 틀린 것을 몇 글자씩 수정한다. 한 번
더 반복한다. 이렇게 세 번 듣고 받아쓰기를 한 다음 교과서를 펴
고 대본을 본다. 아이들은 대본과 자신이 받아쓴 것을 대조해서
틀린 것을 고치고 모르는 것에는 별표를 한다.

> 받아쓰기를 아이들이 실제로 얼마나 잘하고 있는지가 궁
> 금합니다. 저는 재생 버튼 클릭하느라고 앞에만 있어서
> 아이들 볼펜만 보이거든요.

수업을 마치고 가진 수업모임에서 내가 말했다. 나는 수업을 진

행하느라 아이들이 각자 어떻게 해나가는지를 사실 세세히 알지 못했다.

> **남경운(과학)** 뒷문 쪽 아이들 6명이 하는 것을 봤어요. 아이들이 Listen & Speak 1의 [A]는 75% 정도, [B]는 25% 정도 썼어요. Listen & Speak 2의 [A]는 35% 정도, [B]는 거의 못 썼어요.
>
> **이영현(가정)** 9반에서는 두 번째 쓸 때 스크립트 봐도 된다고 하셨죠. 그때 안 듣고 스크립트 보고 옮겨 적는 아이들도 있었어요.
>
> **서동석(기술)** 쓰고 나서 빨간색으로 채점하는데 별표가 여러 군데 있었어요. 빨간색 많은 아이들이 10~15명쯤, 빨간색 별로 없는 아이들은 4~5명 정도였어요. 전체적으로 집중하는 편이었고, 글자도 급하게 쓰면서도 반듯반듯하게 쓰는 아이들이 여러 명 있었어요.
>
> **수업 교사** 수준 차이가 드러났네요.

참관 교사들의 관찰에 따르면, 아이들은 내 생각보다 듣고 받아쓰기를 잘하지 못하고 있었다. 그렇지만 나는 "잘하는 아이들 것도 보면 빨간색으로 고친 부분이 꽤 있어요. 이렇게 전체 받아쓰기를 하면 자기가 무엇을 모르는지 알게 돼요."라며 듣고 받아쓰기가 정확하게 자기 실력을 확인하는 방법임을 강조했다. 실제로 내가 영어 공부를 할 때도 이렇게 해서 실력이 크게 느는 것을 경험했었다. 그런 노하우를 알려주는 것이니 아이들에게도 분명 도움이 될 것이라 믿었다.

> **남경운(과학)** 각자 모르는 것에 별표 한 후 모둠에서 해결하는 '별 깨기' 활동을 했지요. 마지막에 어떻게 하는지 들어봤어요. 현정이가 'break → broke' 이렇게 적고 "break에서 나온 말이야. gesture는 몸짓이란 뜻이야."라고 준범이에게 설명해주었어요. 그때 보니까 현정이는 무척 성의껏 이야기해주었어요.
>
> **서동석(기술)** 아이들이 "meaning이 뭐야?", "ask for가 무슨 뜻이야?" 이렇게 서로 편하게 묻고, 부족하지만 아는 만큼 대답하고 그랬어요. 선생님의 설명이 없었는데, 알려는 행동이나 집중하는 모습은 상당히 많았어요.

아이들이 1학기 때부터 이런 수업 방식을 계속해와서인지 많이 익숙해진 모양이었다. 수업 시간에 모르는 것을 자기들끼리 스스럼없이 묻고, 잘 몰라도 부족한 대로 대답을 해주는 모습들이 아주 편안해 보였다고 했다. 수업을 참관한 어떤 선생님은 '별 깨기' 활동이 마치 무슨 바자회를 보는 것 같았다고 했다. 부담 없이 마음이 가는 물건을 만지작거리며 가격을 묻고 이리저리 살펴보는 듯한 모습이었단다. 참관 교사들의 이야기를 듣고 조금은 마음이 놓였다.

빠듯한 시간에 아이들 머릿속을 어떻게 확인할까?

그러나 여전히 문제점이 있어 보였다. 남경운(과학) 선생님은 이 활동이 듣기인지, 받아쓰기인지 애매하다고 말했다. 들은 것을 받아쓰는 데 시간이 부족하다는 것이었다.

> **남경운(과학)** 듣긴 들었는데 손이 느려서 늦게 쓰다가 다음번 문장을 못 듣게 되는 모습이 많이 보였어요.
> **수업 교사** 그냥 듣기만 하는 것은 아이들의 머릿속을 확인할 수 없기 때문에 이렇게 쓰게 하고 있어요. 그런 문제를 보완하는 다른 방법이 필요하다고 생각하시는지요?

아이들이 영어 단어와 문장을 들었다는 것을 교사가 어떻게 확인할 수 있을까? 활동지에 아무 내용도 없는 상태에서 아이들이 스피커에서 나오는 대화를 모두 듣고 받아쓰느라 바빠서 그다음 문장은 듣지 못하고 지나가게 되는 문제가 있다는 의견이 나왔다. 나도 그 부분에 대해서 인지하고 있었던지라 바로 보완 방법을 물었다.

> **남경운(과학)** 그래서 혹시 '전체가 아닌 일부만 빈칸으로 주면 거길 타깃으로 들을까?' 이런 생각을 했어요.
> **수업 교사** 아이들이 일부만 빈칸으로 주면 그걸 쓰고 바로 다음 빈칸으로 눈이 가 있어요. 빈칸이 아닌 부분은 흘려 듣는 것 같아요. 가능한 모두 듣도록 훈련시키고 싶어요.

스피커에서 나오는 대화 전체를 받아쓰게 하는 대신 활동지에 그 지문을 넣고 거기에 일부만 빈칸을 주어 그곳만 쓰게 하자는 제안이 나왔다. 그러나 나는 아직 내 수업 방식을 포기하고 싶지 않았다.

> **서동석(기술)** 한 시간이 매우 빠듯하다는 느낌이었어요. 만약 정신적으로 피곤한 아이가 있다면 따라가기 힘들겠다는 생각이 들었어요. 한 5분 분량이라도 줄여서 아이들이 중간에 숨을 쉴 수 있게 하면 어떨까 생각했어요.
>
> **조윤성(사회)** 이걸 가장 쉬운 것과 가장 어려운 것을 빈칸으로 둔다. 그리고 중간 수준의 것은 문장 전체를 빈 줄로 한다. 연음 처리 부분이나 꼭 익혀야 될 표현들을 그렇게 하는 거지요. 그러면 비빌 언덕이 있는 셈이니 못하는 아이들도 어느 정도 하지 않을까요?

참관 교사들의 의견을 듣다 보니 아이들이 받아쓰는 데 치여서 그다음 문장을 놓치는 현상을 그냥 두면 안 되겠다는 생각이 들었다. 전체적으로 아이들이 한 시간 동안 너무 바빴다는 의견이 많았다.

중요한 단어와 문장을 빈칸과 빈 줄로

조윤성(사회) 선생님의 제안이 신선했다. 주어진 대화의 빈칸에 단어를 채우는 문제뿐 아니라, 중요한 표현이 포함된 문장인 경우에는 그 문장 전체를 빈 줄에 받아쓰는 문제를 주자는 것이었다.

> **수업 교사** 듣기는 다 들었는데 쓰려고 하면 다른 말이 또 들려오고, 그래서 하나도 못 쓴 아이가 있었어요. 사실 저도 고민이 돼요. 그렇게 수정해볼게요. 활동지를 미리 인쇄해놓아서 아깝긴 한데…….
> **박미경(국어)** 맞아요. 그러니까 다음부터는 한 번에 한 반 치씩만 복사해요. 그래야 수정 사항을 반영해서 다음 수업에 쓸 수 있으니까요.

아이들이 너무 바쁘다는 것은 나도 어느 정도 알고 있었다. 그래서 가끔은 전체 받아쓰기 대신 대화의 키워드만 쓰도록 보완할 방법을 찾기도 했다. 마침 수업 참관을 계기로 이 부분을 매듭지을 수 있게 되었다. 9단원 1차시 수업부터는 활동지를 빈칸과 빈 줄을 남기는 방식으로 수정하고 받아쓰기를 했다. 중간에 포기하는 아이들이 거의 없었고 대부분 끝까지 듣고 받아썼다. 놓친 부분은 다음번 들을 때 더 집중해서 쓰려는 모습이었다. 전에 전체 받아쓰기를 했을 때는 아이들이 각자 받아쓰고 채점하고 고치고 나에게 검사 맡기에 바빴다. 시간이 남으면 모둠 안에서 '별 깨기'를 했고, 시간이 부족하면 내가 중요한 부분을 뽑아 설명하면서 정리했다.

수업 참관을 통해 나온 의견들로 활동지를 수정하니 시간이 15

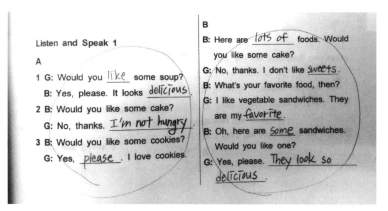

[그림 2] 9단원 1차시 듣고 받아쓰기 활동지 일부

분 이상 남았다. 아이들은 모둠에서 충분히 얘기를 나누었고, 모
둠 문장을 뽑아서 전체 공유도 할 수 있었다. 모둠 칠판에는 모둠
안에서 가장 많이 틀린 것 또는 궁금한 것을 쓰도록 했다. 모둠 칠
판 여섯 개가 붙고 각 모둠에서 한 명씩 나와 발표를 했다. 아이들
은 집중해서 듣고, 궁금한 것은 자기들끼리 질문하고 대답했다.
전체 공유에서 해결하지 못한 것만 내가 명확하게 알려주었다. 나
역시 아이들이 직접 뽑은 모둠 문장들을 보고 아이들이 무엇을 어
려워하고 궁금해하는지를 알게 되었다. 내 예상과는 다른 것도 많
아서 아이들을 이해하는 데 도움이 되었다. 수업 참관 후 수업모
임에서 논의하고 수정한 덕분에 이번 차시 수업이 훨씬 여유롭고
짜임새 있어졌다.

2. 스펠링과 뜻, 스토리 이해

먼저 단어를 알고…… 그다음에 문장 연습

6반, 7반, 10반에서 2차시 수업으로 단어 학습 및 본문 듣기 수업을 진행했는데, 다른 교과 교사들이 각자 한 시간씩 참관했다.

8단원 2차시 수업은 새 단어를 익히고 그다음 차시에 공부할 본문을 미리 들어보는 것이었다. 아이들은 먼저 혼자서 활동지에 제시된 단어와 숙어를 살펴보고 빈칸에 알맞은 영어 단어 또는 우리말 뜻을 썼다. 그다음에 교사의 안내로 철자, 우리말로 옮긴 뜻, 발음을 확인했다. 자기가 틀린 단어와 숙어는 그 철자와 뜻을 세 번씩 쓰고, 맞은 단어와 숙어는 그것을 이용해 영어 문장을 만들어 썼다. 이렇게 20분쯤 개인별로 활동한 후에 뒷면의 단어 퍼즐을 풀며 제시된 단어들을 다시 익혔다.

수업 종료 12~15분 전에 본문 듣기 활동지를 나누어주었다. 아이들은 본문 전체를 세 번 반복해서 들으며 과제를 수행했다. Step 1은 두 단어 중 맞는 것 고르기, Step 2는 빈칸에 알맞은 단어 쓰기, Step 3는 틀린 것 바르게 고치기였다. 다 풀고 나서 교과서를 보고 각자 채점하고 틀린 부분을 수정한 뒤 나에게 확인을 받았다.

수업을 참관한 교사들과 그날 오후 3시 30분에 회의실에서 수업모임을 가졌다. 이처럼 수업을 참관한 날이면 거의 항상 그날

8. Same Gestures, Different meanings

New Words	Meaning	Practice (•모르는 단어면? 철자+뜻 3번씩 쓰기, •아는 단어면? 그 단어를 넣어서 영어 문장 만들기)
1. gesture	몸짓	There are many gestures in the world.
2. meaning	의미	What's that meaning?
3. silent	조용한	Please be silent in the class.
4. nod*	끄덕이다	nod 끄덕이다 nod 끄덕이다 nod 끄덕이다
5. however	그러나	She wanted to leave here. However she stayed because of her work
6. careful	조심하는	Be careful!
7. from side to side	옆에서 옆으로	Please move your hand from side to side.
8. wave	(손·팔을)흔들다	When you meet your friend, you should wave your hand.
9. greet	반기다 인사하다	Greet someone is very important.

[그림 3] 8단원 2차시 단어 학습 활동지 앞면 일부

수업모임을 열고 서로 의견을 나누었다. 이것은 많은 시간과 에너지를 요하는 과정이다. 그럼에도 이러한 소통이 다음 수업 참관을 편안하게 해주고 나눌 수 있는 대화의 폭을 넓혀준다.

서동석(기술) 같은 문장을 각각 다른 활동을 하면서 세 번 반복해서 듣는다는 게 아주 매력적이었어요. 활동이 달라서 새롭되 같은 문장이라 익숙한 것이 좋아 보였어요.
박미경(국어) 교사 주도로 아이들이 각자 연습하고 익히는 수업이었다고 생각해요. 75% 이상의 학생들에게 도움이 되었어요. 집중을 하면서 단기몰입하게 만드는 것이 인상적이었어요. 이 수업을 참관한 다음 저도 국어 시간에 선생님 수업을 따라해보았어요. 4반에서 많은 내용을 열

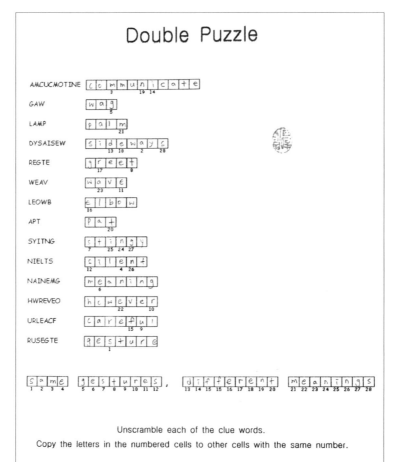

Double Puzzle

Clue	Answer
AMCUCMOTINE	c o m m u n i c a t e (3, 19, 14)
GAW	w a g (8)
LAMP	p a l m (21)
DYSAISEW	s i d e w a y s (13, 18, 2, 28)
REGTE	g r e e t (17, 8)
WEAV	w a v e (23, 11)
LEOWB	e l b o w (16)
APT	p a t (20)
SYITNG	s t i n g y (7, 25, 24, 27)
NIELTS	s i l e n t (12, 4, 26)
NAINEMG	m e a n i n g (6)
HWREVEO	h o w e v e r (22, 10)
URLEACF	c a r e f u l (15, 9)
RUSEGTE	g e s t u r e (1)

s a m e (1 2 3 4) g e s t u r e s (5 6 7 8 9 10 11 12), d i f f e r e n t (13 14 15 16 17 18 19 20) m e a n i n g s (21 22 23 24 25 26 27 28)

Unscramble each of the clue words.
Copy the letters in the numbered cells to other cells with the same number.

[그림 4] 8단원 2차시 단어 학습 활동지 뒷면

심히 하도록 했더니 아이들 원성이 대단했어요. 양이 너무 많다는 거였어요.

짜임새 있는 수업설계가 아이들이 한 시간 내내 마치 자학자습

Same Gestures, Different Meanings

※ Step 1 - 듣고 맞는 단어에 ○표시 하시오.

(Gestures / Gestures) are silent, but say a lot. Some gestures have different meanings in different (culture / cultures). Let's learn some of them.

What do you mean by nodding your head up and down? You want (saying / to say) "yes." (However / Whoever), be careful in Greece. Nodding there means "no." In Greece, you say "yes" by (turn / turning) your head from side to side.

There are different meanings for (wave / waving) the hand. When you greet someone, you hold your hand (off / up) and move it from side to side. In Europe, however, people

---

※ Step 2 - 듣고 빈칸에 알맞은 단어를 쓰시오.

Gestures are s_____, but say a lot. Some gestures have different m_____ in different cultures. Let's learn some of them.

What do you mean by n_____ your head up and down? You want to say "yes." However, be c_____ in Greece. Nodding there means "no." In Greece, you say "yes" by turning your head f____ side t___ side.

There are different meanings for w_____ the hand. When you g_____ someone, you hold your hand up and move it from side to side. In Europe, however, people wave the hand s_____ to say "no." For "good-bye," they r_____ the p_____ and w_____ their fingers up and _____.

※ Step 3 - 듣고 틀린 것을 바르게 고치시오.

Gestures is silent, but say a lot. Some gestures have different meanings in different
cultures. Let's learn any of them.

What do you mean of nodding your head up and down? You wanted to say "yes."
However, be careful in Greece. Nod. there means "no." In Greece, you say "yes" by turning
your head from side to side.

There is different meanings for waving the hand. And you greet someone, you holds your
hand up and move it from side to side. On Europe, however, people wave the hand
sideways to say "no." As "good-bye," they raise the palm and wagging their fingers up and
down.

[그림 5] 8단원 2차시 본문 듣기 활동지 Step 1, 2, 3 일부

하는 것처럼 무언가를 하게 만들었다는 의견도 있었지만, 아이들
이 한 차시에 수행해야 할 과제가 너무 많다는 의견도 있었다.

단어 연습하는 것 봤는데 철자와 뜻을 주로 쓰는 애들 12명, 문장을 만들어 쓰는 애들 12명이었어요. 그리고 빈 곳이 많아 보였는데 쓸 문장 생각하는 것 같았어요.

학급 아이들 가운데 절반은 단어 학습 활동지에 나온 단어를 이해하지 못한 상태에서 그 단어의 철자와 의미를 쓰는 연습을 했고, 나머지 절반 정도 아이들은 단어의 철자와 의미를 이해하고 그 단어를 이용해 문장을 만드는 연습을 하고 있었다.

그런데 단어의 철자와 뜻을 알고 있는 아이들이 연습하면서 만들어내는 문장에도 문제가 있었다. 문법에 어긋나거나 완전한 문장이 되기에 필요한 요소가 빠진 경우가 많았다.

남경운(과학) 아이들이 무슨 문장을 썼는지 궁금했는데 "It meaning no" 그리고 "The room silent", "I nod"라고 썼어요. 또 "We silent", "I careful to talk", "I need silent room" 이렇게 썼어요. 표현이 간단하면서 재미도 있었는데 동사를 빠뜨리는 아이들이 많았어요. 이것을 함께 검토하면 어떨까요? 아이들이 흥미로워할 것 같고, 배우는 것도 많을 듯한데요.

조윤성(사회) 동사를 빼먹는 아이들이 실제로 많네요. 그런 것들을 골라서 함께 논의하면 어떨까요? 바른 문장을 가르쳐주는 것도 필요할 것 같아요.

서동석(기술) 아이들이 쓴 문장을 모둠 칠판에 써서 칠판에 붙이고 함께 검토하면 좋겠어요. 아이들이 숨 돌릴 수 있는 시간이 되기도 하거든요.

아이들이 쓴 문장을 함께 검토하면 좋겠다는 것이 참관 교사들 대부분의 의견이었다. 기왕에 아이들이 동사 부분에서 많이 틀린다면 한 번 짚어볼 필요가 있다는 것이었다. 한 시간 동안 바쁜 아이들에게 숨 돌릴 시간이 될 수 있다는 말도 나왔다. 양이 너무 많다는 문제의식에는 나도 동의했다.

Step을 줄이면 어떨까?

그러나 동시에 나는 문장을 꼼꼼하게 분석하다 보면 오히려 아이들이 문장 쓰기를 주저하게 될지도 모른다는 점을 우려했다.

> 문장을 검토하는 것이 좋기는 한데, 그렇게 꼼꼼하게 문장을 살피면 아이들이 쓰기를 주저할 것 같아요. 문법에 딱 맞아야 된다는 생각 때문에요.

그리고 아이들에게 각자 쓴 문장을 함께 공유하는 시간을 갖도록 하는 것은 부담이 되었다. 그러면 2차시 후반부 활동으로 계획된 본문 듣기를 할 시간적 여유가 없었다. 내 수업 구성을 유지하면서 양을 줄이고 아이들의 활동 결과를 함께 공유할 시간을 찾아야 했다. 이렇게 고민하고 있을 때 조윤성(사회) 선생님으로부터 하나의 아이디어가 나왔다.

조윤성(사회) Step 1, 2, 3 부분을 봤어요. Step 1은 본문을 듣고 맞는 것에 동그라미만 치면 되니 좀 쉬운 것 같아요. Step 3는 명확하게 알아야 하고, 듣기도 해야 하고, 쓰기도 해야 하잖아요. 난이도가 높아요. 그러니까 많은 아이들이 Step 1 하면서 '아, 들리네.' 하고, 곧잘 하는 아이들은 Step 3 하면서 '이렇게 고칠 수도 있네.' 하고 느낄 것 같아요. 이렇게 둘을 제시하면 수준 차이가 나는 아이들이지만 모두의 기대치를 충족시켜줄 수 있을 것 같아요. 그래서 Step 2를 빼면 어떨까요?

수업 교사 Step 3는 상위권 아이들에게 도전적인 과제인데 이번 단원에서 처음 해봤어요. 공개수업 준비를 하다가 갑자기 떠올라서 만들었어요. 제 생각에도 Step 2를 빼는 게 나을 것 같아요. Step 2에서 도리어 애들이 포기하거나 흥미가 떨어진다는 느낌을 받았거든요. 생각보다 어려우니까 듣고 쓰기보다는 Step 1에서 힌트를 얻어 보고 쓰기도 했어요.

세 단계로 과제가 제시되어 있었는데 두 단계로 줄이면 어떨까? 여기까지 참관 선생님들의 의견을 다 듣고, 나는 수업설계를 수정했다.

일단 2차시 활동 과제를 줄이고 아이들 모두 함께 공유하는 과정이 필요했다. 개인별 활동 위주인 단어 연습 말고 아이들이 재밌게 하면서 다른 친구들과 쉽게 아이디어를 공유할 수 있는 방법이 있을까? 생각 끝에 타이포셔너리(typotionary)로 단어 학습을 해보기로 했다. 타이포셔너리는 철자에 그림 이미지를 결합시켜 단어의 의미를 표현하는 활동이다. 먼저 개인별 활동으로 주어진 단어의 타이포셔너리를 만들어 활동지에 썼다. 모둠으로 모여서 활동지를 돌려 보고 다른 친구들의 아이디어 중에 마음에 드는 것을 골라 빈칸을 채웠다. 그다음 모둠별로 지정된 단어의 타이포셔너리를 모둠 칠판에 써서 붙였고, 결과는 다음과 같았다.

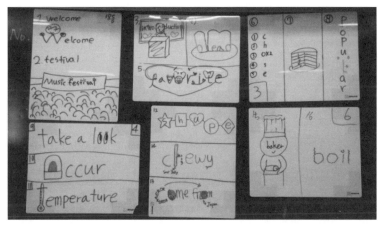

[그림 6] 9단원 2차시 타이포셔너리 모둠 칠판

　이어지는 본문 듣기 활동에서는 Step 2 빈칸 채우기를 뺐다. Step 1을 그대로 남겼고, Step 3에 있던 것이 Step 2가 되었다. 아이들에게는 본문을 세 번 들을 수 있는 기회가 주어지는데, 어느 단계를 어떤 순서로 몇 번씩 들을지는 아이들이 각자 선택하게 했다. Step 1만 세 번 들을 수도 있고, Step 1 한 번(또는 두 번)과 Step 2 두 번(또는 한 번)을 들을 수도 있고, Step 2만 세 번 들을 수도 있다.

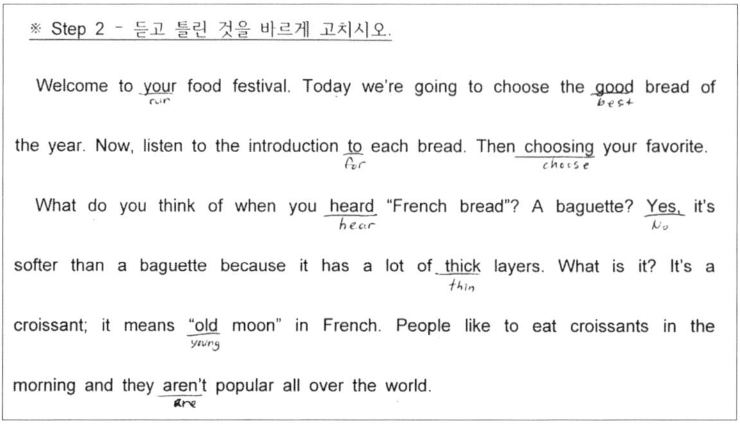
※ Step 2 - 듣고 틀린 것을 바르게 고치시오.

Welcome to your food festival. Today we're going to choose the good bread of the year. Now, listen to the introduction to each bread. Then choosing your favorite. What do you think of when you heard "French bread"? A baguette? Yes, it's softer than a baguette because it has a lot of thick layers. What is it? It's a croissant; it means "old moon" in French. People like to eat croissants in the morning and they aren't popular all over the world.

[그림 7] 9단원 2차시 본문 듣기 활동지 Step 2 일부

9단원의 2차시부터는 활동지를 이렇게 수정하고 수업을 했다. 수정 전 수업은 개인별 활동 위주여서 아이들이 흐트러짐이 없었지만 활기도 없었다. 단어 활동지를 각자 열심히 채우느라 다른 친구들이 쓴 것을 볼 기회가 없었다.

활동지를 수정한 후에는 개인별 타이포셔너리 활동과 모둠 활동으로 적절히 시간을 분배해서 수업을 구성했다. 아이들은 서로 아이디어를 공유하고 이야기를 나누며 새로 나온 단어, 숙어를 적극적으로 배워나가는 모습이었다.

본문 듣기 활동지는 이전의 Step 2 빈칸 채우기를 빼고 두 단계로만 구성했다. 활동지 초안을 만들 때 나는 난이도가 Step 1 → Step 2 → Step 3 순으로 높아진다고 생각했다.

그러나 참관 결과 실제 아이들이 하는 것은 내 예상과 많이 달

랐다. 중간 수준이라고 생각했던 Step 2에서 포기하는 아이들이 많았다. Step 3를 할 때도 오롯이 듣고 고치는 것이 아니라 앞면을 들추며 보고 쓰느라 우왕좌왕했다.

이런 문제를 수업모임에서 논의했고, 못하는 아이들에게는 할 만한 과제 Step 1과 잘하는 아이들에게는 도전적인 과제 Step 3를 남기기로 했다. 이렇게 수정한 활동지로 수업을 했는데, 시간 안에 두 단계 다 풀고 틀린 부분 수정까지 마친 아이들이 한 반에 2/3 이상이었다.

나는 한결 여유 있게 수업목표에 충실한 수업을 진행할 수 있었다. 사실 1학기 내내 매 단원 2차시는 앞뒤로 빡빡한 활동지 두 장을 가지고 수업을 했다. 8단원 2차시 수업 공개 때 어느 참관 교사는 내가 수업 종료 15분 전에 활동지를 한 장 더 나눠줘서 깜짝 놀랐다고 했다. 이 말을 들었을 때에도 나는 이 수업에서 덜어낼 부분이 없다고 생각했다. 실제 아이들이 하는 것을 유심히 보지 않았더라면 계속 그렇게 생각했을 것이다.

수업 참관을 바탕으로 수업모임에서 논의하고 수정한 결과 이 수업을 다시 디자인할 수 있었다. '일단 다 먹여줄 테니 소화는 각자 시키렴.'에서 '각자 소화할 수 있을 만큼만 먹도록 도울게.'라는 쪽으로 내 생각이 바뀌게 된 시점이었다.

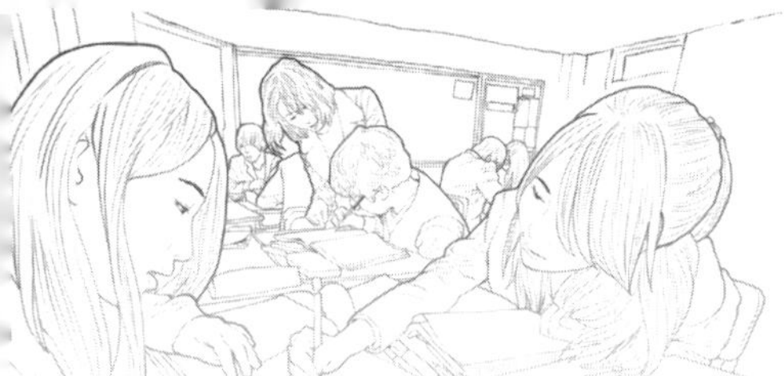

3. 양보다 질이 중요한 본문 독해

활동 과제, 다다익선? 과유불급!

8단원 3차시 수업을 8반과 10반에서 했다. 본문 독해 부분인데 한두 줄로 된 문장 18개를 해석하여 활동지에 쓰는 수업이었다.

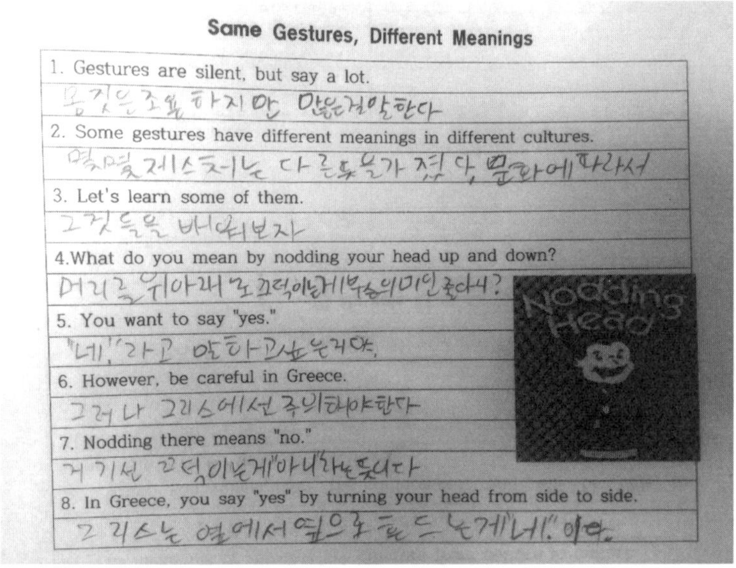

Same Gestures, Different Meanings

1. Gestures are silent, but say a lot.
몸짓은 조용하지만 많은걸 말한다
2. Some gestures have different meanings in different cultures.
몇몇 제스처는 다른 뜻을 가진다, 문화에 따라서
3. Let's learn some of them.
그것들을 배워보자
4.What do you mean by nodding your head up and down?
머리를 위아래로 끄덕이는게 무슨 의미인줄 아니?
5. You want to say "yes."
"네," 라고 말하고 싶은거야.
6. However, be careful in Greece.
그러나 그리스에선 주의해야한다
7. Nodding there means "no."
거기선 끄덕이는게 "아니"라는 뜻이다
8. In Greece, you say "yes" by turning your head from side to side.
그리스는 옆에서 옆으로 흔드는게 "네". 이야.

[그림 8] 8단원 본문 독해 활동지 초안 일부

남경운(과학) 독해를 거의 못하고 있는 아이가 7명, 잘하는 아이가 8명, 중간 정도인 아이가 10여 명이었어요.

박미경(국어) 저는 10반의 6모둠을 보았는데, 민경이는 잘 못하면서도 끝까지 계속 해보려고 했어요. 영어 단어 하나도 제대로 읽는 게 없으면서도 기죽지 않고 끝까지 읽으면서 하는 모습이 미러클이었어요.

수업 교사 단어는 복습해오라고 했는데…….

아이들은 개인별 활동을 철저히 혼자서 활동지만 보고 했다. 못하는 아이도 활동지를 계속 들여다보고 있었는데, 지난 시간의 단어 활동지를 뒤적이기도 했다.

박미경(국어) 모르는 부분을 집중해서 많이 해볼 수 있으면 좋겠어요.

남경운(과학) 아이들이 '새로 알게 된 건 뭐가 있을까? 이미 알고 있는 아이들이 아는 걸 해보고 넘어간 건가?'라는 부분에서 생각해보았어요. 한두 개의 문장을 놓고 모둠에서 서로 깊이 있게 이야기 나누는 과정이 있으면 어떨까 생각했어요.

서동석(기술) 저도 비슷한 생각을 했어요. 기본 문장과 잘하는 아이도 틀리는 문장 두어 개의 해석을 모둠별로 써보고, 칠판에 붙이고 공유해보는 시간을 가지는 건 어떨까 하는 생각이요.

아이들이 한두 개의 문장을 놓고 깊이 있게 논의해보는 시간을 가졌으면 좋겠다는 참관 교사들의 의견을 나는 진지하게 받아들였다. 전에도 몇 번 해보다가 시간 때문에 못했던 것이었는데, 모둠 문장 공유가 꼭 필요하겠다는 생각을 다시금 하게 되었다.

> **수업 교사** 8반은 어땠어요?
>
> **김지원(국어)** 5모둠을 보았는데 세영이가 이끌어갔어요. 나머지 세 명은 거의 못했고요. 세영이가 해석하면 나머지는 받아 적었고, 다 쓸 때까지 세영이는 심심해했어요. 세영이가 못하는 부분이 있어도 서로 대화를 하는 게 아니라 별표를 치기만 했어요.
>
> **이경은(수학)** 모둠으로 모였을 때 해석하는 방법에 대한 이야기를 나누기보다는 잘하는 아이의 해석을 옮겨 적는 게 활동의 대부분이었어요.
>
> **박미경(국어)** 오늘도 양이 많다는 생각이 들었어요.

8반을 참관한 또 다른 교사들로부터 나온 얘기도 비슷했다. 생각보다 아이들이 독해를 잘하지 못하더라는 것이었다. 5모둠에서 준희와 민재는 단어의 발음이나 뜻조차 몰라서 문장 해석에는 거의 끼어들지 못했다. 영호는 중간 정도인데, 자기와 다르게 해석을 한 세영이에게 "왜 이 부분이 그렇게 되는 거야?"라는 식의 문제 제기를 하지 않고 베껴 쓰기만 했다. 그 원인 중에는 해야 할 양이 많은 것도 한몫했다. 영어 문장 18개를 해석해서 우리말로 옮기는 데도 바빴다.

"문장을 끊어서 해석하게 해보면 어떨까요? 아이들이 긴 문장을 어디부터 손대야 할지 몰라서 시작을 못하는 모습이 보였거든요."

아이들이 독해를 못하면서도 모둠에서 서로 논의가 잘 안 이루어지는 현상을 보면서 영어 문장 하나를 한 번에 우리말로 해석하지 말고, 문장을 구나 절로 나눠서 하나씩 우리말로 해석하게 하자는 제안이었다. 먼저 문장을 몇 개의 조각으로 끊어보게 한다. 그러면 어디서 끊어야 할지에 대해 서로 모르거나 차이가 나는 지점들이 잘 드러날 것이다. 그리고 어디서 끊어야 할 것인가에 대해서는 서로 말해보기도 쉬울 것이다. 또한 긴 문장이 아니라 짧게 끊은 문장에 대해서는 해석을 시도해보기도 쉬울 것이다. 이런 제안을 수용하여 수업디자인을 수정하고 일단 아이들이 어떻게 하는가를 보기로 했다.

나는 본문 독해 수업을 한 차시 더 하기로 했고, 그 의견에 모두가 흔쾌히 동의했다. 지난 1, 2차시도 그랬지만 이번 3차시에서도 아이들이 너무 바쁜 면이 있었다. 그래서 차근차근 짚어보면서 모르는 지점을 밖으로 드러내고 함께 공유하면서 제대로 알아가는 과정이 부족했다. 독해를 두 차시로 늘린다면 그런 시도를 해볼 수 있을 것으로 기대되었다.

그날 진행된 수업을 바탕으로 대략적인 시간 배분과 함께 수업 운영 방법도 다시 짚어보았다.

"I / have to / lose weight / for a taekwondo match / next week(나는 / ~해야 한다 / 살을 빼다 / 태권도 시합을 위해 / 다음 주)."

이와 같은 문장 끊기 및 해석 샘플을 제시한 후 개인별 활동으로 문장 끊기를 한다. 그다음 모둠으로 모여 끊은 부분을 공유하고 해석을 한다. 모둠별로 문장을 하나씩 모둠 칠판에 써서 붙이고 발표를 한다. 발표 후에는 아이들로부터 질문을 받게 하고, 다르게 끊은 모둠이 있으면 나와서 표시해보게 하기로 했다.

문장 끊기로 아이들의 생각 잇기

다음 날 7반과 5반에서 독해 수업이 또 있었다. 어제 논의한 대로 양을 줄였고, 문장 끊기 방식을 넣었으며, 모둠 문장 공유를 하기로 했다.

> **이경은(수학)** 끊으니까 단어가 보이나봐요. 그냥 통으로 해석을 할 때보다는.
> **김종수(도덕)** 아이들이 정말 열심히 했어요. 성민이와 경혜도 엄청 몰입해서 했어요.
> **서동석(기술)** 어제는 현준이가 다 불러줬거든요. 민경이가 문장을 읽고, 현준이가 해석을 불러주면, 예진이는 받아썼어요. 예진이는 한마디 하려다가도 다음 문장으로 넘어가면 다시 받아쓰고 그랬어요. 그런데 오늘 끊기 하니까 달랐어요.

내가 문장 끊기를 안내할 때 아이들이 매우 집중해서 들었다. 어제는 문장을 안 보고 친구가 불러주는 해석을 그대로 받아 적는 정도였는데, 이날은 달랐다. 문장을 끊어보려 하는 시도가 보였다. 5모둠은 문장 "Gestures are silent, but say a lot."에서 동사 'are' 앞에서 끊을지 뒤에서 끊을지, 또 'say a lot'을 'say / a lot'으로 끊을지 말지 진지하게 논의하는 모습이었다. 다른 모둠에서는 문장 "You want to say 'yes'."에서 'want to / say'로 끊을지, 'want / to say'로 끊을지를 두고 그랬다. 문장 끊기가 아이들의 모르는 지점들을 드러냈다. 그 지점들을 해결하기 위해 아이들은 자연스럽게 서로 협력했다.

모둠 활동을 할 때도 아이들이 달랐다. 해석을 잘하던 아이가 문장 끊기를 못하자 비로소 서로 논의를 하는 모습이 보였다. 문장을 해석할 때도 일방적이던 모습이 바뀌었다. 다른 모둠에서도 비슷했다. 병우가 'some gestures'를 보면서 "약간의 몸짓들이라고 할 수는 없잖아?"라고 하자, 다은이가 지호를 향해 "넌?" 했고, 지호는 "어떤 몸짓들?"이라며 받았다. 이런 모습을 얘기하면서 참관 교사들은 어제와 오늘이 확 달랐다고 했다.

모둠 활동을 15분 정도 한 다음 모둠 칠판을 가져가도록 했다. 각 모둠별로 정해진 영어 문장을 어떻게 끊었는지 표시하고, 아래에 끊은 대로 해석을 쓰게 해서 칠판에 붙였다.

남경운(과학) 앞에 나와서 발표할 때 모두 쳐다보고 있었어요. 엄청 관심이 많았어요. 아이들이 목을 빼고 보는 상황이었어요. 그런 모습이 보기 좋았습니다.
이경은(수학) 아이들이 나와서 해석할 때 멈칫거리는데,

그 멈칫거리는 걸 전체가 공유할 필요가 있다고 봅니다. 나와서 발표한 다음 발표를 수정하는 것이 이 수업의 핵심이 될 수 있어요.

박미경(국어) 전부 다 못하더라도 중요하거나 쉽다는 것 두어 개라도 아이들이 제대로 해석해보는 게 효과적일 것 같아요.

자기 모둠에서 끊고 해석한 것을 앞에 나와서 발표했을 때에 관한 얘기였다. 아이들이 큰 관심을 가지고 보고 있었는데, 자기들도 모둠에서 같이 고민했던 부분이었기 때문이다. 끊은 부분이 모둠마다 서로 다른 경우가 많았는데, 그냥 넘어가지 말고 그 부분

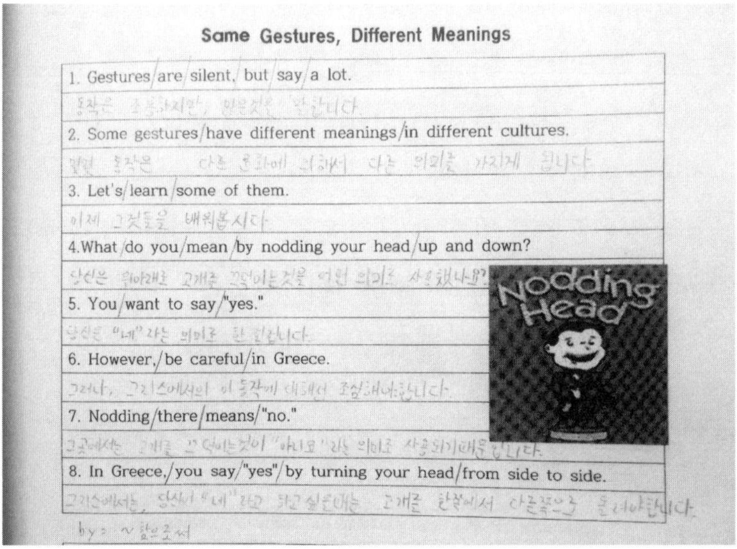

[그림 9] 8단원 본문 독해 활동지 수정안 일부

[그림 1이] 문장 끊기 모둠 칠판

을 부각시킬 필요가 있다는 것이었다. 즉, 다른 모둠에서 누군가 나와서 다시 끊어보게 하고, 서로 다른 점을 비교해보면서 알맞게 수정해가는 과정을 통해서 배움이 일어날 수 있다는 말이었다.

> **남경운(과학)** 당연히 모둠별로 해석하기 힘들었던 문장을 모둠 칠판에 쓰라고 할 줄 알았는데, 모둠별로 지정해주 어서 놀랐어요.
> **수업 교사** 서로 겹칠까봐서요.
> **이경은(수학)** 겹쳐도 괜찮아요. 겹치게 해서 결과가 서로 다르게 나타나는 것이 더 좋아요.
> **수업 교사** 그러면 나도 편해요.

박미경(국어) 네, 어려워서 많이 틀리는 문장을 함께 해보면 다른 문장을 해석할 때 응용할 수 있을 것 같아요.

모둠별로 모둠 칠판에 쓸 문장을 내가 지정해주었다. 전날 논의할 때 그렇게 하기로 가볍게 결정한 것이었는데, 그것보다는 모둠에서 자기들이 끊거나 해석하기 어려웠던 문장을 쓰도록 하는 게 좋겠다는 의견이었다. 어찌 보면 크지 않은 지점들 같지만 나 혼자라면 이렇게 세세한 부분들까지 챙기기는 쉽지 않았을 것이다.

문장 끊기가 지루한 활동이 되면 어쩌지 하는 생각이 있었는데, 실제로 해보니 잘하는 아이들에게는 도전적이고, 못하는 아이들에게는 해볼 만한 것이었다. 본문 독해를 두 차시로 나누니 나도 마음이 편해져서 얼마든지 할 수 있을 것 같았다.

4. 물음표가 느낌표로 변하는 문법과 독해

문법 수업은 교사에게도 어렵다

1학기에는 문법 수업 한 차시에 강의와 모둠 활동을 같이 했다. 먼저 내가 문법을 설명하면 아이들은 듣고 활동지 빈칸을 채웠다. 아이들이 이해가 잘 안 되는 부분을 질문하면 내가 바로 대답했다. 그다음엔 각자 연습 문제를 푼 뒤 모둠으로 모여 답을 맞춰보고 서로 가르쳐주었다. 모둠에서 모르는 것은 나에게 질문했고, 내가 전체를 대상으로 설명했다.

2학기부터는 '친구선생님'에게 배우게 했다. 아이들 중에 선생님을 몇 명 뽑고, 이 친구선생님들이 문법을 가르쳐주는 것이다. 아이들은 먼저 활동지의 문법 설명을 혼자 읽고 공부한 후 그 내용이 얼마나 이해가 되는지 10점 만점으로 표시했다. 그다음 7~9점 사이의 점수를 쓴 아이들을 손들게 하고, 그중 6명 정도를 친구선생님으로 뽑았다. 친구선생님들은 교탁으로 나와서 모르는 부분을 나와 함께 공부했다. 나머지 아이들은 활동지와 필기도구를 들고 교실 뒤편으로 갔다. 6명의 친구선생님들은 모둠 칠판과 보드마커를 가지고 각 모둠에 한 명씩 앉았다. 아이들은 자기가 원하는 친구선생님에게로 가서 그 단원의 문법을 배울 수 있었다. 보통 친구선생님 두 명에게 각각 10분씩 설명을 듣고, 모르는 것은 질문했으며, 이 활동이 끝나면 자기 자리로 돌아갔다. 친구선생님에게 배운 후에 문법이 얼마나 이해가 되었는지 10점 만점으로 다시 표시했다. 이때 점수가 많이 올라간 아이들, 예를 들면 3점에서 7점이 된 아이들이 무엇을 알게 되었는지, 어떤 부분이 더 이해되었는지를 발표했다. 7점 또는 8점에서 10점이 된 아이들의 이야기도 들었다.

문법 시간에 '친구선생님' 방식을 도입할 때 나는 '아이들에게 명확하게 문법 개념이 서지 않으면 어쩌지?' 하는 고민을 했었다. 그런데 그건 강의식 수업을 할 때도 마찬가지였다. '내가 잘 설명했나? 아이들이 알아들었나?'라는 물음표가 있는 건 마찬가지였다.

8단원 문법 활동지는 접속사 when과 to부정사를 익히는 내용이었다. 앞면은 접속사 when을 공부하고 연습 문제를 푸는 활동, 뒷면은 to부정사를 공부하고 그것을 이용해 자기 문장을 쓰는 활동으로 구성되었다. 나는 아이들이 문법을 얼마나 이해하고 쓸 수 있을지 궁금했다. to부정사를 이용해 자기 문장을 쓸 때 "I'm looking for my cell-phone to listen to music."과 같이 다양하게 영작하는 아이들이 몇 명 있었지만, "I turned on the TV to watch TV."처럼 다소 단조로운 표현을 쓰는 아이들이 대부분이었다. 그리고 한두 단어밖에 쓰지 못하는 학생도 섞여 있었다.

> **수업 교사** 오늘 내용을 많이 줄였지만 한 시간에 문법 두 개를 가르치려니 양이 많았어요. 그렇다고 문법을 두 차시로 나누는 건 곤란해요.

이경은(수학) 문법은 앞의 자세한 설명보다는 뒤의 응용을 통해 더 잘 이해되는 게 아닐까요? 그래서 뒷부분을 두세 개 더 해보는 게 앞에서 설명을 많이 듣는 것보다 낫지 않을까라는 생각이 들어요.

남경운(과학) 앞의 Grammar rules 설명 부분에서 예문을 하나씩 뺀다든가 그렇게 하자는 거네요?

나는 활동지 맨 뒷부분의 자기 문장 영작까지 오는 앞 단계가 고민이었다. 활동지 앞부분의 when 예문에는 의문사와 접속사 용법이 각각 하나씩 있었다. to부정사 예문도 명사적 용법과 부사적 용법이 각각 하나씩이었다. 뺄 예문이 없어 보였다.

이경은(수학) 아까 선생님이 앞부분 설명을 어떻게 진행할지에 대해 고민이라고 하셨잖아요. 활동지 내용을 고치는 것이 아니라 진행을 어떻게 할지에 대한 거예요. 그래서 앞과 뒤의 시간 배분을 어떻게 할까를 생각해보면 어떨까요?

수업 교사 저는 앞부분을 15분 만에 끝내고 뒷부분을 많이 하고 싶었어요.

남경운(과학) 오늘 5반에서는 뒷부분 영작에 18분 정도를 했어요. 개인별 활동 8분 포함해서요.

수업 교사 그렇게 많이 썼나요? 그럼 적절한 건데.

남경운(과학) 앞부분을 선생님이 타이트하게 진행시켰어요. 그래서 뒷부분에 시간이 많았어요.

시간 배분 문제가 중심으로 떠올랐다. 그날 나는 두 반에서 문법 수업을 했다. 5반에서 시간 배분이 적절했다는 참관 교사의 말에 나는 기억을 떠올리며 고개를 끄덕였다. 그렇게 진행하면 되겠구나 하는 감이 왔다.

어쨌든 한 시간 안에 아이들이 그 단원의 핵심 문법을 다 알게 하거나, 얼마나 배웠는지 확인하는 것은 불가능할 것 같아요. 만약 제가 덴마크어나 포르투갈어 문법을 배우는데 이런 내용을 한 시간 동안 배웠다면 저도 다 이해를 못 할 것 같거든요. 집에 가서 복습을 해야 어느 정도 내 것이 되겠죠.

아이들이 그 시간에 배운 것을 얼마나 이해했는지 못 미더워하던 나는 내 질문에 내가 대답을 했다. 아이들이 그 시간에 배운 것을 바로 그 시간에 충분히 이해하기를 기대한다는 것은 무리일 수도 있겠다. 참관 교사들과 한참 대화를 나누면서 이런 결론에 도달할 수 있었다.

살아 있는 예문으로 문법 수업 살리기

[표1] 문법 영작 부분 활동지 초안

▶ on your own
  ─ [보기]처럼 to부정사를 써서 내가 어떤 일을 하는 '목적'을 표현해보자.

> [보기] I called my best friend to say 'thank you'.
> (나는 고맙다고 말하기 위해 내 가장 친한 친구에게 전화를 했다.)

- _____
- _____
- _____

이경은(수학) 결국 아이들이 뭔가 하는 시간이 있어야 돼
요. 문법에서도 독해의 문장 끊기처럼 아이들이 스스로
알아가려고 시도하는 장치가 있으면 좋을 것 같아요.

남경운(과학) 이런 건 어때요? 뒷부분을 할 때 남이 쓴 글
에 아이들이 관심을 많이 갖잖아요. 모둠별로 한글 문장
을 하나씩 써서 붙이게 하고 다른 모둠이 그중에 어떤 걸
골라서 영작을 하도록 하면요? 그러면 잘할 것 같은데요.

활동지를 많이 다듬었지만 문법 수업은 여전히 딱딱하고 내가
설명을 많이 해야 해서 힘들었다. 그래서 아이들이 뭔가 재미있게
할 수 있을 만한 활동이 있으면 좋을 것 같았다. 참관 교사들은 몇
가지 아이디어를 제시했다. "아이들이 스스로 해보는 활동을 넣
어보자."라든가 "영작을 하기 전에 먼저 우리말로 문장을 만들어
보게 하자.", "아이들은 친구들의 글에 관심을 많이 가지니까 그걸

이용해보자." 등의 아이디어를 반영해 문법 수업 활동지를 수정했다. 그렇게 수정한 활동지로 문법 차시 수업을 했다.

[표2] 문법 영작 부분 활동지 완성안

※ Task ※

[보기] I called my best friend to say 'thank you'.
(나는 고맙다고 말하기 위해 내 가장 친한 친구에게 전화를 했다.)

— 내가 어떤 일을 하는 '목적'을 [보기]처럼 to부정사를 이용해 표현해보자.

※ 내 문장↓
(우리말) 나는 _____하기 위해 _____했다/한다/할 것이다.

→ (영어) _____

— 친구의 문장 중에서 마음에 드는 것을 옮겨 써보자.

전경아(과학) 저는 7반을 보았어요. '친구들 문장 중 마음에 드는 것 옮겨 쓰기'가 좋은 것 같아요. 다른 아이들 것 열심히 보면서 관심을 가졌어요.

수업 교사 기억에 남는 문장 한 개만 뽑아서 써보게 했거든요. 아이들이 쉽게 잘 썼어요.

전경아(과학) "나는 공부하기 위해 게임한다."라고 써놓고, 자기가 "헉!" 하고 놀라기도 했어요. 연정이는 "나는 성질을 죽이기 위해 나쁜 말을 하지 않는다."라고 써놓고 "I don't talk bad word to control my mind."라고 영작했어요. '연정이가 잘하는 아이가 아닌데?' 하면서 저는 깜

짝 놀랐어요.

수업 교사 연정이가 이거 영어로 어떻게 하냐고 모둠 친구들에게 물어봤어요. 모르는 단어는 인터넷 영어사전도 찾아보고 모둠원이 함께 의논해서 문장을 만들었어요.

박미경(국어) 그러니까 생각이 있으면 나오는 거예요, 말이라는 것은.

전경아(과학) 아이들이 옆으로 비스듬히 앉아 있다가도 모둠 활동 하라고 하면 허리를 세우고 쳐다봤어요.

활동지 초안에 비해 중요한 부분이 살고 예문이 더 들어가면서 연습을 충분히 할 수 있어서 아이들이 재미있게 더 잘했다는 의견이었다. 우리말로 문장을 먼저 써보게 함으로써 아이들이 공감할 만한 표현들이 나왔다. 다른 친구들의 문장 중 맘에 드는 것을 골라서 쓰는 활동도 아이들을 더 잘 참여하게 했다.

공개수업은 어떤 차시로?

다른 교과 교사들이 영어 수업을 참관한 지 2주가 지났다. 수업 모임 교사들은 8단원의 정리 차시를 제외하고 1차시부터 5차시까지 수업을 모두 참관했기 때문에 9단원의 어떤 차시를 공개수업으로 할지에 대해 논의했다.

박미경(국어) 독해 첫 번째 차시나 두 번째 차시가 좋을 듯해요.

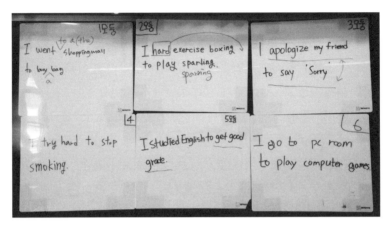

[그림 11] 8단원 문법 영작 부분 모둠 칠판

서동석(기술) 저는 독해 첫 번째 차시가 좋다고 생각해요.

박미경(국어) 아직 우리가 9단원 본문 내용을 안 봤잖아요? 그 내용 중에 하기 좋은 차시를 하는 것이 좋겠어요.

이경은(수학) 두 개 차시가 다 문장을 끊어서 해석을 해보는 것이잖아요. 첫 번째 차시 수업을 해보면, 두 번째 차시 수업을 하기가 수월할 것 같아요. 내용이 비슷할 테니까요.

남경운(과학) 독해 두 번째 차시가 더 편안하게 할 수 있겠다는 거지요?

영어가 아닌 다른 교과 교사들이 공개수업 차시를 정하는 데 더 적극적으로 의견을 말하고 있었다. 2주 동안 수업 참관을 바탕으로 수업설계에 대한 논의를 함께 해왔다. 대략 본문 독해를 하는 두 차시 중 한 차시가 공개수업 차시가 될 것이라는 데까지 의견이 모아졌다. 공개수업 차시에 대해 나는 이렇게 말했다.

"수업모임에서 한 단원 전체를 함께 점검하고 만드는 과정이 무척 좋았습니다. 그중에서도 문장 끊기 방식을 처음 시도해본 독해 수업 첫 번째 차시로 해보고 싶어요."

수업모임에서 결정한 대로 9단원 공개수업 차시 사전 수업을 시작했다. 아이들은 모둠에서 문장을 끊고, 끊어진 부분만 따로 해석을 해서 우리말로 써놓은 다음, 그것을 모아서 전체 해석을 완성했다. 학원을 다녀서 미리 해본 아이들은 통 문장 해석은 잘하는데, 정작 끊어놓은 부분의 해석은 잘 못하는 경우가 많았다.

> 오늘 과제 안내에 3분 주었어요. 혼자 문장을 끊어보는
> 개인별 활동에 6분, 이어서 모둠 활동에 13분 주었고요.
> 모둠 칠판에 써서 붙이는 데 4분 걸렸어요. 그래서 모둠
> 문장 공유 시작할 때 19분 남았었는데 문장 공유를 오래
> 해서 마지막 'My note'를 할 시간이 부족했어요.

각 모둠에서 중요하다고 생각하는 문장을 모둠 칠판에 써서 칠판에 붙이고 공유했다. 그런데 모둠 문장 공유에 20분 가까이 시간을 쓰는 바람에 마지막 단계인 'My note'를 할 시간이 부족했다. 그러면 어떤 방법이 있을까?

> **남경운(과학)** 끊어도 그만, 안 끊어도 그만인 문장을 공유
> 할 때는 약간 밋밋했어요. 그래서 명확하게 틀리게 끊었

거나 해석이 잘 안 되는 문장을 다루는 게 좋겠어요.

수업 교사 그러면 모둠 문장이 칠판에 붙었을 때 그것을 다 다루지 않아도 된다는 말씀인가요? 저는 일단 썼으면 아이들에게 말을 다 해보게 해야 된다고 생각했거든요.

서동석(기술) 다른 교과 수업을 할 때도 모둠 칠판 여섯 개가 붙으면 다 다루지 못해요. 그거 다 하면 시간이 부족하니까요. 그래서 그 시간의 학습목표랑 가장 가깝게 쓴 것부터 시작해서 두세 개 정도 다루거든요.

한정된 시간을 효과적으로 사용하기 위해서는 아이들도 옥신각신할 만한 문장을 먼저 다루는 것이 좋다는 의견이었다. 오늘 같은 경우는 5번 문장 "What do you think of when you hear 'French bread'?"가 그랬다. 이 문장에서 of 앞에서 끊은 모둠과 of 뒤에서 끊은 모둠이 나뉘었다. 이 부분을 공유할 때 아이들은 자기 활동지에 빨간색으로 표시를 하며 집중해서 들었다.

수업 교사 공유할 때 함께 얘기해볼 만한 문장은 2번, 5번, 7번, 그리고 3번, 10번 문장이에요.

서동석(기술) 그러면 모둠 활동할 때 아이들이 그런 문장에서 이야깃거리가 나올 만하게 끊는 모둠이 있나 보았다가 그 모둠에게 그 문장을 쓰도록 지정해주는 건 어때요?

아이들이 고른 모둠 문장을 칠판에 붙여놓고 공유할 때 좀 더 이야깃거리가 생기도록 하기 위한 제안이었다. 예를 들어 5번 문

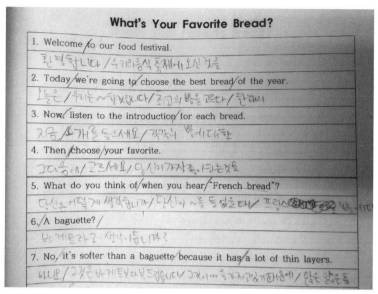

What's Your Favorite Bread?

1. Welcome to our food festival.

환영합니다 / 우리음식 축제에 오신 것을

2. Today, we're going to choose the best bread of the year.

오늘은 / 우리는 ~할 것입니다 / 최고의 빵을 고른다 / 한 해의

3. Now, listen to the introduction for each bread.

지금 / 소개를 들으세요 / 각각의 빵에대한

4. Then, choose your favorite.

그다음에 / 고르세요 / 당신이 가장 좋아하는 것을

5. What do you think of when you hear "French bread"?

당신은 어떻게 생각합니까 / 당신이 ~를 들었을 때 / 프렌스~~ 를~~ 에 대한

6. A baguette?

바게트라? / 생각이 듭니까?

7. No, it's softer than a baguette because it has a lot of thin layers.

아니요 / 그것은 바게트보다 더 부드럽습니다 / 그것이 ~ 층을 가지고 있기 때문에 / 많은 얇은 층

[그림 12] 9단원 본문 독해 1차시 활동지 일부

장을 서로 다르게 끊는 모둠이 두 모둠 있다면, 그 두 모둠에게 5
번 문장을 지정해주자는 것이었다. 나는 잠시 생각하다 말했다.

저는 밋밋하더라도 아이들에게 결정을 맡기면 좋겠어요.
왜냐하면 모둠에서 문장을 정하면서 서로 설왕설래할 것
이고, 자신들이 뽑은 문장이 앞에 붙어 있어야 아이들이
더 관심 있게 볼 것 같거든요.

8단원 본문 독해 차시 수업을 할 때 모둠 문장은 각 모둠에서 정
하는 것으로 이미 결론이 났었다. 오늘 다른 이유로 문장을 지정
해주자는 의견이 다시 나왔지만 결정이 바뀌진 않았다.

이번 수업의 키포인트가 무엇일까 생각해보았어요. 아이
들이 함께 논의해서 문장 하나를 여러 문구로 끊어내고,
이를 어떻게 해석할 것인가 의견을 모으는 것이라고 생각
합니다.

대체로 모둠 활동의 결과를 반 전체가 공유하는 순간이 그 수업
의 핵심이 된다. 그런데 그 전 단계인 모둠 활동 또한 아이들이 고
민하면서 서로 배워나가는 순간이 많이 있으므로 소중하게 생각
하자는 것이었다.

두려운 수업 vs 두근거리는 수업

거의 3주에 걸친 사전 수업 공개 및 참관을 마쳤다. 한 달 전에
비해 가장 달라진 점은 나와 아이들 간의 양방향 소통이 많아졌다
는 점이다. 나 스스로 그것을 느끼고 있었다. 한 달 전에 내 사전
수업을 처음 참관한 수업모임 교사들은 우스갯소리로 나를 친절
한 공장장이라고 했다. 나는 촘촘한 시간 간격 사이마다 빈틈없이
정해진 계획을 진행시켰다. 아이들은 45분 동안 내가 만든 수업을
소화하기 바빴다. 그리고 공개수업 전 주 금요일에 7반에서 9단원
독해 첫 번째 차시 마지막 사전 수업이 있었다. 공개수업은 9반에
서 이 수업을 하는 것으로 결정했다. 공개수업 전 마지막 사전 수
업을 참관한 교사들은 이렇게 이야기했다.

모둠 활동을 한 다음 문장을 하나 정할 때 선생님이 어려운 거나 의견 갈린 것을 쓰라고 하니까 6모둠에서는 바로 7번 문장으로 정했어요. 6모둠은 거기서 가장 얘기를 많이 했었거든요.

모둠 문장 공유할 때 "어색한 부분 말할 수 있는 사람?"이라든가 "모둠 칠판 보고 자기 활동지에서 틀린 것 고쳐보세요."라는 발문이 아주 좋았어요. 그때 아이들 눈빛이 살아서 움직였어요.

개인별 활동에서 6분, 모둠 활동에서 19분, 합해서 총 25분 동안 아이들이 스스로 생각해볼 수 있었고요. 또 모둠 친구들과 의견을 서로 주고받으며 고민을 해볼 수 있었습니다. 그랬기 때문에 모둠 칠판에 안 붙은 문장을 선생님이 짚어줄 때도 아이들이 집중했어요.

　사실 나는 변화를 그다지 좋아하지 않는다. 그래서 수업 혁신에 적극적으로 나서기보다는 일단 수업모임에 가서 보고 듣기만 할 생각이었다. 한 학기 동안 다른 선생님들의 수업을 참관하고, 아이들이 수업 시간에 실제로 하는 걸 보면서 이상과 현실의 차이를 실감했다. 타 교과의 공개수업 만들기에 참여하면서 나도 모르게 내 수업도 변하기 시작했던 것 같다. 그리고 그 과정에서 배운 것들을 나름의 방식으로 적용해서 나만의 수업 틀을 만들고자 노력했다. 수업 모임에서 논의한 것을 반영해서 내 수업 틀을 70% 정도 만들었다는 확신이 들면 그때 수업을 공개해야지 마음먹고 있었다. 공개수업에 자원할 때는 사실 수업설계를 80% 정도 완성했다고 생각했다. 그런데 공개수업 한 달 전 수업모임에 제출한 활동지와 수업설계를 공개수업을 마치고 다시 살펴보니 감회가 새로웠다. 불과 한 달 전인데 내 수업에 꽤 많은 변화가 생긴 것이다.

변화는 나의 내면에도 일어났다. 아이들을 좀 더 알고 이해하고 믿게 되었다. 영어를 잘 못해서 내 앞에서 움츠리던 아이가 친구들에게는 편하게 물어봤다. 이미 알고 있어서 별 흥미가 없을 것 같던 아이는 친구들을 가르쳐주면서 신이 났다. 아이들이 조금 부족하고 때론 멈칫거려도 함께 해답을 찾는 것을 보았다. 수업 시간에 아이들의 생각과 실력이 그대로 드러나는 것을 이젠 견딜 수 있다. 아이들이 살짝 다른 길로 새다가도 이내 수업으로 돌아온다고 믿기 때문이다.

그리고 동료 교사들을 의지하게 되었다. 나 혼자 고민해서 수업을 만들던 1학기에는 모둠 칠판 여섯 개가 붙을 때 늘 긴장을 했다. '이후 수업을 어떻게 진행해야 하나?'라는 부담감 때문이었다. 그런데 다른 교사들의 수업을 참관하고 내 수업을 공개하면서 그런 두려움이 많이 사라졌다. 다른 교사들의 수업은 종종 내 수업을 바라보는 거울이 된다. 때로는 아이들과 같은 눈높이로, 때로는 교사로서 각자의 경험과 통찰력을 가지고, 서로 수업을 들여다보고 다듬고 더 좋게 만드는 것은 매력적인 일인 것 같다.

무엇보다 수업에 대한 의욕이 생겼다. 내가 알고 있는 것을 내

방식으로 전달하는 것이 아니라, 아이들이 알고 싶은 것이 가득한 수업을 만들고 그 안에서 소통하고 싶다. 출근길에 '오늘도 같은 이야기를 수차례 반복해야 하는구나.'라는 생각 대신 '오늘은 아이들이 어떤 이야기를 할까? 그 이야기들을 잘 꿰었을 때 어떤 모양일까?' 기대하게 된다. 두려운 수업이 아니라 두근거리는 수업을 만들고 싶다. 나는 막 내 수업의 터닝 포인트를 지났다.

무거운 사회 교과 개념에 가볍게 다가가기

사회 1학년 '경제활동과 희소성'

조윤성

공개수업의 주제는 1학년 사회 〈경제생활의 이해〉 단원 중 '경제활동과 희소성' 소단원의 '희소성' 개념이다. '희소성'은 인간의 욕구는 무한하지만, 욕구를 충족할 수 있는 자원은 유한한 상태를 말한다. 공개수업을 앞두고 세 차례의 사전 수업을 가졌고, 그때마다 여러 차례의 전후 모임을 통해 활동지를 수정해갔다. 묵직한 사회 교과를 어떻게 아이들에게 사뿐히 내려앉힐까 궁리했다. 활동지는 10번의 수정을 거치며 날렵하게 다듬어졌다. 활동지를 수정하고, 수정된 활동지로 수업을 하면서 그것이 아이들에게 어떻게 다가가는가를 살폈다. 이 과정에서 교사와 아이들 사이에 가르침과 배움이 선순환하는 즐거움을 만끽할 수 있었다.

1. 자원의 희소성 개념을 활동지로 풀어내기

수업모임 교사, 공개수업 차시 내용을 가려보다

11월 공개수업을 준비하기 위한 수업모임 첫 번째 회의를 11월 9일 가졌다. 첫 모임에서는 공개수업을 몇 차시 수업으로 할지와 그 전 차시를 어떤 단원으로 할 것인지를 토의했다. 여러 의견이 있었지만 공개수업 전 차시는 '경제의 정의 및 경제활동의 종류'를 다루고, 공개수업 차시에서는 '희소성의 개념과 이를 선택의 문제와 연관 짓는 단계'를 다루기로 했다.

나는 전 차시에서 '경제의 정의'를 다루면서 아이들의 활동으로 최후통첩 게임을 응용해 경제학의 대전제인 이기적인 인간 존재를 넘어 협동적 인간도 존재한다는 사실을 담으려 했다. 이것은 사회 교과가 상당히 무거운 주제를 다뤄야 한다는 사회 교사들의 일반적 관념을 보여주는 것이기도 했다.

모임에 참석한 교사들은 경제활동의 대상인 재화와 용역에 관한 개념 정의를 교과서가 아니라 아이들과 부모님의 평소 경제활동 속에서 찾아보는 활동으로 바꿀 것을 제안했다. 이에 따라 "내가 일상생활에서 가장 많이 사용하는 재화와 서비스는?" 식으로 활동지의 내용을 수정하기로 했다. 그리고 경제활동인 생산, 분배, 소비의 개념들도 학생과 어머니가 전철을 타고 마트에 가서 물건을 사는 과정을 되짚어봄으로써 경제활동의 개념들을 익히도록 활동지를 구성했다.

공개수업 차시에서 다루는 주제로 계획한 것은 '희소성과 연결되는 기회비용의 개념'이었다. 그러나 논의를 하면서 아이들이 '희소성'과 '기회비용'이라는 두 가지 개념을 동시에 이해하기는 어렵다는 의견이 많이 나왔다. 자원의 희소성을 전제로 경제적 선택이 이루어지고, 보다 합리적인 선택을 위하여 고려해야 하는 것이 기회비용인데, 일단 희소성이란 개념을 아이들이 자기들 수준에서 제대로 이해하고 이를 일상의 예에서 찾아보는 것도 만만치 않은 일이라는 의견이 많았다. '희소성'과 '기회비용'을 동시에 다루기는 버겁다는 데 대부분 동의했다. 그래서 '희소성'만 다루는 것으로 정리했다.

이와 같은 논의에 따라 처음 만들어 제시한 공개수업 활동지 초안은 다음과 같다.

[표1] 공개수업 활동지 초안 (1)

---

[1] 다음 속담과 관련된 여러분의 경험의 예는?

"바다는 메워도 사람의 욕심은 메울 수 없다."

---

[2] 물과 다이아몬드 중 어느 것이 더 사람들에게 소중할까?
둘 중 어느 것이 시장에서 더 비쌀까? 그리고 그 이유는?

① 소중한 정도 : 물 □ 다이아몬드
② 비싼 정도 : 물 □ 다이아몬드
③ 그 이유는? : _____

[표2] 공개수업 활동지 초안 (2)

[3] 다음 예들의 '희귀함'과 '희소함'의 정도를 '크다', '작다'로 표시해보세요.

예	희귀한 정도	희소한 정도
① 걸 그룹 ○○○의 한정판 CD		
② 1970년대에 생산되었던 구식 TV 세트		
③ 매장량이 상대적으로 구리보다 풍부한 석유		

위의 비교를 통해 알 수 있는 사실은?

[4] 다음 두 가지 경우에 여러분의 선택과 생각은?

〈 경우 1 〉
7월달 3교시 체육 시간 오래달리기를 마친 후 교실.
우리의 담임 샘께서는 아이들에게 주려고 빵 13개, 생수 13병을 미리 갖다 놓으셨다. 둘 중 한 가지만을 먹을 수 있는 조건이라면 여러분의 선택은?

〈 경우 2 〉
똑같은 수의 빵과 생수를 점심 식사 마친 5교시 시작과 더불어 아이들이 수업에 잘 참여한다고 칭찬하며 나누어주는 사회 샘에 대해 여러분은 어떤 생각을 할까? 그렇게 생각한 이유는?

[5] '자원의 희소성'은 [   ] 에 비해 자원이 상대적으로

[   ] 할 때 나타난다.

[6] 다음은 '희소성'을 정의한 만화 내용인데 □에 알맞은 말을 넣어보세요.

[자료 출처 : 클릭경제, 글 : 박진채 KDI경제정보센터, 그림 : 이진택]

수업모임 교사, 용어의 혼란을 짚어주다

활동지 초안에 내가 담으려고 의도한 것은 인간의 욕망과 희소성의 관계였다.

활동 1은 '인간의 욕망은 한없이 크다는 것'을 속담을 통해 정리한다. 활동 2는 물과 다이아몬드인데, 물은 인간에게 소중하지만 존재량이 적은 다이아몬드가 더 비싸다. 아이들이 쉽게 답할 것 같은데, 이걸 했던 이유는 존재량 자체가 희소성에 영향을 준다는 것. 그러나 우주선을 타고 가는 우주인에게 고르라고 하면 물을 고를 것이고, 따라서 일반적인 상황에서 생각하도록 했다. 활동 3은 존재량과 상관없이 희소성이 인간의 욕구에 따라서 결정된다는 것을, 활동 4는 상황에 따른 희소성을 생각해보도록 하자는 의도이다. 그리고 활동 5와 활동 6은 만화를 통해 희소성의 개념을 정리해보려는 뜻이다.

활동지 초안을 훑어본 수업모임 교사들의 눈에 가장 먼저 들어온 것이 활동 3의 '희귀함과 희소함'의 차이를 나누어보는 활동에 관한 것이었다.

> **박미경(국어)** 국어 시간에 이런 단어를 다루는데⋯⋯. 옛날에 찍어낸 50원짜리 동전이 시간이 흘러 적어지면 20만 원까지 가요. 그러니까 희귀하면 결국에는 희소하게 될 가능성이 높아져요. 아이들에게 희귀와 희소의 차이를 구분하는 게 그렇게 필요할까라는 생각이 들어요. 이

부분은 희소함 자체에 초점을 맞추고 욕망에 대해 다루면
어떨까요?

서동석(기술) 활동 2는 물보다 다이아몬드가 희귀하니까
희소하다는 이야기이니, 활동 3은 희귀하다는 말은 안 써
도 되지 않을까? 아이들에게 오히려 혼란만 주는 게 아닐
까 싶어요. 그냥 2번만 하고 3번을 없애도 희소성을 생각
해보는 역할을 할 수 있을 듯합니다.

수업 교사로서 나는 양이 아무리 적어도, 즉 희귀해도 인간의
필요가 닿지 않으면 희소성이 없다는 것을 말하려고 했던 것인데,
비슷한 용어 자체가 아이들에게 혼란을 줄 수 있다는 의견이 많았
다. 차라리 인간의 욕망과 필요에 따른 희소성 문제에 초점을 맞
추는 것이 어떠냐는 것이었다. 수업모임 교사들은 이 활동지를 쓴
다고 할지라도 보기에 든 예들이 과연 아이들의 감각에 맞겠느냐
는 말과 함께 질문 방식도 너무 열려 있다는 의견도 제시했다. 내
입장에서는 희소(scarce)와 희귀(rare)의 차이를 통해 존재량과 인
간의 욕망 사이의 관계를 풀어보려던 것인데, 수업모임에서 교사
들은 지금 활동 3의 과제로는 아이들이 그런 목표에 도달하기가
힘들 것 같다는 의견이었다.

수업모임 교사, 구체적인 상황 제시의 필요를 제안하다

수업모임 교사들은 이어서 활동 4의 문제점도 꼼꼼하게 검토했

다. 내 의도는 이 활동을 통해 특정한 상황에서 필요와 욕구가 달라지고 이것이 재화의 희소성에 영향을 준다는 것을 알게 하려는 것이었다.

> **남경운(과학)** 그런데 복도 정수기에서 물을 먹을 수 있잖아요?
>
> **이경은(수학)** 딴 데로 새버릴 수 있으니 그것까지 조건을 주어야 되겠어요.
>
> **박미경(국어)** 이렇게 상황을 주는 게 아니라 애들더러 쓰라고 하면?
>
> **이경은(수학)** 애들이 개념을 알아야 쓸 수 있을 텐데. 2번을 어떻게 하느냐에 따라서…….
>
> **박미경(국어)** 그러면 여러 가지 물건을 주고 전쟁이 났다고 해보자. 전쟁과 평화의 상황에서 선택이 다르게 이루어질 것인데, 그것들의 우선순위를 정해보고 비교해보면 희소성에 대해 알게 되지 않을까요?
>
> **수업 교사** 일상이라고 하는 상황에서의 필요와 절박한 전쟁 상황에서의 필요는 차이가 있을 테니까. 어차피 여기서 포인트는 상황이라는 것에 따라서 희소성이 달라진다는 것이니까. 체육 시간과 5교시는 애들에게 식상할 수도 있을 것 같네요, 내가 만들었지만.

활동 4는 여러 가지 조건 변수를 통제해야만 하기 때문에 차라리 '전쟁'과 '평화'라는 극단의 상황을 설정하자는 제안이었다. 이것은 명확히 대비되는 상황에서의 선택을 통해 아이들이 희소성의 개념을 제대로 이해하게 되지 않겠느냐는 추론에 근거한 것이다.

수업모임 교사들의 또 다른 여러 제안들이 쏟아졌다. 활동 1의 속담을 읽고 아이들의 경험을 써보라는 활동 또한 아이들에게 너무 어려워 시간이 많이 소모된다는 것이다. 이런 의견을 밝힌 교사는 이 활동 없이 바로 활동 2로 시작하자는 제안을 했다. 또 어떤 교사는 현재의 활동 3과 활동 4의 의도를 통합해 필요와 욕구의 크기 변화와 상황을 따로 다룰 것이 아니라 전쟁이라는 상황 속에서 함께 다루어 희소성의 개념을 파악하게 하자는 제안을 했다. 또 다른 교사는 아이들이 파악한 희소성 개념을 자신의 경험에서 찾을 수 있도록 상황을 만들어보게 하자는 제안을 했다. 그리고 활동 5는 개념 정리라고 할 수 있는데, 따로 배치하지 말고 활동 6의 만화를 통해 개념 정리가 이루어지도록 하자는 제안도 있었다.

2. 자원의 희소성 개념을 더 구체화하기

아이들은 교사의 질문 방식을 되묻는다

사전 수업은 수업모임에서 수정한 활동지를 다른 학급에서 수업 공개 전에 적용해보는 시간이다. 일종의 활동지에 대한 시험이라 할 수 있는데, 사전 수업 후 매번 그날 오후에 모여 수정된 활동지에 대한 아이들의 반응을 점검하고, 이에 근거해 또다시 활동지 수정을 거치게 된다. 지난 수업모임을 통해 제안된 의견을 반영하고 수정하여 1차 사전 수업에 사용한 활동지는 다음과 같다.

[표3] 공개수업 활동지 1차 수정안 (1)

[1] 물과 다이아몬드 중 어느 것이 더 사람들에게 소중할까?
　　둘 중 어느 것이 시장에서 더 비쌀까? 그리고 그 이유는?
　　① 소중한 정도 : 물 □ 다이아몬드
　　② 비싼　정도 : 물 □ 다이아몬드
　　③ 그 이유는 ? : ＿＿＿＿＿＿＿＿＿＿＿＿＿＿＿＿＿

[2] '전쟁'이 일어난 상황에서 아래 〈보기〉 중 여러분이 챙기고 싶은 것들을 우선순위에 따라 세 가지를 골라보세요.

〈보기〉
게임기, 쌀, 만화책, 부탄가스, 걸 그룹 한정판 CD, 생수, 거울, 시집, 목탁, 고데기, 라면, 십자가, 라이터, 화장품, 소설 책, 촛불, 수저, 곰돌이 인형

　　①　　　　　②　　　　　③

위의 선택을 통해 알 수 있는 사실은?

＿＿＿＿＿＿＿＿＿＿＿＿＿＿＿＿＿＿＿＿＿＿＿

[표4] 공개수업 활동지 1차 수정안 (2)

[3] 다음 〈보기 1〉의 신문 기사를 읽고, 우리 주변에서 볼 수 있는 비슷한 상황을 〈보기 2〉에 한 가지씩 적어보세요.

〈보기 1〉

IT(정보기술), BT(생명공학기술) 산업에 주력하고 있는 국내 산업에 필수 광물인 희토류(稀土類 : 희귀한 흙) 국제가격이 지난해 큰 폭으로 올랐고, 중국 의존도도 심화된 것으로 조사돼 대책 마련이 시급한 것으로 밝혀졌다.
한낱 가치 없는 돌덩어리로 간주되던 광물들이 사회와 산업의 변화로 고부가가치를 창출하는 상품으로 귀한 대접을 받게 된 것이다.　　　- 전자신문(2012.1.30)

〈보기 2〉

[4] 다음은 '희소성의 원리'를 설명한 만화입니다. ☐ 에 들어갈 알맞은 말을 적어보세요.

(만화 생략)

　　아이들에게 던지는 질문의 방식에 따라 아이들의 반응은 달라진다. 내가 알고 있는 내용을 아이들에게 묻기 위해 질문을 던지지만, 질문의 내용에 대해 아는 것이 별로 없는 아이들에게는 질문이 모호하고 어렵게 들리기 마련이다. 나의 질문에 대한 아이들의 이러한 반응은 새로운 질문의 방식을 고민하도록 만든다.

　　남경운(과학)　활동 2에서 '위의 선택을 통해 알 수 있는 사실은?'이란 질문 자체가 애매해서 아이들이 절박하게 생존에 필요한 것을 골라야 하는 것인지, 아니면 전쟁과 일상을 비교해야 한다는 것인지 헷갈려한 것 같아요. 선생

님의 의도는 후자일 텐데요. 활동 1의 질문 '그 이유는?'
도 비슷하게 모호했던 것 같아요. 물이 다이아몬드보다
소중한 이유를 쓰라는 건지, 다이아몬드가 더 비싼 이유
를 쓰라는 건지, 아니면 둘 다 쓰라는 건지 애매해서 거기
서도 아이들의 답이 서로 엇갈렸던 거예요. 그래서 그 두
질문이 구체적인 걸로 바뀌어야 할 듯해요.

서동석(기술) 활동 2에서 '알 수 있는 사실은?'이라는 질문
이 너무 폭넓은 것 같아요. 의도는 전쟁 상황일 때와 평화
상황일 때의 차이, 필요한 물건의 차이를 통해서 생각해
보는 것이었는데, 아이들은 그런 의도를 알기가 힘들었을
듯해요. 일상으로까지 연결하기가 어려웠겠어요. 그래서
활동 2를 이렇게 바꾸면 어떨까요? 같은 보기를 주고, 전
쟁일 때와 일상일 때의 ①, ②, ③을 골라보게 하는 식으
로. 그리고 질문을 '전쟁일 때 평소와는 다른 선택을 하게
되는 이유는 뭘까?'로 준다면 아이들이 쓰기도 쉬웠을 거
예요. 활동 1의 질문도 양이 적어 비싸다는 것을 끌어내
려면 '물과 다이아몬드 중 어느 것이 시장에서 더 비쌀까?
그 이유는?' 정도로 간단하게요.

활동 2의 질문은 일상과 전쟁 상황의 차이에 따라 인간의 필요
와 욕구의 차이가 생기고 재화의 희소성이 달라질 수 있다는 것인
데, 아이들의 입장에서는 어려운 질문이었다. 수업모임 교사들의
제안처럼 질문의 형식을 바꾸어 아이들이 무슨 활동을 할지에 초
점을 맞추었다면 아이들은 훨씬 활발한 활동을 했을 것이다.

아이들은 충분한 시간과 구체적인 상황을 원한다

아이들의 수업 참여에 영향을 주는 계기는 다양하다. 우선 중요한 것이 시간이다. 개인별 활동, 모둠 활동, 자신들의 의견을 새롭게 추가할 시간이 얼마나 배정되느냐에 따라 학습 방식은 달라진다. 아이들에게 활동 과제를 위해 부여하는 상황의 구체성 여부도 영향을 준다. 또한 아이들에게 질문할 때 아이들이 응답할 수 있는 범위에 제한을 두는 것도 중요하다.

> **서동석(기술)** 찬호가 "물과 다이아몬드에 대한 욕구가 다르니까"라고 얘기했을 때, 이 얘기를 판단하기가 애매했던 것 같아요. 아이들의 얘기를 들을 때, 하나를 듣고 판단이나 해석을 내리기 전에 계속 몇 명 아이들의 얘기를 들어보는 것은 어떨까요? 활동 2를 하면서 바로 모둠 활동으로 들어갔는데, 개인별 활동을 한 다음에 모둠으로 모여서 하는……
>
> **박나현(사회)** 활동 2에서 아이들이 전쟁이라는 상황을 "7시간 만에 끝나면 어떡하지?" 이렇게 가볍게 생각하기도 했어요. 그러면서 게임기도 고르고 책도 고르고 이러는 거예요. 그래서 전쟁이 꽤 오랜 기간 지속된다는 식으로 조건을 줘야 할 것 같아요.
>
> **박미경(국어)** 활동 3의 지문 서술 방식이 너무 어려운 단어로 되어 있는 것은 아닌가요? '고부가가치' 등의 표현을 '귀한 대접을 받게 된'으로, '중국 의존도'를 '우리나라와

일본을 상대로 가격을 올릴 것을' 등으로 쉽게 바꿔보면 어떨까요?

서은지(영어) 활동 2의 보기에서 아이들이 골라야 하는 것들의 내용이 아이들의 생활 감각과 좀 동떨어진 것들이 많아요. 시집, 목탁? 이것들 이상하지 않은가요? 차라리 아이들이 고르고 싶은 것을 써넣게 하면 어떨까라는 생각도 들어요.

희소성 개념 제시 방식을 바꾸다

수업모임 교사들은 아이들에게 생각할 시간을 충분히 주어야 한다는 점, 활동의 조건을 명확히 제시해야 한다는 점, 아이들이 가깝게 받아들일 수 있는 지문과 보기를 제시해야 한다는 점 등을 나에게 조언해주었다.

수업모임에서는 활동지에 희소성의 개념 서술을 넣어서 아이들이 사전에 그것을 받아들이도록 할 것인지를 논의했다. 나는 그렇게 활동지에 희소성 개념을 미리 제시하고 싶지는 않았다. 나는 아이들이 여러 가지 활동을 통해 개념을 이해하고 자신들의 단어로 그 내용을 표현하기를 원했다. 그리고 마지막에 나오는 만화를 통해 아이들이 교과서의 희소성 개념을 완전히 숙지하는 과정을 구상하고 있었다. 수업을 참관한 수업모임 교사들은 활동 2에서 개념을 정리하고 활동 3으로 넘어가면 좋겠다는 의견을 많이 제시했다. 문제는 개념을 정리할 정도로 아이들이 자기 방식의 표현들을 풍부하게 내놓느냐와, 어떤 내용을 어떤 방식으로 어느 시기에 정리할 것이냐인데, 앞으로의 사전 수업 논의 속에 이런 점들이 계속 거론된다.

> **남경운(과학)** 활동 2에서 희소성이라는 개념을 딱 정리하고 넘어가면 어떨까 해요. 아까 나온 전쟁과 평화 시에 필요한 물품을 쓰게 하고, 그것을 고른 이유가 뭐냐, 선택의 기준이 뭐냐를 쓰도록 하면 희소성의 개념이 나올 듯해요. 거기에서 희소성이라는 말이 정리가 된 뒤, 활동 3에서 희소성이라는 말을 사용하면서 예시를 쓰도록 하면 어떨까요?
>
> **박미경(국어)** 처음 활동지 초안에 들어 있던 '자원의 희소성은 [   ]에 비해 자원이 상대적으로 [   ]할 때 나타난다.'라는 개념 정의가 빠졌어요. 개념 정의가 앞부분에 제대로 배치되었다면 활동 2에서 아이들이 보다 초점을 맞추어 예를 고르고 정리를 했을 텐데요.
>
> **서동석(기술)** 활동 2에서 희소성의 개념을 정리하고, 활동 3에서 쓴 것을 토대로 '희소성을 통해 경제 문제가 나타난다, 그 전에는 문제가 안 되었던 것이……' 이렇게 활동 3에서는 희소성을 넘어서 선택에 의한 경제 문제로 갈 수 있다고 봅니다.

수업 교사의 일종의 고집이랄까. 나는 평소에 교과서 개념을 미리 던져주고 아이들이 이에 맞추어 예를 골라내는 방식보다는, 주어진 상황 속에서 아이들이 궁리를 하고 정리하는 과정에서 개념의 얼개가 드러나는 방식을 선호하는 편이다. 미리 답을 주고 예를 찾아보라는 식의 방식이 싫어 아이들이 자신의 활동 가운데 개념을 찾아보는 일종의 귀납적인 정리 방식을 주로 활용해왔고, 이번 활동지에서도 마지막에 만화를 통해 간단히 개념을 정리하는 것을 구상했었다. 수업모임 교사들의 제안을 들으니 이번 활동지에서는 중간에 개념 정리를 어떤 형식으로든 배치해 다음 활동의 매끄러움을 확보할 필요가 있겠다는 생각을 하게 되었다.

3. 수업 교사의 수업의 한계를 짚어보기

수업 교사의 사각지대를 살펴보다

1차 사전 수업 후 수업모임에서 논의한 결과를 반영한 활동지를 가지고 두 번째 사전 수업을 하게 되었다. 수정된 활동지는 다음 과 같다.

[표5] 공개수업 활동지 2차 수정안 (1)

[1] 다음 중 시장에서 더 비싼 것을 부등호로 표시하고 이유를 써보세요.
  ① 물 □ 다이아몬드
  ② 그 이유는 ? :

[2] 최소한 3년 이상 걸리는 '전쟁'이 일어난 상황과, 반대로 '평화' 시에 여러분이 우선 챙기고 싶은 것들을 〈보기〉에서 각각 세 가지를 골라보세요.

〈보기〉
게임기, 쌀, 만화책, 부탄가스, 걸 그룹 한정판 CD, 생수, 거울, 컵라면, 라이터, 화장품, 소설 책, 촛불, 수저, 곰돌이 인형, 핸드폰

'전쟁' 시	'평화' 시
①	①
②	②
③	③
그 밖 :	그 밖 :

'전쟁'과 '평화' 시에 각각 위와 같이 선택한 이유를 설명해보세요.

_____

[표6] 공개수업 활동지 2차 수정안 (2)

---

[3] 다음 〈보기 1〉의 신문 기사를 읽고, 여러분 생활 주변에서 희소성이 더 느껴졌던 예를 한 가지씩 〈보기 2〉에 써보세요.

〈보기 1〉

컴퓨터 관련 산업이 발달한 국내 업계에 꼭 필요한 광물인 희토류(稀土類 : 희귀한 흙)의 국제가격이 지난해 큰 폭으로 올랐고, 많은 희토류를 가진 중국은 우리나라와 일본을 상대로 가격을 올릴 것을 예고하고 있다.
한낱 가치 없는 돌덩어리로 간주되던 광물들이 사회와 산업의 변화로 인해 더 많은 가치를 만들어내는 원료로 귀한 대접을 받게 된 것이다.

- 전자신문(2012.1.30.)

〈보기 2〉

[4] 다음은 '희소성의 원리'를 설명한 만화입니다. ☐ 에 들어갈 알맞은 말을 적어보세요.

(만화 그림 생략)

"희소성은 사람들의 ☐, ☐, ☐ 에 따라 상대적이야."

수업 참관 교사들은 수업 교사가 보지 못하는 부분을 잘 들여다볼 수 있다. 특히 아이들의 개인별 활동 내용들에 수업 교사의 눈길이 미치지 못하는 경우가 많은데, 그 과정에서 아이들에 따라서는 개념의 오류가 생겨날 수도 있다.

박나현(사회) 마지막 만화를 통한 개념 정리 과정에서 '희소성은 사람들의 ☐, ☐, ☐ 에 따라 상대적이야.'라는 칸에 '양'이라고 쓴 친구들이 보여요. 사실 희소성은 양과 관련은 있지만 양만으로 결정되는 것은 아니잖아요. 오히려 필요와 욕구가 더 강조되면서 정리가 되어야 할 것 같은데, 자칫하면 아이들에게 오 개념이 생길까 걱정이 되네요.

남경운(과학) 아이들의 입장에서는 괄호 안에 '양'이라고 쉽게 적을 수도 있겠어요. 왜냐하면 활동 1에서 물과 다이아몬드를 다룰 때 다이아몬드는 양이 적은 것이 희소성에 큰 역할을 한 것이니까요. 결국 만화의 괄호가 좀 문제인 것 같아요.

수업 교사 '양' 하나만을 가지고 희소성을 절대화해서 얘기할 수는 없지요. 필요나 욕구와의 관계 속에서 '양'을 이야기해야 한다는 것을 명확히 해야 할 것 같아요. 그러니까 양, 필요, 욕구 등의 상관관계로 파악해야지요.

서동석(기술) 마지막에 '상대적'이란 표현도 아이들에게는 잘 다가가지 않을 것 같아요.

수업모임 교사들은 아이들에게 '양'이라는 요소가 마치 희소성을 결정하는 변수로 오해가 될까봐 우려했다. 이경은(수학) 선생님은 고치는 김에 이 수업의 목표가 단지 희소성 개념의 이해만으로 끝나는 것이 아니라, 희소성의 문제가 결국에는 선택의 문제(경제 문제)로까지 연결되는 것이라는 걸 알게 하는 것이 아니냐며 선택의 필요에 관한 내용도 추가해야 한다는 제안을 했다. 만화의 내용에 살짝 언급은 되지만 아이들이 다음 차시와의 연결 지점을 알아야 한다는 면에서 의미 있는 제안이었다.

이러한 제안들에 따라 수업 마무리 내용을 '희소성은 단순히 양의 문제가 아니라 사람들의 ☐, ☐, ☐ 에 따라 달라져. 따라서 ☐ 을 잘해야 해.'로 수정하게 되었다.

수업 교사의 발문 방식을 새롭게 구성하다

수업 교사의 발문 형식은 묻고자 하는 내용에 따라 달라져야 한다. 교사의 마음속에 충분한 내용과 의도가 있다 하더라도 아이들에게 어떤 방식으로 질문이 주어지느냐에 따라 반응은 다양하게 드러나고, 경우에 따라서는 교사의 의도와는 완전히 빗나간 방향에서 답들이 나오게 된다. 교사가 하고 싶은 말을 줄이고 질문의 형식으로 던지는 것이 마치 아이들과의 상호작용이 활발하게 일어나는 것처럼 보일 수도 있지만, 상황에 따라서는 무늬만 상호작용으로 남고 실제로는 수습이 안 되는 혼란의 지경에 도달할 수도 있다.

> **남경운(과학)** 활동 1 말미에 "비싸다는 것은 무슨 뜻일까?"라는 선생님의 발문에 "원가가 적다", "인기가 많다"라고 몇 마디씩 했는데, 선생님이 "대가를 더 많이 치러야 한다."라고 하시면서 넘어갔어요. 그 부분에서 "비싸다는 것은 어떤 뜻일까?"라는 발문이 적절할지 궁금했어요. 왜냐하면 아이들은 그것에 대해 아무 생각도 안 하고 있다가 갑자기 나오는 발문에 그냥 막 답하게 되는데, 그럴 경우 아이들에게서 선생님이 원하시는 답이 나오는 경우는

거의 없어요. 그런 것보다는 하고 싶은 말씀을 딱 제시해 주는 게 어떨까 생각했어요. 수업 중에 "이게 뭐지요?"라고 질문을 하면 아이들이 중구난방으로 대답을 해요. 그 중에 교사의 귀에 들어오는 것을 캐치에서 나가잖아요. 나머지 아이들 것은 다 사라지고……. 그런 상황보다는 "이러이러한데 이거 얘기해볼 사람 손들어요."로 가는 것이 "뭐지요?"라고 묻는 것보다 좋을 것 같아요.

수업 교사 잘 짚어주셨어요. 가격이 비싸다는 게 뭘까? 단순히 돈 많이 내는 걸까? 그게 아니라 이번 시간에 다루는 희소성의 크기하고도 관련되는 말이다. 희소성이 더 크다는 것은 대가를 더 지불해야 되고, 비용도 더 치러야 된다는 식의 얘기를 하려고 한 것인데 너무 성급했어요. 그렇게보다는 선생님의 말씀처럼 "비싸다는 게 뭐지? 내가 말해볼게. 이건 좀 더 애를 써서 우리가 얻어야 된다는 거겠네." 이런 식으로…….

수업 중 내 말과 아이들의 말이 서로 평행선을 긋고 허공에서 사라지는 상황을 종종 경험한다. 결국 내가 하고 싶은 얘기만을 하고 그다음으로 내빼는 식이 된다. "이게 뭐지요?"라고 묻는 것은 쉽지만 아이들과의 상호작용에서 얻을 것은 별로 없다는 점을 절감하는 순간이다.

그리고 활동 2의 '전쟁과 평화 시의 선택 이유를 설명해보자.'라는 질문도 전쟁 시에는 주로 생존에 대한 필요가, 평화 시에는 욕구라는 점들이 아이들 활동에서 드러나기 때문에 각각의 상황에 대한 이유를 분명히 나누어 쓰도록 하자는 의견이 나왔다. 또한 이 내용들을 모아 내가 다루고 싶어 했던 필요(need)와 욕구(want)의 차이를 정리하는 도구로 활용하면 좋겠다는 의견도 제시되었다.

수업 교사의 수업 방식의 문제점을 드러내다

수업모임 교사들이 사전 수업을 참관하고 전해준 내 수업 방식의 문제점은 두꺼웠다.

첫째, 수업 도입에서 전 차시 다루는 데 시간을 많이 잡아먹는다. 전 차시 내용과의 연결성을 강조하고자 짧게 다룬다고 하는데도 실제로는 예상 외로 많은 시간을 소비하고 있었다. 수업에 결정적으로 도움이 되는 내용이 있을 때 그것을 아주 짧게 다룰 필요가 있다는 것이 수업모임 교사들의 조언이었다.

둘째, 수업 중 해석과 설명이 너무 빈번하다는 것이다. 활동 1에서 아이들이 발표하면 그때마다 내가 해석을 하는데, 이는 아이들에게 맡겨둘 필요가 있다는 것이다. 많은 정보와 설명이 없더라도 차후 활동을 통해 아이들이 스스로 터득하게 되기 때문이다. 수업 교사의 노파심을 줄일 필요에 대한 여러 조언이 나왔다.

셋째, 아이들이 개인별 활동을 할 때 누가 이야기할 만한 내용을 쓰고 있는지를 돌아다니면서 잘 관찰할 필요가 있음에도 불구하고 그것을 전혀 인식하지 못하고 있었다. 활동 1에서 물이 더 비싸고 소중하다며 예외의 상황을 적은 수연이를 지목해 발표를 시키다 보니 그 내용에 대한 정리에 많은 시간이 소요되었다. 아이들이 쓰는 내용을 잘 들여다보아야 할 과제가 제기된 것이다.

그 후, 희소성의 개념을 정리하고 다음으로 넘어가자는 의견에 따라 칠판에 간단하게 개념을 적는 식으로 아이들에게 제시했다. 그 결과 아이들이 활동 3의 사례를 쓰는 과정에서 희소성이란 단어에 낯설어하지 않고 자신들의 예를 다양하게 제시하는 모습을 볼 수 있었다.

4. 아이들의 작은 반응까지도 살펴보기

수업 교사의 실수를 발견하다

2차 사전 수업 후 수업모임에서 논의한 결과를 반영해서 활동지를 수정했다. 활동 2에서 아이들의 선택 결과를 정리하면서 양보다는 필요와 욕구가 희소성을 결정하는 요인임을 강조하려고 하다 보니까 부등호를 써서 '(인간의) 필요와 욕구 〉 (재화의) 양'으로 칠판에 적었다. 이는 아이들에게 마치 필요와 욕구가 양보다 더 큰 것이 희소성이라는 식으로 오해를 줄 가능성이 있는 설명이었다.

"저는 주로 6모둠을 보았는데, 자원의 양과 인간의 욕구의 관계를 오해할 가능성이 있는 설명이었던 것 같아요. 아이들도 둘 사이의 크기만으로 희소성을 생각해야 되는 식으로 서로 말들을 하더라고요."

아이들이 가장 많이 언급한 생수를 예로 들어 전쟁이라는 상황에서 인간의 필요·욕구와 자원의 양 중에 어떤 것이 더 클까를 직접 물었던 것이다. 큰 오류를 범한 것이다. 어떤 상황에서도 자원의 양이 많고 적음과 상관없이 인간의 필요와 욕구의 크기가 자원의 희소성을 결정하는 것임에도, 마치 대립되는 두 요소 중 어떤 것이 더 큰 것인가를 물었으니 아이들의 대답이 쉽게 나오지 않는 상황이 되었던 것이다. 상대적 관계를 물었어야 했는데 마치 절대적인 크기의 차이를 묻는 질문으로 아이들에게는 들렸을 것이다. 수업모임 교사들의 밝은 눈은 이 문제를 놓치지 않고 잘 들여다보고 있었다.

활동 3에서 아이들이 경험한 희소성의 예를 쓰는 문제를 더 매끄럽게 유도하기 위해 시간에 관한 예를 들어주었다. '우리 수업에서도 수업 교사나 아이들 모두 시간의 제한 속에 활동이 이루어지고 있음'을 말하고 '시간 또한 희소성을 가질 수 있는 자원'임을 이야기한 것이다.

"일단은 실체를 가진 물건을 가지고 예를 드는 것이 어떨까라는 생각이 들어요. 아이들이 처음 접하는 희소성 개념이기에 가장 구체적인 사물을 중심으로 예를 들어야 할 것 같아요. 그것이 이해되었을 때 추상적인 것을 쓰는 아이도 생기겠지요."

다른 사전 수업에서는 이런 예를 들어주지 않았다. 그럼에도 오히려 아이들은 다양한 예들을 썼던 것이다. 아이들에게 시간, 기회 같은 추상적인 자원도 희소성을 가질 수 있음을 알려주고 싶은 조급한 마음이 오히려 아이들의 활동을 묶는 모양새가 된 것이다. 과욕이 화를 부른 것이다. 아이들이 활동 3을 마무리하고 정리하는 단계에서 다른 반에서 나왔던 괜찮은 예들을 가져다가 참고로 읽어주는 식으로 덧붙이기로 했다.

[표7] 공개수업 활동지 3차 수정안 (1)

[1] 다음 중 시장에서 더 비싼 것을 부등호로 표시하고 이유를 써보세요.

① 물 □ 다이아몬드

② 그 이유는 ? : _____

[2] 최소한 3년 이상 걸리는 '전쟁'이 일어난 상황과, 반대로 '평화' 시에 여러분이 우선 챙기고 싶은 것들을 〈보기〉에서 각각 세 가지씩 골라보고, 그 이유를 써보세요.

> 〈보기〉
>
> 게임기, 쌀, 만화책, 부탄가스, 걸 그룹 한정판 CD, 생수, 거울, 컵라면, 라이터, 화장품, 소설 책, 촛불, 수저, 곰돌이 인형, 스마트폰.

'전쟁' 시	'평화' 시
①	①
②	②
③	③
※ 선택 이유는?	※ 선택 이유는?

[3] 다음 〈보기 1〉의 신문 기사를 읽고, 평소에 희소성이 더 느껴졌던 예를 '희소성'이란 단어를 넣어 한 가지씩 〈보기 2〉에 써보세요.

> 〈보기 1〉
>
> 컴퓨터 관련 산업이 발달한 국내 업계에 꼭 필요한 광물인 희토류(稀土類 : 희귀한 흙)의 국제가격이 지난해 큰 폭으로 올랐고, 많은 희토류를 가진 중국은 우리나라와 일본을 상대로 가격을 올릴 것을 예고하고 있다.
>
> 한낱 가치 없는 돌덩어리로 간주되던 광물들이 사회와 산업의 변화로 인해 더 많은 가치를 만들어내는 원료로 귀한 대접을 받게 된 것이다.
>
> -전자신문(2012.1.30.)

> 〈보기 2〉
>
>

[4] 다음 '희소성의 원리'를 설명한 만화를 보고, 아래의 [   ] 에 들어갈 알맞은 말을 넣어보세요.

(만화 그림 생략)

"희소성은 단순히 양의 문제가 아니라 사람들의 [   ], [   ], [   ] 에 따라 달라져. 따라서 [   ]을 잘해야 해."

아이들의 머뭇거림을 찾아내다

활동 4 만화로 개념 마무리하기 단계에서 [   ]에 '선택'이란 단어를 넣는 부분에서 아이들의 멈칫거림이 많이 보였다. '선택'이라 쓴 친구들 이외에도 '절약', '결정', '판단' 등이 많이 보였는데 그 이유는 무엇이었을까? 앞의 활동들 속에서 끊임없이 선택을 암시하는 '우선 챙겨야 될' 등의 단어들이 나왔고, 만화 속에도 "뭔가를 선택하려면 동시에 다른 뭔가를 포기해야 해."라는 지문이 있었지만, 아이들이 희소성과 관련해 선택의 필요성에 대한 인식이 덜 된 상태에서 머뭇거림이 나타났던 것이다.

남경운(과학) 선생님이 아이를 지목해서 "뭐라고 썼어요?"라고 해서 나오는 답을 다 칠판에 적어놓은 다음 "이 중에서 뭐라고 생각하세요?"라고 질문하는 것은 어떨까요?

서동석(기술) 절약이라는 말이 나왔을 때, 선생님이 절약
도 선택의 한 방법이고 희소성을 극복할 수 있는 좋은 방
법이라고 마무리하면 희소성에 대한 이해를 넓힐 수 있을
것 같아요.

'선택'은 희소성을 극복하는 방법일 수 있다. 자원의 양을 늘리
거나 욕구를 줄이거나 둘 중의 하나일 텐데, 사실 이 선택이 경제
문제를 해결하기 위한 주요한 방법이 될 수 있고 앞으로 다루어
야 할 커다란 주제이기도 하다. 이번 활동을 통해 희소성의 개념
을 이해하고 희소성이 선택의 문제를 불러올 수밖에 없음을 알게
된다면 수업의 목표는 달성되는 것이 아닐까? 따라서 희소성의 개
념이 정리된 만화의 내용을 잘 읽어내고 그 범위 내에서 '선택'의
필요성을 찾도록 하되, 아이들의 발표 단어 속에서 답을 구하기로
했다.

교사의 작은 몸짓 하나에 아이들은 달리 반응한다

교사의 말 한마디, 활동지 문구 하나가 아이들의 활동에 영향을
준다. 수업모임 교사들의 참관 결과는 이 문제들을 꼼꼼히 제시하
고 있다.

첫째, 모둠 활동 운영 시 수업 교사의 중간 개입 문제이다. 아이
들을 도와주기 위해 중간에 예를 들어주거나 설명을 추가하지만

정작 아이들 귀에는 들어오지 않는다는 것. 아이들을 믿고 잠시 기다려주는 것이 필요하다는 의견이었다.

둘째, 활동 1에서 아이들의 손들기를 통해 다이아몬드가 존재량이 작아 시장에서 더 비싸게 거래된다는, 즉 양과 희소성 관계의 한 측면을 드러냈다. 그런데 단지 양이 아니라 인간의 필요와 욕구가 희소성에 더 큰 영향을 준다는 것을 알기 위한 다음 활동에 이것을 어떻게 연결해야 할지 자연스런 멘트를 마련해야 한다는 의견이 있었다. 이에 따라 수업 교사는 양과는 무관하게 필요와 욕구가 드러나는 지점을 아이들이 인식하도록 "희소성은 양만으로 결정될까?", "개수가 적은 것은 무조건 비쌀까?", "개수가 적다는 이유로 그것 자체가 귀하고 소중한 것일까? 그렇지 않은 경우도 있지 않을까?" 등의 질문을 마련하기로 했다.

셋째, 활동 2에서 전쟁과 평화 시에 우선 챙기고 싶은 물건을 쓰라고 했을 때 아이들은 자신이 고른 물건이 더 우선되어야 한다고 입씨름을 하기도 했다. 활동지를 살피니 전쟁, 평화 시 모두 ①, ②, ③ 번호가 붙여져 있었다. 이것은 세 개를 고르라는 뜻에서 번호를 준 것인데 아이들은 이를 우선순위로 받아들이고 있었던 것이다. 그래서 번호를 모두 빼고 '─'으로 대체하기로 했다.

넷째, 만화를 활동 4로 넣어 뒷면에 배치를 했더니 아이들은 활동의 내용보다는 만화에 먼저 눈이 가고 집중을 하지 못했다. 만화 내용을 3단으로 줄이고 따로 독립된 활동지로 나중에 배부하기로 하였다.

다섯째, 희소성 개념의 중간 정리 방식은 지난 사전 수업부터 칠판에 간단히 적었지만, 아이들이 보다 명확히 이해하도록 만화에서 정리된 개념을 가지고 와 먼저 제시하기로 했다. 만화를 읽으며 개념을 정리하려는 방식이 중간 개념 정리 방식으로 바뀜에 따라 만화에 나오는 괄호 안에 '필요, 욕구, 상황'이란 단어들을 주고, 나머지 괄호 하나만을 남겨 '선택'이 들어가도록 수정하여 아이들이 집중하도록 했다.

공개수업 차시를 위한 활동지

　19일 사전 수업을 한 뒤 공개수업을 위한 활동지를 수정하는 과정을 모두 마쳤다. [표9]는 10번 가까이 수정을 거쳐 만든 활동지 최종안이다. 이 활동지를 가지고 수업 공개일인 23일 6교시에 1학년 6반에서 공개수업을 하게 되었다.

[표9] 공개수업 활동지 최종안 (1)

[1] 다음 중 시장에서 더 비싼 것을 부등호로 표시하고 이유를 써보세요.

① 물 □ 다이아몬드

② 그 이유는 ? : _____

[2] 최소한 3년 이상 걸리는 '전쟁'이 일어난 상황과, '평화' 시 상황에서 여러분이 우선 챙기고 싶은 것들을 〈보기〉에서 각각 세 가지씩 골라보고, 그 이유를 써보세요.

〈보기〉

게임기, 쌀, 만화책, 부탄가스, 걸 그룹 한정판 CD, 생수, 거울, 컵라면, 라이터, 화장품, 소설 책, 촛불, 수저, 곰돌이 인형, 스마트폰

'전쟁' 시	'평화' 시
—	—
—	—
—	—
※ 선택 이유는?	※ 선택 이유는?

※ 자원의 희소성 : 인간의 욕구는 크지만, 인간의 욕구를 충족할 수 있는 자원은 유한한 상태.

"자원의 희소성은 단지 자원의 [　　] 에 따라 결정되기보다는 인간의 [　　] 나 [　　] 에 비해 자원이 상대적으로 부족할 때 나타나고, [　　] 에 따라 달라지기도 한다."

[3] 다음 〈보기 1〉의 신문 기사를 읽고, 평소에 희소성이 더 느껴졌던 예를 한 가지씩 〈보기 2〉에 써보세요.

〈보기 1〉

컴퓨터 관련 산업이 발달한 국내 업계에 꼭 필요한 광물인 희토류(稀土類 : 희귀한 흙)의 국제가격이 지난해 큰 폭으로 올랐고, 많은 희토류를 가진 중국은 우리나라와 일본을 상대로 가격을 올릴 것을 예고하고 있다.

한낱 가치 없는 돌덩어리로 간주되던 광물들이 사회와 산업의 변화로 인해 더 많은 가치를 만들어내는 원료로 귀한 대접을 받게 된 것이다.

- 전자신문(2012.1.30.)

〈보기 2〉

[표10] 공개수업 활동지 최종안 (2)

[4] 다음 '희소성의 원리'를 설명한 만화를 보고, 아래의 [　　　　] 에 들어갈
  알맞은 말을 넣어보세요.

[자료 출처 : 클릭경제, 글 : 박진채 KDI경제정보센터, 그림 : 이진택]

"자원의 희소성은 단순히 양의 문제가 아니라 사람들의 필요, 욕구 그리고 상황에
  따라 달라져. 그래서 [　　　　] 을 잘해야 해."

무거운 사회 교과 활동지가 어떻게 아이들에게 날렵하게 다가
가는 활동지로 변신이 된 것일까?

공개수업 활동지 초안과 최종안을 비교하면 다음과 같은 공통점과 차이점이 있다.

첫째, 희소성과 재화의 존재량, 인간의 필요와 욕구의 관계를 단계적으로 확장하며 희소성의 개념을 도출하고자 했던 기본적인 틀은 초안과 최종안에서 유지되었다.

둘째, 초안에서는 아이들의 인지적인 활동이 추상적 개념에 머물렀지만 최종안에서는 일상적 개념으로 확장되었다. 이를 통해 개념 인식은 더 깊어지고 풍부해졌다.

셋째, 아이들이 활동지 질문 방식에 따라 달리 반응을 보여준다는 점을 염두에 두면서 질문의 형식을 가다듬는 쪽으로 노력이 기울여졌다.

넷째, 활동지의 작은 표현 하나가 아이들의 활동 방향을 규정한다는 점에서 최종안은 초안보다 문구, 보기, 지문의 서술 방식 등에서 훨씬 심세해졌다.

다섯째, 아이들이 '희소성은 단지 양의 문제가 아니라 인간의 욕구와 필요에 따른 상관관계임을 알고 선택의 문제를 발생시킨다.'는 개념 이해에 도달하도록 활동을 재구성했다.

8장

원자설 수업은 어떻게 변해갔나

과학 2학년 '물질의 구성'

남경운

나에게 수업 혁신 중점 혁신학교는 지금이 두 번째이다. 그동안 30여 차례의 공개수업 디자인에 참여했다. 나는 카리스마가 전혀 없는 교사이다. 그러다 보니 매해 학년 초에는 수업이 잘 되지만 학년 말로 갈수록 수업이 잘 안 되었다. 수업에 집중하지 못하는 아이들을 보며 참고 참다가 결국 화내고 나오는 수업 시간이 많았다. 공개수업을 만들 때 초기에는 미숙하던 교사가 나중에는 능숙하게 진행하는 모습을 많이 보아왔다. 나도 이번 공개수업을 통해 내 수업이 나아지기를 바랐다.

　공개수업 차시를 '물질의 구성' 단원의 여러 내용 중 '돌턴의 원자설'로 정했다. 과거에 주장되었고, 지금은 맞지 않는 면도 많은 가설이다. 이 내용으로 아이들이 모둠으로 활동하고 협력하도록 진행한 적도 없다. 그러나 역사적으로나 내용적으로나 의미 있는 부분이기 때문에 이번 기회에 아이들이 효과적으로 배울 수 있는 방법을 모색해보고자 했다.

1. 수업의 주제부터 과제까지 함께 만들기

함께 결정한 공개수업 차시 주제, 돌턴의 원자설

공개수업을 준비하던 첫날, 범교과 수업모임에 4년 전 활동지들과 2학년 과학 교과서 10여 권을 가져갔다. 교과서를 넘기면서 '물질의 구성' 단원 중 서너 번째 차시가 공개수업 차시가 될 것 같다고 말했다. 불꽃 반응, 원자설, 원자의 구조 즈음이었는데 어느 차시로 할지는 결정하지 못한 상태였다.

> **서동석(기술)** 원소를 불꽃 반응 등으로 배우고 그 후에 원자가 나오니까, 원소에서 원자로 바뀌는 순간, 그 부분을 해야 될 것 같은데요. "앞으로는 원자라는 말을 많이 쓴다." 이렇게 말하면서.
> **강윤정(국어)** 돌턴의 원자설이 왜 중요한지? 왜 획기적인지? 그걸 하면 재미있을 것 같아요.

돌턴의 원자설은 1803년 영국의 과학자 돌턴이 제안한 '모든 물질은 일정한 질량 단위를 가진 원자로 되어 있다.'는 가설로, 다음 네 가지가 주요 내용이다.

1) 물질은 더 이상 쪼갤 수 없는 원자로 구성되어 있다.

2) 원자의 종류가 같으면 그 크기와 질량이 같고, 원자의 종류가
   다르면 그 크기와 질량이 다르다.
3) 원자는 없어지거나 새로 생기지 않으며 다른 종류의 원자로
   변하지 않는다.
4) 서로 다른 원자들이 일정한 비율로 결합하면 새로운 물질이
   만들어진다.

이 부분은 항상 강의로 수업하던 부분이었다. 선생님들의 의견을 들으면서 '함께 만들 때 기왕이면 학생 활동으로 진행하기 어려운 부분을 하자.' 이런 생각이 들었다. "저도 원자설을 하고 싶어요. 어떤 과제를 주었을 때 아이들이 '알갱이로 되어 있으니까 그렇게 돼요.'라고 이야기하도록 하고 싶어요. 누가 왜 원자설을 제안했는지 알게 하고 싶어요."라고 말했다.

> **이경은(수학)** 입자로 이루어졌다는 것이 아니면 뭐가 있는
> 거죠?
> **서동석(기술)** 무엇이든 더 쪼개면 될 텐데 왜 더 이상 못
> 쪼갠다고 하는 거지요?

'원자', '분자' 등을 배우면서 은연중에 모든 물질이 입자로 이루어졌다는 데에 익숙한 다른 교과 교사들은 과학 교사들에게 질문하면서 수업 내용을 파악해갔다. 이렇게 첫 번째 모임이 끝났다. 구체적인 과제까지 만들지는 못했지만, 내용을 파악해가면서 다

같이 만족하는 공개수업 차시의 주제를 결정한 것은 큰 수확이었다. 앞으로 논의하면서 구체적인 과제를 만들어갈 기반이 잘 마련된 것이다.

괜찮겠다는 느낌이 오는 과제

다음 날, 내가 생각해오던 내용을 정리한 활동지를 수업모임에서 초안으로 제시했다. 돌턴의 원자설 제안에 큰 영향을 준 사건들을 아이들이 생각해볼 수 있는 과제로 만든 것이었다.

> **전경아(과학)** 모범 답안은 뭔가요? 저는 잘 모르겠어요.
> **박미경(국어)** 원자 개념을 소개하고 나서는 주요 내용 1, 2, 3, 4를 하면 괜찮을 것 같은데, 갑자기 질량 보존이 왜 나왔는지 모르겠어요. 엄청 어려운 것 같아요.
> **서동석(기술)** 1번, 2번 라부아지에와 프루스트 실험은 답을 쓸 수 있을 것 같은데, 3번 '누구의 주장이 옳다고 생각하는가?'는 어려워요.

다른 교과 교사뿐만 아니라 과학 교사까지 답을 얼른 떠올리지 못했다. 사실은 논의에 필요한 활동지 초안 만들기에 급급했던 나도 마찬가지였다. 수업 혁신에 관계한 지 수년이 지났지만 나는 아직도 이렇게 어려운 과제를 만든다. 초안을 만들면서 찜찜했던 내 마음을 여러 선생님들이 대신 꺼내주는 것 같아 사실 더 흥미로웠다.

[표1] 원자설 활동지 초안

물체는 계속 잘라질까? 아닐까?

들어가기 : 물질에 대한 과거의 생각
아리스토텔레스의 4원소설, 2. 연금술사들의 생각과 노력

모둠 활동
1. 라부아지에의 실험(1772)

　물을 가열하면 흙으로 변한다는 당시의 생각을 확인하기 위해 라부아지에는 불을 100일 동안 가열했다. 그랬더니 그릇 속에 찌꺼기가 조금 생겼다. 그런데 그 질량을 재니 그릇의 줄어든 질량과 같았다.

　가. '물이 흙으로 변한다.'는 생각은 옳은가?
　나. 위와 같이 답한 까닭을 설명해보자.

2. 프루스트(1799)

　수소 기체와 산소 기체가 결합해서 물이 만들어지는데, 질량이 항상 다음과 같았다.

수소 질량	산소 질량	물의 질량	남은 기체의 질량
1	10	9	산소 2
2	10	9	수소 1, 산소 2
2	20	18	수소 0, 산소 4
3	20	18	수소 1, 산소 4

　가. 수소와 산소는 얼마씩 결합해서 물을 만드는 것일까?

3. 위의 두 실험을 바탕으로 다음 두 주장 중 옳다고 생각하는 것을 고르고 이유를 써보자.

> 민호 : 물질은 무한히 계속 자를 수 있다.
> 유리 : 물질을 자르다 보면 더 이상 잘라지지 않는 알갱이가 있다.

　가. 누구의 주장이 옳다고 생각하는가?
　나. 위와 같이 답한 까닭을 설명해보자.

어렵다고 말했던 선생님들이 아이디어를 제안했다.

> **전경아(과학)** 차라리 현상을 주고 입자설로 설명해보도록
> 해서 아이들이 "아! 입자설이 여기도 잘 맞고, 저기도 잘
> 맞네." 이러면서 받아들이도록 하면 어떨까요?

전경아 선생님은 과학 교사이므로 이와 관련된 이론도 알고 경
험도 있어서 구체적인 활동 내용까지 제안했다.

> **전경아(과학)** '비눗방울을 무한히 크게 불 수 있는지를 입
> 자설로 설명해보자.' 이런 건 어떨까요? 아니면 물과 에탄
> 올을 섞었을 때 전체 부피가 각 부피를 더했을 때보다 줄
> 어드는 실험은 어때요?
> **박미경(국어)** 아! 그러면 사이로 끼어 들어간 거네요.

손쉽게 해볼 수 있는 실험이었고, '괜찮겠다!' 싶었다. 아이들도
국어 선생님처럼 "끼어 들어간 거네요."라고 알갱이와 관련지어
이해할 수 있을 것 같았다.

신기하게도 공개수업을 디자인할 때마다 수업모임에서 이렇게
썩 마음에 드는 과제 아이디어가 튀어나온다. 수업목표에 부합되
는 참신한 아이디어였다. 수업모임 후 곧바로 실험실로 달려갔다.
메스실린더에 물과 에탄올을 50ml씩 섞었을 때 약 98ml가 되는
것을 확인했다.

범교과 수업모임에서 타 교과 교사와 함께 수업을 만들면서 아무한테나 수업 이야기를 쉽게 꺼내는 습관이 생겼다. 우연히 만난 다른 학교 과학 선생님과 공개수업 이야기를 하다가 한 가지 아이디어를 얻었다. "실험을 하기 전에 도입으로 물이 가득 든 컵 그림을 주고 자세히 봤을 때 물이 어떻게 들어 있는지 그리게 하면 어떨까요?"라는 것이었다. 주말에 집에서 고민도 하고 또 인터넷에서 자료 검색도 하면서 [표 2], [표 3]과 같이 활동지를 거의 새롭게 수정했다.

며칠 전 수업모임을 처음 시작할 때는 상상하지 못한 내용이다. 앞면 과제와 뒷면 4번 과제는 다른 선생님의 아이디어를 구현한 것이었다. 뒷면 1번과 2번 과제는 주말 동안 새롭게 넣은 것이고, 3번 라부아지에 과제만 지난 금요일날 내가 제시한 것이었다.

활동지의 과제가 아이들에게 어떻게 느껴질까?

월요일 오후 수업모임에서 다시 한 번 이 활동지를 검토했다. 바로 다음 날 사전 수업에서 사용할 예정이었다. 모임이 시작되자 먼저 이 활동지로 수업을 어떻게 진행할지를 간략히 소개했다. 그리고 앞면의 '모둠 활동 1'에서 할 실험을 선생님들이 해보도록 준비해온 실험 도구를 꺼냈다.

수업 교사 일단 섞어볼게요. (메스실린더 하나에는 물

[표2] 원자설 활동지 1차 수정안 (앞면)

1.6 물질의 구성

> ★ 그려보기 : 물 표현하기

컵에 물이 '반쯤' 들어 있다고 할 때, 그 물을 아래 그림에 표현해보자.

> ★모둠 활동 1 : 물과 에탄올을 섞으면

1. 물과 에탄올을 한 메스실린더에 부어 섞으면 각각일 때보다 부피가 (커진다, 작아진다, 그대로이다).

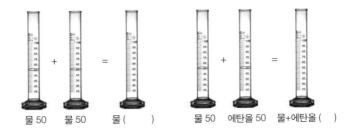

물 50   물 50   물 (   )   물 50   에탄올 50   물+에탄올 (   )

2. 실험 결과가 위와 같은 까닭을 설명해보자.

[표3] 원자설 활동지 1차 수정안 (뒷면)

★ 모둠 활동 2 : 원자

1. 돌턴의 원자설(1803)

   돌턴은 원소가 작은 입자인 원자로 이루어졌다는 '원자설'을 제안했고, 그 주요 내용은 다음과 같다.

   가. 물질은 더 이상 쪼갤 수 없는 원자로 구성되어 있다.

   나. 원자의 종류가 같으면 그 크기와 질량이 같고, 원자의 종류가 다르면 그 크기와 질량이 다르다.

   다. 원자는 없어지거나 새로 생기지 않으며, 다른 종류의 원자로 변하지 않는다.

   라. 서로 다른 원자들이 일정한 비율로 결합하면 새로운 물질이 만들어진다.

2. 모든 원소는 그 물질을 구성하는 기본 단위 입자들이 모여 이루어지는데, 이를 그 원소의 (   )라고 한다.

3. '라부아지에'(1772) 동영상을 보고 물음에 답해보자.

   > 가. 물을 가열하면 흙으로 변한다는 당시의 생각을 확인하기 위해 라부아지에는 물을 100일 동안 가열했다. 그랬더니 그릇 속에 찌꺼기가 조금 생겼다. 그런데 그 질량을 재니 그릇의 줄어든 질량과 같았다. 찌꺼기는 그릇 조각이었다.
   > 나. 수소 기체와 산소 기체를 결합시켜 물을 만들었다.

   가. 위에서 설명한 돌턴의 원자설 가~라 중 라부아지에의 실험과 관계 있는 것은?

   나. 위와 같이 답한 까닭을 써보자.

4. 다음 중 '물질은 작은 알갱이들로 이루어졌다.'는 사실의 증거가 될 수 있는 것에 ○표 해보자.

   가. 풍선에서 바람이 빠져나간다. (　　)

   나. 잉크를 물에 떨어뜨리면 물속으로 퍼져나간다. (　　)

   다. 물과 에탄올을 섞으면 부피가 각각을 더한 것보다 작다. (　　)

   라. 물에 소금을 넣으면 녹으면서 부피가 줄어든다. (　　)

   마. 향수가 방 안으로 퍼진다. (　　)

   바. 주사기 끝을 막고 피스톤을 누르면 공기의 부피가 작아진다. (　　)

50ml와 물 50ml를 부었고, 다른 메스실린더에는 물 50ml와 에탄올 50ml를 부었다.)

서은지(영어) 양이 똑같은 것 같은데.

강윤정(국어) 이제 잘 섞으면 내려간대요.

서은지(영어) 아, 색깔을 보고 섞였는지 알 수 있구나. (빨간색 색소를 탄 물에 에탄올을 부었는데, 처음에는 위와 아래의 색깔이 달랐다.)

수업 교사 덜 섞였지요? (유리 막대로 젓자 전체적으로 색이 비슷해졌다.)

이경은(수학) 오, 여기가 더 작다! 차이가 크진 않지만 물끼리 섞은 것보다는 양이 적어 보이네요.

강윤정(국어) 신기하네. 처음보다 내려갔어요.

다른 교과 선생님들의 반응을 통해 이 실험이 할 만하다는 확신을 얻었다. 준비물과 실험 방법을 꼼꼼하게 체크한 다음 도입 과제부터 살펴보았다.

교감 컵에 물 그리는 것을 과감하게 빼면 좋을 것 같아요. 이 실험만으로도 애들은 충분히 잘할 것 같아요.

전경아(과학) 저도 같은 생각입니다. 여기서 알갱이를 그려버리면 실험을 통해 입자설을 얻는 게 아니라 입자설을 전제로 하면서 실험하는 것 같아서요. 1학년 때 분자를 배우고 그걸 알갱이로 그리는 걸 했어요. 원자까지는 모르지만. 고체, 액체, 기체를 각각 알갱이로 구별해서 그렸어요. 그러니까 안 주고 해보는 것도 가능할 듯해요.

아이들이 실험을 통해 잘할 것 같다면서 도입 활동을 빼자는 의견이었다. 수업모임에서 가장 중요한 판단의 근거는 '아이들이 얼마나, 어떻게 할 것이다.'라는 추론이다. 그런 근거를 가지고 수정을 제안한다. 반론 또한 '아이들이 얼마나, 어떻게 할 것이다.'라는 추론이어야 한다. 도입 활동을 빼자는 데에는 별다른 반론이 없어 받아들였다.

> **전경아(과학)** 앞면 실험이 원자설의 주요 내용 가, 나, 다, 라 중에서 어느 것과 관련 있는지를 물어보면 어떨까요? 실험에 대한 마무리가 될 것 같아서요. 실험을 앞에서만 하고 넘기기는 아까워요.
>
> **이경은(수학)** 4번에 여섯 개는 너무 많아요.
>
> **서동석(기술)** 저도 같은 생각입니다. '꼭 묶어놓은 풍선이 시간이 지나면 왜 작아지는가?' 이런 것의 이유를 써보게 하면 좋겠어요.
>
> **권현주(국어)** 앞면 실험을 하고 바로 이어서 뒷면 4번을 하게 해서 입자설로 여러 가지 현상이 설명된다고 정리하면 어떨까요?
>
> **서동석(기술)** 동감입니다. 실험 후 바로 돌턴과 라부아지에가 나오는 것이 갑자기 딴 동네 가는 느낌입니다.

앞면 실험을 원자설의 주요 내용과 연결하는 새로운 과제가 제안되었다. 듣는 순간 괜찮겠다는 느낌이 왔다. 라부아지에의 실험을 빼고, 그 대신에 앞면에서 한 다른 실험을 넣는 것이다.

2. 예상하지 못한 아이들의 실험 해석

교사들과 똑같이 흥미를 보이는 아이들

전날 논의를 반영한 활동지를 다음과 같이 만들었다. 앞면 첫 번째 과제는 실험과 결과 해석이라는, 과학 교과에서만 볼 수 있는 특징을 가지고 있다. 이를 뒷면의 원자설과 연결되도록 구성해놓았다. 이것이 이 수업의 핵심 과제였다. 학생들 입장에서 보면 실험 수행, 모둠에서 결과 해석, 발표 및 공유라는 만만찮은 활동을 포함하고 있었다. 활동지를 함께 만든 교사들 10여 명이 참관하는 가운데 그날부터 진도가 빠른 학급에서 사전 수업을 진행했다.

2모둠 아이들은 메스실린더 하나에 물과 에탄올을 붓고 결과를 관찰했다.

> **정인** 아래가 조금 진해.
> (준익이가 계속 젓는다.)
> **정인** (색이) 비슷하다. 이제 보자.
> **호준** 우와! (부피가) 작아졌어. 98.5(ml)야.

실험을 안내할 때와 도구를 정리할 때 다소 혼란스러웠지만, 감탄사와 웃는 표정, 나누는 말들을 통해 아이들이 실험을 흥미로워

한다는 것을 느낄 수 있었다. 액체를 섞은 후 흰 종이를 메스실린
더 뒤에 대고 위와 아래의 색을 비교하는 아이도 있었다. 실험 결
과도 만족스러웠다. '일단 시작은 성공이다. 수업이 단단한 근거
를 가지게 되었다. 이것을 바르게 해석하고 원자설로 진행하면 되
겠다.'라는 생각이 들었다.

예상하지 못한 해석을 보여주는 아이들

2모둠 아이들의 토론은 길지 않았고, 우리가 의도한 딱 그런 의
견이 들어가 있었다. 그러나 아이들이 토론 후 내린 결론은 우리
가 예상하지 못한 것이었다.

> **정인** 물이랑 물은 같은 거니까 섞일 필요가 없잖아. 그래
> 서 50ml 위에 그대로 50ml가 얹어지니까 부피가 그대로
> 이고, 물하고 에탄올은 다른 거니까 서로 골고루 섞여서
> 부피가 줄어드는 거 아닐까?
> **호준** 물과 에탄올이 만나서 반응하면서 물이나 에탄올이
> 날아가기 때문에……
> **현정** 나는 에탄올이 물보다 더 빨리 증발하기 때문이라
> 고 썼어. 에탄올만 놓아두어도 증발하잖아. 물이랑 반응
> 을 안 해도.

알갱이로 설명하는 정인이의 의견은 검토되지 않았다. 오히려
현정이와 호준이 사이에 증발에 대한 토론이 있었다. 현정이는 호

[표4] 원자설 활동지 2차 수정안 (앞면)

1.6 물질의 구성

★ 그려보기 : 물 표현하기

1. 같은 양의 물과 에탄올을 섞을 때 부피를 비교하며 물질의 구성에 대하여 알아보자.

　가. 다음과 같이 실험하고 부피를 측정해보자.

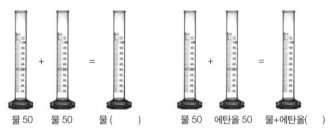

물 50　　　물 50　　　물 (　　)　　　　물 50　　에탄올 50　　물+에탄올(　　)

　나. 물과 에탄올을 섞으면 각각을 더한 것보다 부피가 (커진다, 작아진다, 그대로이다).

　다. 실험 결과가 위와 같은 까닭을 설명해보자.

2. 다음 중 '물질은 작은 알갱이들로 이루어졌다.'는 사실의 증거가 될 수 있는 것에
　○표 해보자.

　가. 꼭 묶어놓은 풍선이 저절로 작아진다. (　　)
　나. 겨울에 날씨가 추운 날 수도관이 터진다. (　　)
　다. 향수가 방 안으로 퍼진다. (　　)
　라. 주사기 끝을 막고 피스톤을 누르면 공기의 부피가 작아진다. (　　)

[표5] 원자설 활동지 2차 수정안 (뒷면)

★ 개념 확인 : 돌턴의 원자설(1803년)

1. 돌턴은 원소가 작은 입자인 원자로 이루어졌다는 '원자설'을 제안했다. 원자설의 주요 내용은 다음과 같다.

가. 물질은 더 이상 쪼갤 수 없는 원자
　 로 구성되어 있다.　　● ●

나. 원자의 종류가 같으면 그 크기와 질
　 량이 같고, 원자의 종류가 다르면 그
　 크기와 질량이 다르다.　　● ●

다. 원자는 없어지거나 새로 생기지 않
　 으며, 다른 종류의 원자로 변하지 않
　 는다.　　● ●

라. 서로 다른 원자들이 일정한 비율로
　 결합하면 새로운 물질이 만들어진다.　　● ●

2. 모든 원소는 그 물질을 구성하는 기본 단위 입자들이 모여 이루어지는데, 이를 그 원소의 (　　　)라고 한다.

3 돌턴의 원자설의 가~라 중 앞면 실험(물과 에탄올 혼합)과 관련된 것을 모두 골라 보자. (　　　　　　)

4. 돌턴은 다음과 같은 라부아지에의 실험(1772)을 보고 원자설을 제안했다.

> 가. 물을 가열하면 흙으로 변한다는 당시의 생각을 확인하기 위해 라부아지에는 물을 100일 동안 가열했다. 그랬더니 그릇 속에 찌꺼기가 조금 생겼다. 그런데 그 질량을 재니 그릇의 줄어든 질량과 같았다. 찌꺼기는 그릇 조각이었다.
> 나. 수소 기체와 산소 기체를 결합시켜 물을 만들었다.

돌턴의 원자설의 가~라 중 라부아지에의 실험과 관련된 것을 모두 골라보자.

(　　　　　　　　)

준이의 '반응'했다는 말을 슬쩍 반박하면서 물과 에탄올의 반응을 뺀 '에탄올만의 증발'을 주장했다. 그리고 이것이 받아들여져서 모둠 칠판에는 현정이의 의견이 적혔다. 우리가 예상하지 못한 상황이었다. 모둠 칠판 여섯 개가 칠판에 붙었을 때에는 더욱 당황스러웠다. 우리가 의도한 '알갱이들이 섞일 때 서로 사이로 끼어 들어가서'라는 응답은 두 개 모둠뿐이었고, 나머지 네 개 모둠은 모두 '에탄올의 증발'로 설명하고 있었다.

수업모임을 많이 해왔지만 예상이 이렇게 크게 빗나가는 경우는 거의 없었다. 이 실험이 제안된 후 두 번의 수업모임이 있었지만, 아이들이 '증발 때문'으로 해석할 것이라고 예상한 사람은 아무도 없었다. 2번 과제에 대한 아이들의 반응도 예상 밖이었다. 알갱이로 이루어져 있기 때문에 일어나는 현상을 골라 ○로 표시하는 문제였다.

> **호준** 난 ○, ○, ○, ○.
> **정인** 나 ○, ○, ×, ×.
> **현정** 난 맨 마지막 것만 했어. ○.(다른 것 못 씀)
> **호준** 두 번째는 겨울철에 물이 얼면서 커지니까 수도관이 감당을 못해서 찢어지는 거잖아.
> **정인** 그러니까 응고 때문에 그런 거잖아.
> **호준** 응고 아냐. 난 그래서 ○라고 했는데.

아이들 사이에 의사소통이 원활하지 않았다. 심지어 알갱이로 되어 있다고 말하면서도 ×로 답하는 학생도 있었다.

> 기체에 압력을 가하면 부피가 감소한다는 것을 배운 적이
> 있습니다. 그러니까 공기 알갱이가 탈출한 것보다는 압
> 력이 가해져서 부피가 작아진 것 같습니다.

알갱이로 되어 있기 때문이 아니라 압력을 받았기 때문이라는 설명이었다. 이 과제를 다루던 끝 무렵에 수업이 끝나는 종이 울렸지만 뒷면 문제를 계속 진행했다. 아이들의 반응을 보아야 이대로 좋은지, 수정이 필요한지를 알 수 있기 때문이었다. 원자설을 소개하고 줄 긋기, 괄호 넣기까지 했다. 이 과정은 불과 3~4분 안에 끝났는데, 줄 긋기에는 기대했던 대로 아이들이 "이거야.", "저거야." 하면서 옳은 것을 잘 찾아냈다. 이렇게 첫 번째 사전 수업이 끝났다.

'잘못된 해석'을 어떻게 줄이나

수업모임 교사들은 실험에 대해서 아이들이 흥미로워했고, 결과도 잘 나왔다고 호평했다. 그러나 그밖의 상황들에 대해 교사들 모두 할 말이 많았다.

> **홍승원(과학)** 해석에서 '증발'과 '알갱이 크기 차이'가 4 대 2였는데, 이런 해석이 나온 것은 실험 설계에 문제가 있

어서라고 생각해요. 비닐이나 랩을 씌워 애초에 증발이 안 일어나게 하면…….

서동석(기술) 그러면 복잡해져요. 잘 안 씌워졌다고 할 수도 있고.

전경아(과학) '증발인지 아닌지 확인하기 위해 더 기다려본다.'도 있지만 에탄올 더하기 에탄올이 있으면 바로 끝나거든요. 예비로 하나 준비해놓았다가 보여주면 어떨까요?

수업 교사 애들이 실험한 것을 남겨두었다가 "시간이 많이 지났는데 더 줄었는지 확인해볼까요?"라면서 한 번 더 확인해보면 어떨까요?

'증발 때문'이라는 해석을 어떻게 다룰지에 대한 의견이 오갔는데, 결국 수업 교사인 내 의견으로 결정했다. 아이들이 증발로 해석했을 때, 증발이 아니라는 결정적 증거를 보여주자는 것이었다. 그러나 이것은 소극적인 대응이었다. 그날 수업에서 증발로 해석한 모둠이 많아서 전체 공유 시간을 효과적으로 진행하지 못했는데, 이런 점을 그대로 두는 대응이었기 때문이다. 그런 느낌이 있어서였는지 이어서 '증발 때문'이라는 해석이 나오지 않게 하려는 수정 의견도 있었다.

조윤성(사회) 물컵에 들어 있는 물을 그려보라고 했던 도입 과제가 떠올랐어요. 따로 하면 시간 잡아먹으니 여기다 그리게 해보면 어떨까요? 물과 에탄올을 섞은 메스실린더에 그리도록 하면.

서동석(기술) 그거 괜찮네요.

이렇게 하면 아이들은 혼합물을 알갱이로 표현할 것이다. 그러다 보면 증발이 아니라 알갱이 크기 차이로 실험 결과를 해석할 것이라는 예상이었다. 이어서 2번 과제에 대한 의견도 나왔다.

전경아(과학) 문제가 애매한 것 같아요. 실험에서 '알갱이로 이루어졌다.'라고 정리했으니까, 정리한 것으로 이 현상들을 설명해보는 과제로 수정하면 어떨까요?
조윤성(사회) 옳은 것 두 개 정도만 주고.
수업 교사 그걸 또 뒷면 마지막으로 이동하면 좋겠어요.

수업 끝나는 종이 울린 뒤 다루었던 뒷면 과제에 대한 제안은 다음과 같았다.

서동석(기술) 시간이 부족하니까 1번에서 줄 긋기는 말고 그냥 제대로 준다. 4번 라부아지에도 빼고.
전경아(과학) 줄 긋기는 금방 하더라고요. 그래서 빼긴 아까워요.

이와 같은 활동지 과제에 대한 의견과 더불어 수업 진행에 대한 의견도 있었다. "에탄올과 물을 혼합한 것이 모두 부피가 작았잖아요. 그러면 '작지요? 왜 그런지 써봐요.' 이렇게 넘어가면 좋겠어요. 그런데 선생님은 시간이 걸렸어요." 서동석(기술) 선생님의 의견이었다.

　나는 다르게 진행했다. 한 아이에게 "실험 결과가 전체적으로 어때요?"라고 물었는데 "비슷해요."라고 대답했다. 그래서 "비슷하지만, 그래도 자세히 보면 어떻지요?" 이런 식으로 늘어지고 말았던 것이다. 또 다른 교사가 의견을 냈다.

　　이경은(수학)　수업이 리듬을 타야 하는데, 아이들이 에탄올과 물을 섞고 부피를 읽을 때 "아! 100이 안되네." 이렇게 신기해했거든요. 그 말을 받아서 "왜 그런지 생각해서 적어요."라고 바로 시켰으면 좋겠어요. 그런 아이들의 신기함이 그 후 실험 도구 정리하고 그러느라고 이어지지 못했어요.

　"수업이 리듬을 타야 한다."라는 말이 인상적이었다. '맞아! 그렇게 진행해도 좋았겠다.'라는 생각이 들었다. 앞면 실험을 마무리하고 뒷면으로 넘어가는 순간에 대한 의견도 있었다.

　"'답이 이겁니다.'라고 정리한 후에 다음 과제로 바로 넘어가지 않았어요. 1분 정도 나무토막도 알갱이로 되어 있고, 이런 이야기를 한 것 같은데. 그 이야기는 애들이 못 알아들었을 것 같아요. 1분간 이야기했는데 나도 못 알아듣겠더라고요."

　수업모임 선생님이 촬영한 수업 동영상을 보니, 내가 원자설의 각 주요 내용과 그림 연결하기 후에 다음 과제로 그냥 넘어가지 않고 네 개의 주요 내용을 모두 다시 읽고 있었다.

"한 가지 활동 후에는 정리 발언을 하고 넘어가는데, 정리 발언이 오히려 수업을 흐트러뜨린다는 생각이 들었습니다."라는 서동석(기술) 선생님의 말을 들으면서, 내가 노파심에 하는 이런 말들이 수업의 곳곳에 스며 있음을 새삼 깨닫게 되었다.

첫 번째 사전 수업을 통해 가장 중요한 것은 확인되었다. 아이들이 실험을 흥미롭게 한다는 것과, 실험 결과도 쉽게 눈으로 확인할 수 있다는 것이다. 이를 바탕으로 오늘 수정 사항을 활동지에 반영하면 수업이 어떻게 달라질지 기대가 되었다.

3. 아이들과 교사 사이의 거리

여전히 줄지 않는 '증발 해석'

전날 논의를 반영하여 다음과 같이 활동지를 수정했다.

앞면에는 실험뿐인데 액체가 섞인 모양을 그리도록 큰 동그라미 칸을 주었다. 그 아래에 있던 현상 고르기 문제는 두 개만 골라 뒷면 마지막으로 옮겼다. 그리고 뒷면에 있던 라부아지에 문제는 뺐다. 전체적으로 어제 활동지보다 내용이 줄어서 무엇을 할지가 더 한눈에 들어왔다. 이것을 사용한 사전 수업에서는 아이들의 반응이 어제보다 좀 나아졌을까?

[표6] 원자설 활동지 3차 수정안 (앞면)

1.6 물질의 구성

★ 모둠 활동 : 물과 에탄올을 섞으면

1. 같은 양의 물과 에탄올을 섞을 때 부피를 비교하며 물질의 구성에 대하여 알아보자.
   가. 50ml씩 섞어 부피를 측정하고, 동그라미 안에 섞여 있는 모습을 그려보자.

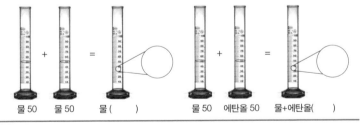

물 50   물 50   물(   )   물 50   에탄올 50   물+에탄올(   )

나. 물과 에탄올을 섞으면 각각을 더한 양보다 부피가 (늘어난다, 줄어든다, 그대로이다).

다. 실험 결과가 위와 같은 까닭을 설명해보자.

[표7] 원자설 활동지 3차 수정안 (뒷면)

★ 개념 확인 : 돌턴의 원자설(1803년)

1. 돌턴은 원소가 작은 입자인 원자로 이루어졌다는 '원자설'을 제안하였다. 원자설의 주요 내용은 다음과 같다.

가. 물질은 더 이상 쪼갤 수 없는 원자로 구성되어 있다.

나. 원자의 종류가 같으면 그 크기와 질량이 같고, 원자의 종류가 다르면 그 크기와 질량이 다르다.

다. 원자는 없어지거나 새로 생기지 않으며, 다른 종류의 원자로 변하지 않는다.

라. 서로 다른 원자들이 일정한 비율로 결합하면 새로운 물질이 만들어진다.

2. 돌턴의 원자설의 가~라 중 앞면 실험(물과 에탄올 혼합)과 관련된 것을 모두 골라보자. (   )

3. 모든 원소는 그 물질을 구성하는 기본 단위 입자들이 모여 이루어지는데, 이 입자들을 그 원소의 (   )라고 한다.

4. 다음 현상을 '물질은 작은 알갱이들로 이루어졌다.'는 사실을 이용하여 설명해보자.
   가. 꼭 묶어놓은 풍선이 저절로 작아진다.
   나. 향수가 방 안으로 퍼진다.

	설명
가	
나	

안타깝게도 수업은 별반 나아지지 않았다. 지난 사전 수업과 마찬가지로 이날도 실험 방법 안내와 도구 정리 과정이 혼란스러웠다. 우리가 관심을 가졌던 실험 결과에 대한 해석도 달라지지 않았다.

여전히 '증발' 때문이라고 해석한 모둠이 어제와 똑같이 네 개 모둠이었고, 알갱이들이 서로 끼어 들어갔기 때문이라고 설명한 모둠이 둘이었다.

모둠 칠판의 모습은 어제보다 더 안 좋았다. 2모둠과 4모둠은 알갱이로 그려놓고 '증발 때문'이라고 썼다. 글로 쓴 해석과 그림에 일관성이 없어 혼란스러웠다. 5모둠과 6모둠의 경우 그림은 똑같은데 설명은 전혀 달랐다.

실험 결과 해석을 알갱이로 하도록 도우려던 우리의 의도와 달리, 아이들에게 그림 그리기는 실험 결과 해석 이외에 하나 더 추가된 어려운 문제일 뿐이었다. 모둠 토론에도 그림은 도움을 주지 못했다. 발표와 공유 과정은 전날보다 더 나빴다. 1모둠의 발표 후 질의응답이 있었다.

성운 물과 에탄올은 서로 맞지 않아 반응을 일으켜 증발했어요.

재연 구체적으로 어떤 반응이 일어나는지 조금 더 설명해주세요.

성운 잘 모르겠어요.

예희 서로 맞지 않는다는 말은 무슨 뜻인가요?

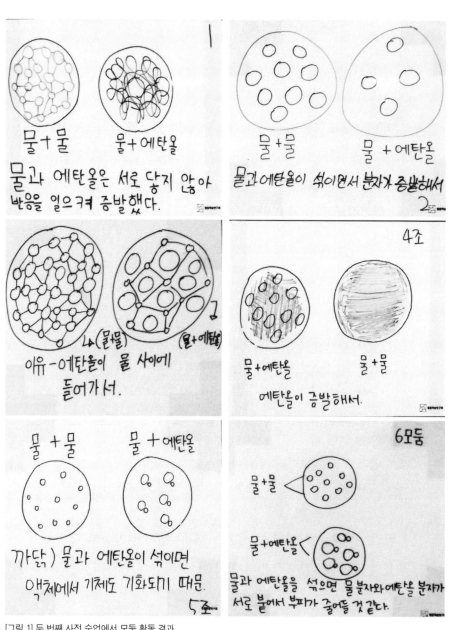

물 + 물   물 + 에탄올

물과 에탄올은 서로 닿지 않아
반응을 일으켜 증발했다.

물 + 물   물 + 에탄올

물과 에탄올이 섞이면서 분자가 증발해서

2조

4조

(물+물)   (물+에탄올)

이유 - 에탄올이 물 사이에
들어가서.

물 + 에탄올   물 + 물

에탄올이 증발해서.

물 + 물   물 + 에탄올

까닭) 물과 에탄올이 섞이면
액체에서 기체도 기화되기 때문.

5조

6모둠

물 + 물

물 + 에탄올

물과 에탄올을 섞으면 물 분자와 에탄올 분자가
서로 붙어서 부피가 줄어들 것 같다.

[그림 1] 두 번째 사전 수업에서 모둠 활동 결과

성운 그것도 모르겠어요.

지민 그런데 왜 썼어요?

(반 전체 하하하)

발표를 듣고 질문하는 아이들은 좋았지만, 1초의 망설임도 없이 모른다고 대답하면서 웃는 발표자의 태도에는 진지함이 없어 보였다. 이날 과제 중에서 그나마 괜찮게 진행된 것은 뒷면 2번이었다. '원자설의 주요 내용 중 앞면 실험과 관련 있는 것'을 찾는 문제였다.

교사 앞 실험은 어떤 거와 관련 있어요?

아이들 '나'.

예림 크기와 질량이 다르니까.

창훈 '라'요. 섞여서 다른 물질이 되었어요.

교사 아닙니다. 이건 다른 물질까지 간 건 아니고, 섞여도 에탄올로 그대로 있어요. 서로 결합한 게 아니라 서로 옆에 있어요.

용채 '다'요. 없어진 게 아니잖아요.

교사 '가'도 추가해요. 알갱이로 이루어진 거니까.

이런 과정은 아이들이 앞 실험을 떠올리면서 원자설의 각 주요 내용에 대해 생각해보는 기회가 되었다.

실험 안내와 실험 수행 방법 수정

수업모임에서는 이틀 연속 혼란스러웠던 실험 진행에 대한 의견이 가장 먼저 나왔다.

> **서동석(기술)** 선생님이 실험 안내를 엄청 많이 했어요. 에탄올 들어보세요, 분홍색 뚜껑만 열고, 메스실린더 까만 선까지 부어요, 넘치면 안돼요, 안 섞이면 저어주세요, 쓰세요, 등.
>
> **서은지(영어)** 실험 안내는 선생님이 파워포인트로 정리해 오셔서 화면에 띄워놓고 아이들이 물으면 화면 보게 하세요. 그리고 실수가 있는 모둠에만 더 이야기해주면 좋겠어요. 전체 학생들에게 가능한 실수를 모두 이야기하니 너무 길어졌어요.
>
> **김민석(과학)** 실험 후에 한 명은 결과를 적고, 또 한 명은 메스실린더 들고 나오고, 나머지는 실험 도구를 내놓고, 이렇게 메스실린더와 실험 도구 정리, 실험 결과 정리를 모두 다 한꺼번에 하면 좋겠어요.
>
> **서은지(영어)** 결과를 같이 보면서 "줄었죠? 왜 이렇게 되었는지 생각해서 써보세요."라고 하면……

선생님들은 교사의 설명을 줄이면서도 실험을 정확하게 안내하는 방법과, 결과 쓰기와 실험 도구 정리를 한꺼번에 하는 방법, 그리고 결과 해석으로 자연스럽게 넘어가는 방법을 제안했다.

오늘도 아이들의 실험 결과 해석에 '증발'이라는 오답이 너무 많아 전체 공유를 진행하기 힘들었다. 따라서 이를 해결하기 위한 방법이 집중적으로 논의되었다.

조윤성(사회) 랩으로 씌워서 하면?

서은지(영어) 모둠 칠판을 붙인 후 되돌리기 할 때 (중략) "증발이 아닙니다. 모둠에서 다시 이야기해봐요." 이렇게 진행하면 '증발' 의견을 냈던 아이들은 새로운 생각을 할 것이고, '알갱이' 의견을 낸 아이들은 그 주장을 더 섬세하게 보완하지 않을까요?

김민석(과학) "이미 부어놓은 것을 봐라, 10분 지났는데도 더 많이 증발하지 않았지 않느냐."라고 말해도, 부을 때 물질끼리 만나는 순간 증발이 일어난다는 아이들의 설명은 반박할 수가 없어요.

이경은(수학) 에탄올과 에탄올을 섞게 하면 어떨까요?

김민석(과학) 그거 좋은 생각이네요. 그게 오히려 덜 줄어들 테니까요.

에탄올끼리 섞는 방법은 어제도 제안되었지만 오늘에야 선택되었다. 에탄올을 세 개, 물을 한 개 주고 두 개씩 섞는 방법이었다. 증발로 설명하는 모둠이 얼마나 줄어들지, 그리고 알갱이로 설명하는 모둠이 얼마나 나올지 궁금해졌다.

모둠 칠판 여섯 개를 어떻게 다룰까

이날도 수업 운영에 대한 이야기가 있었다. 칠판에 여섯 개의 모둠 칠판이 붙여졌을 때 선뜻 발표하겠다는 아이가 없었다. 그리고 발표하는 아이도 글자를 읽고 마는 정도였다. 선생님들이 이에 대한 생각을 말했다.

> **서동석(기술)** 선생님이 모둠 활동 시간을 충분히 주지 않았어요.
> **수업 교사** 이야기하던 아이들이 멈춘 것처럼 보일 때 모둠 칠판을 가져가도록 했는데요.
> **이경은(수학)** 그때 시간을 더 주어봤자 아이들이 더 이야기할 것 같지 않았어요. 그럴 때는 얼른 모둠 칠판에 쓰도록 하고 그것으로 되돌리기를 하는 것이 낫다고 생각해요.
> **서동석(기술)** 6모둠을 보았는데, 아이들이 이야기를 늦게 시작했어요. 서로의 활동지를 읽어보고 한 아이가 "이거 왜 그래?"라고 막 질문을 시작했는데, 그때 선생님이 "모둠 칠판 가져가요." 그랬어요. 그래서 논의가 이루어지지 못했어요. 이야기한 게 없으니까 발표할 말도 없는 거라고 생각해요.

선생님들의 말을 들으면서 아이들이 모둠 활동할 때 나를 돌이켜보았다. 모둠 토론이 끝났는지를 나는 '인상'으로 판단하고 있었다. 아이들 전체의 모습을 한꺼번에 보면서 소리를 듣다가 아이들 사이의 대화가 잦아들면 토론이 끝났다고 판단했다. 그런데 막 대화를 시작하려던 모둠이 있었다는 서동석(기술) 선생님의 말에 나의 이런 판단 방법을 다시 생각하게 되었다. 그리고 발표가 만족스럽지 못한 것이 모둠 토론이 충분히 이루어지지 않았기 때문이라는 의견이 신선했다. 더불어서 내가 전체를 보느라 각 조가 무슨 이야기를 어떻게 나누고 있는지를 구체적으로 파악하지 못하고 있다는 것도 떠올랐다.

4. 아이들이 잘할 수 있는 것을 하는 수업

에탄올과 에탄올을 섞어도 안 돼

전날 논의를 반영하여 활동지를 다시 수정했다. 에탄올과 에탄올, 에탄올과 물을 섞고 비교하도록 실험 방법을 바꾸었고, 그림으로 그리도록 했던 부분을 없앴다.

[표8] 원자설 활동지 4차 수정안 (앞면)

★ 모둠 활동 : 에탄올과 물을 섞으면

1. 같은 양의 에탄올과 물을 섞을 때 부피를 비교하며 물질의 구성에 대하여 알아보자.
   가. 50ml씩 섞어 부피를 측정해보자.

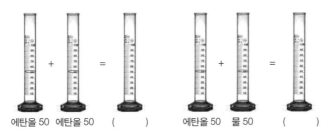

에탄올 50 에탄올 50 (   )   에탄올 50 물 50 (   )

   나. 실험 결과가 위와 같은 까닭을 설명해보자.

   > 에탄올과 물을 섞으면 각각을 더한 것보다 부피가 (줄어든다, 늘어난다, 그대로이다).
   > 왜냐하면, _____

수업이 시작되자마자 어제의 제안에 따라 준비한 파워포인트 문서를 스크린에 띄우고 실험 방법을 안내했다. 1분여 만에 도구 정리와 칠판에 실험 결과 쓰기까지 설명했다. 뒤늦게 물어보는 아이에게는 스크린에 띄워져 있는 "파워포인트 봐요."라고 짧게 안내했다. 결국 7분여 만에 실험을 마무리할 수 있었다. 결과적으로 전과 비교했을 때 시간이 반 정도로 줄었다.

모둠 활동 중에는 시간을 얼마나 줄 것인지 판단하려고 애썼다. 그러나 우리의 기대와 달리 논의가 활발한 모둠이 드물었다. 생각해보면 우리의 수정은 논의가 활발해지도록 하는 것이 아니었다. 증발 해석이 줄고 알갱이 해석이 늘어나는 것이었다. 칠판에 모둠 칠판이 붙여졌을 때 보니 '증발 해석'이 단 한 모둠밖에 없었다. 그럼에도 불구하고 우리는 좋아할 수가 없었다. '알갱이'로 설명한 모둠도 하나밖에 없었기 때문이다. 나머지 네 개 모둠의 해석은 아래와 같이 이전 수업에서는 볼 수 없었던 애매한 것들이었다.

"원소가 합쳐지기 때문이다."
"서로 다른 원자들이 일정한 비율로 섞여서 새로운 물질
이 나왔기 때문이다."
"같은 원소가 아니라서."
"에탄올과 물은 서로 다른 종류라서 안에 들어 있는 원자
도 다르다. 그러면 크기와 질량이 다르기 때문이다."

실험 시간을 단축하여 생긴 여유로 인해 알갱이로 현상을 설명

하는 마지막 문제를 처음으로 할 수 있었다. 당연히 알 것이라고 생각했는데 그렇지 않은 아이들이 적지 않았다.

> **교사** 꼭 묶어놓은 풍선이 저절로 작아지는 것에 대해 (중략) 이야기해볼 사람?
> **동희** 공기 알갱이가 풍선을 묶은 곳으로 나갔어요.

'풍선도 알갱이로 되어 있어서 풍선 알갱이 사이로 공기 알갱이가 빠져나갔다.'가 답이었다. 그런데 평소 공부를 열심히 한다고 생각하던 아이가 위와 같이 오답을 말했다. 이렇게 사전 수업이 끝났다.

오답이 너무 많지 않도록 수업목표 수정

사전 수업이 이제 한 번 남았다. 실험 안내와 정리 그리고 뒷면 진행은 교사들이 원하는 모습으로 이루어졌다. 따라서 수업모임에서의 논의는 실험 결과 해석과 그것을 전체적으로 공유하는 문제에 집중되었다. 서동석(기술) 선생님이 '분류하기'를 제안했다.

> 모둠 칠판 6개가 붙여지면 선생님이 두 종류나 세 종류로 분류하고, 종류별로 하나씩 발표 듣고, (중략) 답이 있는데 "한 번 더 생각해봐라." 이렇게 되돌리기 하고, "생각이 바뀐 모둠 손들어보라." 하고 들어보는 식으로 진행하면 어떨까요?

그러나 '물과 에탄올이 결합해서'나 '새로운 물질이 만들어져서', '같은 원소가 아니라서', 또 '서로 다른 원자는 크기와 모양이 달라서' 등 분류하기도 애매한 해석이 많은 것에 부담을 느끼던 나는 다른 방법을 제안했다. 이날 사전 수업 후에 고민하다 생각해낸 방법이었다.

> **수업 교사** 우리는 '알갱이냐, 아니냐?' 정도만 판단하기를 원하는데 아이들은 어느 알갱이가 큰지, 알갱이들이 섞여 있는지 아니면 결합했는지, 이런 거를 판단하려 했어요. 결국 똑똑한 유범이조차도 우리의 의도를 파악하지 못하는 상황이 된 것 같아요. 그래서 난이도를 낮추어야 되지 않을까 생각해요. 입자, 즉 알갱이로 이루어져 있다는 것을 실험 전에 설명해주고, 그것을 바탕으로 이 현상을 설명해보도록 하고 싶어요.
>
> **이경은(수학)** 그러면 '알갱이'라는 것을 가지고 이 현상을 설명해봐라, 이 정도네요.
>
> **수업 교사** 네, 초안으로 가져왔던 컵 속의 물 그리기를 실험 전에 하는 겁니다. 알갱이로 된 것과 그렇지 않은 것을 주고 고르게 한 후, 자세히 보면 물과 에탄올도 알갱이로 되어 있다고 알려주고 실험으로 넘어가면……

에탄올과 에탄올을 섞는 방법까지 해본 터라 다른 교사들도 동의했다. 결국 실험 과제의 목표를 '알갱이로 되어 있음을 안다.'에서 '알갱이로 되어 있음을 적용하여 실험 결과를 해석한다.'로 수정했다.

상황에 맞는 질문과 진행이 필요하다

수업 교사의 수업 진행에 대한 의견도 있었다. 이경은(수학) 선생님은 원자설의 주요 내용 중 앞면 실험과 관련된 것 찾기 과제를 진행할 때, 내가 아이들에게 던진 질문이 아이들이 답할 수 없는 것이었다는 상황을 설명했다.

"(선생님이) 처음에 아이들에게 '뭐가 모둠별로 공통으로 나왔어요?'라고 물어보셨는데, 애들은 서로 무엇을 썼는지 알 수가 없잖아요. 그래서 애들이 대답을 못했어요."

내가 그렇게 물어보았나 싶었다. 진행에 대한 이야기가 계속 이어졌다.

> 제가 보니 90% 정도가 '나'를 썼어요. 그래서 제가 진행하는 말을 써봤어요. "선생님이 돌아다니면서 보니까 가장 많이 쓴 게 '나'네요. '나'라고 쓴 이유를 말해볼 사람?" 이렇게 물어보시면 될 것 같고요. '가'는 한두 명밖에 안 썼어요. 그러니까 '가'부터 시작하면 말꼬가 터지지 않을 것 같아요.

이경은(수학) 선생님은 자연스럽게 진행하는 말을 제안했다. 이렇게 진행하는 것이 기본이겠지만 나는 그렇게 하지 못하고 있었다. 서동석(기술) 선생님은 또 다른 점에 대하여 이야기했다.

"누가 말해볼까요?" 이렇게 막연하게 물어보지 마시고, "'가'라고 쓴 사람 손들어봐요."라고 물어봅니다. 손을 든 아이들 중에서 몇 명의 얘기를 들어보고, 그다음 "'나'라고 한 사람?", "'나'가 아니라고 생각하는 사람?", 이렇게 손들어보게 해서 물어보면 어떨까요?

내 생각에는 막연하게 물어봐도 괜찮을 것 같다. 그러나 발표하려는 아이가 없다면 바로 서동석(기술) 선생님의 의견처럼 진행하는 것이 좋겠다 싶었다. 여섯 개의 모둠 칠판이 칠판에 붙여졌을 때의 진행에 대한 의견도 있었다.

이경은(수학) 선생님이 모둠 칠판을 내용에 따라 두어 종류로 분류하고, 어느 쪽이 옳다고 생각하는지 물어보면 어떨까요?
서동석(기술) 모둠 칠판이 붙었을 때 처음에 "몇 모둠 들어볼까요?" 그러다가 갑자기 5모둠에게 발표를 시켰지요. 그런데 갑자기 시키는 것보다는 선생님이 분류를 먼저 하고 비슷한 것들 중 한 가지씩만 들어보면 어떨까요? 같은 묶음 속 다른 모둠은 "다르게 말하고 싶은 게 있나요?" 이렇게 물어서 참여시키고요.
수업 교사 내용이 애매한 모둠 칠판은 내용이 명확한 모둠 칠판과 같은지 다른지 물어봐서 정리해야겠어요.

정교한 생각을 위한 끊임없는 토론 유도

전날 논의를 반영하여 만든 활동지는 다음과 같았다. 컵 속에 물이 들어 있을 때, 옳게 나타낸 것을 고르는 문항을 실험 과제 전에 넣었다. 들어가기를 할 때 예상 밖으로 대부분의 아이들이 지체 없이 알갱이로 표현된 'B'를 골랐다. 아이들에게는 이미 물질이 알갱이로 되어 있다는 인식이 있는 듯했다. 그래서 "1학년 때 고체, 액체, 기체 배울 때 알갱이로 그렸던 것 기억나지요?" 하면서 상기시켰다. "이제 실험을 할 텐데, 물질이 이렇게 알갱이로 되었다는 것을 이용해서 결과가 왜 그런지 써봅시다."라고 안내했다.

잠시 후 교실은 토론하는 아이들의 생동감 있는 목소리로 가득 찼다. 나는 활동 시간을 더 주어야 하는지 판단하기 위해 모둠에서 하는 이야기를 들으려고 애썼다. 논의 초반에 '증발'과 '알갱이'라는 단어로 옥신각신하는 소리가 1모둠에서 들렸다. 모둠 활동을 언제 멈추게 하나 살피다 1모둠의 결과가 궁금해 직접 가서 물었다.

"의견이 한 가지로 모아졌어요?"

"아니요."

"그럼 더 이야기해봐요."

의견이 한 가지로 모아졌는지 물어본 것은 처음이었다. 내 물음에 "아니요." 하는 대답은 나와 아이들 사이의 의미 있는 소통이었다. 모든 모둠에 물었는데, 2모둠, 3모둠, 4모둠, 5모둠이 의견이

[표9] 원자설 활동지 최종안 (앞면)

1.6 물질의 구성

★ 들어가기 : 물 표현하기

컵에 든 물의 아주 작은 부분을 매우 크게 확대하면 아래 두 그림 중 어떤 모습일까?

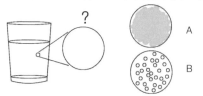

★ 모둠 활동 : 물과 에탄올을 섞으면

1. 같은 양의 물과 에탄올을 섞을 때 부피를 비교하며 물질의 구성에 대하여 생각해보자.

　가. 50ml씩 섞어 부피를 측정해보자.

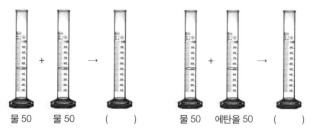

| 물 50 | 물 50 | ( ) | 물 50 | 에탄올 50 | ( ) |

　나. 위 실험 결과를 '물질이 작은 알갱이로 이루어졌다.'는 것을 바탕으로 설명해보자.

> 물과 에탄올을 섞으면 각각을 더한 것보다 부피가 (줄어든다, 늘어난다, 그대로이다).
> 왜냐하면, ＿＿＿＿＿＿＿＿＿＿＿＿＿＿＿＿＿＿＿＿＿＿＿＿＿＿＿＿＿＿

모아졌다고 대답했고, 6모둠이 1모둠처럼 "아니요"라고 대답했다.

잠시 후 1모둠에 가서 다시 물었다.

　"아직도 안 모아졌어요."

[표10] 원자설 활동지 최종안 (뒷면)

1. 돌턴은 원소가 작은 입자인 원자로 이루어졌다는 '원자설'을 제안했다. 원자설의
   주요 내용은 다음과 같다.

가. 물질은 더 이상 쪼갤 수 없는 원자
   로 구성되어 있다.

나. 원자의 종류가 같으면 그 크기와 질
   량이 같고, 원자의 종류가 다르면 그
   크기와 질량이 다르다.

다. 원자는 없어지거나 새로 생기지 않
   으며, 다른 종류의 원자로 변하지 않
   는다.

라. 서로 다른 원자들이 일정한 비율로
   결합하면 새로운 물질이 만들어진다.

2. 돌턴의 원자설 가~라 중 앞면 실험(물과 에탄올 혼합)과 관련된 것을 모두 골라
   보자. (   )

3. 개념 정리

   > 모든 원소는 그 물질을 구성하는 기본 단위 입자들이 모여 이루어지는데, 이 입자들을
   > 그 원소의 (   )라고 한다.

4. 다음 현상을 '물질은 원자와 같은 작은 알갱이들로 이루어졌다.'는 사실을
   이용하여 설명해보자.

   > 크게 불어 꼭 묶어놓은 풍선이 시간이 지나면 저절로 작아진다.

   (   )

"아, 그러면 두 의견 모두 적어요."

6모둠에도 비슷하게 이야기했다. 이렇게 모둠의 토론 상황을 정확히 확인한 후 모둠 칠판을 가져가도록 했다. 이렇게 진행해도 시간은 모자라지 않았다.

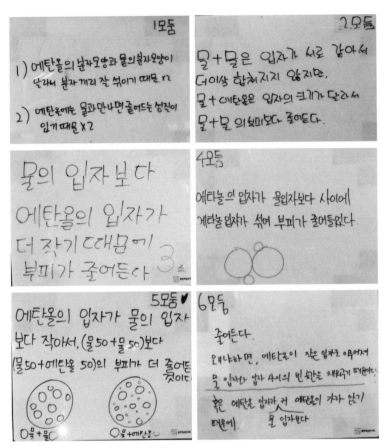

[그림 2] 네 번째 사전 수업에서 모둠 활동 결과

서동석(기술) 선생님의 말에 따르면, 2모둠 아이들의 토론 내용은 시간의 흐름에 따라 '증발한다'→'크기가 달라 섞여서 증발한다'→'크기가 달라 섞여서 줄어든다'로 단계적으로 변해갔다. 선생님은 아무래도 도입부 들어가기 문제, 즉 컵 안에 있는 물을 확

대해서 보았을 때 어떤 모습일지 예측하는 문제가 긍정적으로 작용한 것 같다고 해석했다. 2모둠의 토론은 다음과 같았다.

> **성민** 뭐라고 썼어?
> **지연** 물과 에탄올을 섞을 때 에탄올이 증발해서.
> **성민** 섞여가지고 증발했나?
> **영서** 그런데 이거 들어가야 되는 거 아냐?
> **성민** 맞아. '물질이 작은 입자로 이루어져 있다.'
> **지연** 그러니까 작은 입자들이 합쳐져서 줄어드는 거 아냐?
> **성민** 그럼 물은 왜 안 합쳐져?
> **지연** 물하고 물은 같으니까 안 합쳐지고, 에탄올이랑 물은 다르니까 합쳐지고.

성민이가 물어보고, 지연이가 자기 의견을 말했다. 잠시 각자 생각하는 듯하더니 이번에는 영서가 성민이의 팔을 툭툭 치면서 이야기를 들어보라고 했다.

> **영서** (에탄올 알갱이와 에탄올 알갱이가) 완전 멀리 있다고 쳐봐.
> **성민** 물은 가까이 있고?
> **영서** 그래. 그러면 (그림을 그려가면서 설명) 물이 여기 (에탄올 알갱이 사이로) 들어가도 부피가 안 커지는 거지.
> **성민** 아!

"사이에 끼어 들어간다."라는 영서의 의견에 성민이가 감탄했다. 결국 그 모둠에서는 모둠 칠판에 다음과 같이 적었다.

> '물+물'은 입자가 서로 같아서 더 이상 합쳐지지 않지만,
> '물+에탄올'은 입자의 크기가 달라서 '물+물'의 부피보다
> 줄어든다.

이 모둠의 토론은 이전에 관찰했던 어느 모둠의 토론보다 활발했다. 그러면서 의견이 변해갔고, 결국은 우리가 의도한 목표에 정확하게 도달했다. 우리는 아이들이 너무 쉽게 도달할까봐 걱정했지만, 그렇지 않았다. 아이들은 흥미롭게 토론하면서 목표에 도달했다. 그 과정에서 아이디어를 내기도 하고, 서로 설명하고 듣기도 하고, 감탄하기도 했다.

"이것이(도입으로 준 컵 그림) 증발 해석을 막아주는 효과는 분명히 있는 것 같아요. 저도 아이들 사이에 배움이 일어나는 부분을 본 것 같아요."

박미경(국어) 선생님은 6모둠을 관찰했던 내용을 이렇게 말했다.

"2모둠과 달리 6모둠에서는 서로 논쟁이 벌어졌어요. 한 아이가 증발을 주장했더니 다른 아이가 알갱이들이 서로 끼어들었기 때문이라고 반론했어요. 또 물과 에탄올 중 어느 알갱이가 큰지를 문제로 삼으려니까, 그건 모르지만 '작은 것이 큰 것 속으로 들어간다.'라고 정리했어요. 그리고 가라앉는다는 주장도 나왔는데, '가라앉아도 부피는 같아야지.'라고 반론했어요."

모둠 칠판을 붙였을 때 '증발 때문'이라는 해석은 하나도 보이지 않았다. 토론 중에는 있었는데 토론 과정에서 모두 아닌 것으로 의견이 모아진 것 같았다. 그리고 답은 대체로 우리가 바라던 내용에 가까웠다. 이전 수업까지 오답이 더 많던 상황과는 확연히 달랐다. 더 많은 아이들이 더 활발한 논의를 하면서 옳은 결론에 도달했고, 실험은 뒷면의 원자설로 자연스럽게 연결되었다.

앞면 실험과 관련 있는 원자설의 주요 내용을 묻는 과제를 할 때에도 여기저기서 "가, 나", "나, 라", "다, 라" 라는 이야기가 활발하게 오고 갔다.

교사 '라'가 많은 것 같은데, 누가 한 번 이야기해볼까요?

정환 크기가 큰 거랑 작은 거랑 섞여가지고 끼어들어서 (중략) 새로운 게 생기고…….

교사 물하고 에탄올이 섞이면서 새로운 게 생긴 거다?

상철 새로운 물질이 만들어진 건 아니잖아요. 물이랑 에탄올이랑 단지 섞였을 뿐이지.

정환 섞인다는 것 자체가 새로운 것이라고 볼 수 있지 않나요?

교사 아까 섞은 걸 볼까요? (콩과 팥이 섞인 채로 들어 있는 메스실린더를 꺼낸다.) 이 안에 새로운 콩이 생겼어요?

학생들 아니요.

교사 새로운 물질이 생긴 건 아니에요. 섞이는 거랑 새로운 물질이 생기는 거랑은 좀 달라요. 새로운 물질이 생기는 건 나중에 따로 배울 거예요. 그래서 '라'는 아니에요.

아이들은 이전 수업에서보다 훨씬 활발했다. 이에 대해 서동석 (기술) 선생님은 "어제, 그제와 달리 각자 쓸 시간 1분, 모둠으로 이야기할 시간 2분, 이렇게 진행해서 아이들이 활발했던 것 같아요."라고 말했다. 이런 변화는 앞면을 바꿈으로써 아이들이 토론이나 수업 진행에서 헤매는 시간이 줄었기 때문일 것이다. 이렇게 해서 네 번의 사전 수업과 참관, 참관을 바탕으로 한 수업모임을 모두 마쳤다. 그리고 이날 사용한 활동지로 며칠 후 공개수업을 진행했다.

활동지 만들기부터 생각하면 10여 일이 정신없이 지나갔다. 그동안의 공개수업 과정은 만만치 않은 '증발'과의 싸움이었던 것 같다. 부드러운 진흙을 한 움큼 쥐면 손가락 사이로 진흙이 빠져나간다. 내 입장에서 교실 속 아이들은 조그만 틈만 있어도 예상치 못한 곳으로 빠져나가는 진흙과 같았다. 아이들은 그렇게 빠져나가면서 '과학 어렵다.'라는 생각을 할 것이다. 앞선 사전 수업 시간의 아이들이 그렇게 느꼈을 것 같다. 반면에 마지막 사전 수업 시간의 아이들은 다르게 느꼈을 것이다. 수수께끼의 해답이 손에 잡힐 듯하여 흥미롭게 달려들었던 것 같다. 이 모든 과정을 되새김질하면서 이후 다른 수업을 할 때 잊지 않고 교훈으로 삼는 일이 내게 남아 있다.

에필
로그

수업의 변화를
이끌어가는 힘

교사와 아이들이
함께 이끌어가는 수업 혁신

2015년 한 해 동안 1학년에서 여섯 번의 공개수업 과정을 거쳤다. 이 과정에 참여한 교사들은 각자 자신의 상황에 맞게 아이들의 배움에 중점을 둔 수업을 경험하고 배웠을 것이다. 2016년에는 1학년과 2학년에서 총 여덟 번의 공개수업 과정을 계획하여 진행하고 있다.

"내년에 3학년까지 수업 혁신 학년을 확대하는 것은 무리가 아닐까요?"

수업 혁신을 염려하는 목소리도 있었다. 그도 그럴 것이 지금까지 1학년과 2학년을 수업 혁신 학년으로 운영해오는 동안 수업모임에 참석하는 교사의 수는 전체 교사 중 1/3 정도였다.

하지만 수업 혁신을 전체 학년으로 확대해야 한다는 우리들의 생각에는 변함이 없었다.

"그래도 내년에는 3학년까지 확대해야 합니다. 지금 2학년 아이들은 1학년 때부터 모둠 수업을 해왔기 때문에 수업 시간에 자기 생각을 표현하면서 함께 배우는 데 익숙해져 있어요. 그런 아이들이 내년에도 계속 잘할 수 있도록 해야지요."

한 수업모임 선생님의 말에 모두 고개를 끄덕였다.

교사들이 오랫동안 해오던 자신만의 수업 방식을 바꾼다는 것은 말처럼 쉬운 일이 아니다. 게다가 수업모임에 새로 나오는 사람도 많지 않다. 그러나 아이들은 달랐다. 모둠 수업을 1년 경험한 아이들은 경험하지 못한 아이들과 확연히 달랐다. 이 아이들이 있는 학급에서 수업을 하게 된 어느 선생님은 "아이들에게 기회를 주었더니 곧잘 해서 나도 조금씩 모둠 활동을 시켜보고 있어요."라고 얘기했다. 또 수업 혁신 학년 아이들이 그렇지 않은 3학년 아이들과는 다르다고 말하는 선생님도 있었다.

"2학년 아이들은 수업 시간에 달라요. 과제를 주면 자기들끼리 말하고 듣고 물으며 논의를 잘해요. 앞에 나와서 스스럼없이 발표도 잘하고 손들고 질문도 잘해요. 아이들 사이에 그런 문화가 형성되어 있는 것 같아요. 3학년 아이들은 몇몇 아이들을 빼곤 수업 시간에 적극적이지 않아서 아쉽거든요."

아이들을 보면서 칭찬하는 선생님들이 생기고, 또 아이들을 보면서 수업을 학생 중심으로 바꾸어보는 선생님들이 생기고 있다. 앞으로 우리 학교의 수업 혁신은 어쩌면 그것을 경험하여 익숙해진 아이들이 새로운 동력이 되어 이끌어갈지도 모른다.

영림중학교 수업 혁신의 시작

보통 참관이라고 하면 수업 참관을 떠올리겠지만, 수업모임 참관도 있다. 작년에 이어 올해에도 다른 학교 선생님들이 몇 차례 우리 학교에 와서 수업모임을 참관했다. 우리가 활동지를 앞에 두고 논의하는 모습을 참관한 것이다. 수업모임이 어떻게 운영되는지 본 다음 한 번 시작해보고 싶은 마음에서였을 것이다.

수업모임 선생님들 중 한 분이 올해 혁신학교 1년 차인 서울의 어느 학교에 이 책에서 얘기한 수업 혁신 사례를 소개하러 갔을 때 이런 질문을 받았다고 한다. "수업 혁신을 한다는 것을 어떻게 동의받았나요?" 그 학교는 혁신학교로 출발을 했지만 아직 수업 혁신을 시작하지 못하고 있었다. 수업 혁신을 어디서부터 어떻게 시작해야 할지 막막했던 것이다.

수업 혁신은 교사들의 마음을 모으는 것부터 시작해야 한다. 우리 학교의 경우는 그렇게 시작되었다. 2014년 늦가을, 교무실에서 혁신학교 공모에 지원하는 문제를 두고 전 교사의 투표가 있었다. 투표에 앞서 한 교사가 '수업 혁신 중점 혁신학교'를 제안했다. 범교과 수업모임을 지속적으로 운영하면서 일상의 수업을 학생들의 배움 중심 수업으로 바꾸어가자는 내용이었다. 다행히 우리 학교 교사들에게는 그런 방식의 수업 혁신이 생소한 것이 아니었다. 그전 2년 동안 범교과 수업모임을 소규모로 진행하면서 1년에 5회씩 공개 수업을 해왔기 때문이었다. 그런 경험이 교사들에게 '수업을 잘해보자는 것이니 힘을 실어주자!'라는 판단을 하도록 했던 것 같다.

수업 혁신에 찬성하는 것과 자기 수업을 바꾸겠다고 자원하여 나서는 것은 다른 일이다. 찬성하며 지지하는 것은 크게 어렵지 않지만, 자신이 자원하여 나서는 것은 훨씬 더 어렵고 힘들다.

우리 학교도 혁신학교로 지정되었지만, 수업 혁신 학년인 1학년을 자원하는 기존 교사는 매우 적었다. 결국 3월이 되었을 때 1학년 담임은 대부분 새로 전근 온 교사들로 채워졌다. 이들 중에 마침 범교과 수업모임을 통한 수업 혁신을 경험한 이웃 혁신학교 교사 몇 명이 있었다. 이렇게 새로 1학년에 배정된 교사들이 학생들의 배움에 중점을 둔 수업을 위한 노력을 시작했다. 어떤 일이든 마찬가지겠지만 수업 혁신도 완벽한 시작이나 완벽한 진행은 없다. 학교의 상황에 따라, 또 교사의 상황에 따라서 알맞게 시작하는 것이다.

소통하는 수업모임과 확인하는 수업 참관

다른 학교에 수업모임을 소개하러 갈 때가 종종 있는데, 그때마다 교사들이 겪고 있는 어려운 상황들을 접하게 된다. 방과 후 수업으로 인해 교사들끼리 모임을 가질 시간이 전혀 나지 않는다는 학교도 있었다. 그중에서도 이런 이야기가 가장 안타까웠다.

"수업모임을 해도 잘 안 돼요. 왜 잘 안 될까요?"

이 책에서 시종일관 제안하는 것은 수업모임이 소통하는 시간이 되어야 한다는 것이다. 단지 조언을 주고받거나 한두 마디 의견을 말해보는 정도로는 의미가 없다. 활동지의 과제와 수업 운영 방법에 대해 자신의 의견과 함께 대안을 제시하고, 논의를 통해 매듭을 지어가며 서로 소통해야 한다. 그러면 활동지가 나아지고 수업이 전보다 나아질 것이다.

수업 혁신이 한 단계 더 도약하기 위한 방법은 함께 논의한 수업을 참관하는 것이다. 우리가 논의한 대로 아이들이 배워가는지 확인하는 것이다. 참관 후 다시 수업모임을 열어서 아이들이 어떻게 배웠는지, 그래서 수업디자인을 어떻게 수정할 것인지를 논의하는 것이다. 이 과정이 수업모임을 실효성 있게 만든다. 그래서 수업을 나아지게 만들며, 우리들이 실질적으로 수업을 배워갈 수 있게 해준다.

지금까지 수업모임을 할 때마다 우리는 수업에 대해서 새로운 것을 항상 배워왔다. 그러나 교실 안에서 매일 벌어지는 우리의 수업은 그만큼씩 나아지지는 않는 것 같다. 수업이 끝날 때면 여전히 수업디자인에 대한 아쉬움을 느끼게 된다. 하지만 수업에 대한 이런 점들을 함께 나눌 수 있는 동료가 있고 수업모임이 있어서 힘을 낼 수 있다. 특히 시간이 흘러갈수록 달라지는 아이들의 모습은 우리에게 가장 큰 힘을 불어넣어준다.

삶과 교육을 바꾸는
맘에드림 출판사 교육 도서

나는 혁신학교에 간다

경태영 지음 / 값 14,000원

공교육을 바꾸겠다는 거대한 희망을 품고 시작된 '혁신학교'. 이 책은 일곱 개 혁신학교의 이야기를 담고 있다. 지금 우리 교육이 변화하는 생생한 현장의 모습과 아이들이 꿈을 키우고 행복하게 공부하는 희망의 터로 새롭게 자리매김하는 학교들을 이 책에서 만날 수 있다.

혁신학교란 무엇인가

김성천 지음 / 값 15,000원

교육 공동체가 만들어내는 우리 시대 혁신학교 들여다보기. 혁신학교 전반에 관한 이야기를 다루고 있는 책으로, 공교육 안에서 혁신학교가 생기게 된 역사에서부터 혁신학교의 핵심 가치, 이론적 토대, 원리와 원칙, 성공적인 혁신학교의 모습을 보이고 있는 단위 학교의 모습까지 담아냈다.

학부모가 알아야 할 혁신학교의 모든 것

김성천, 오재길 지음 / 값 15,000원

학부모들을 위한 혁신학교 지침서!
'혁신학교에서는 무엇을, 어떻게 가르치고 있는지, 교사·학생·학부모는 어떻게 만나서 대화하고 관계를 맺어가는지, 어떤 교육 목표를 지향하고 있는지 등 이 책은 대한민국 학부모들의 궁금증에 친절하게 답을 한다.

덕양중학교 혁신학교 도전기

김삼진 외 지음 / 값 14,500원

이 책의 1부는 지난 4년 동안 덕양중학교가 시도한 혁신과 도전, 성장을 사실과 경험에 기반한 스토리텔링 방식의 성장기로 전개하고 있다. 그리고 2부는 지역사회와 협력하여 펼치고 있는 교육 프로그램, 배움의 공동체 수업 등을 현장 사례 중심의 교육적 에세이 형태로 담고 있다.

학교 바꾸기 그 후 12년

권새봄 외 지음 / 값 14,500원

MBC PD 수첩에 방영되어 화제가 되었던 남한산초등학교. 아이들이 모두 행복하고, 얼굴 표정이 밝은 아이들. 학교 가는 것을 무엇보다 좋아하고, 방학을 싫어하는 아이들. 수업과 발표를 즐겼던 이 학교를 졸업한 아이들이 그 후 12년의 삶을 세상에 이야기한다.

교사는 수업으로 성장한다

박현숙 지음 / 값 12,000원

그동안 교사는 수업에서 아이들을 만나지 못해왔다. 관계와 만남이 없는 성장의 결손을 낳았다. 그리하여 우리 아이들과 교사들은 모두 참 아프고 외로웠다. 이 책에서는 교사, 학생, 학부모, 지역사회가 공동체로서 서로 관계를 맺을 때에만 배움은 즐거운 활동으로서 모두가 성장하는 삶의 일부가 될 수 있음을 보여준다.

교사와 학부모가 함께 읽는 주제 통합 수업

김정안 외 지음 / 값 15,000원

'서울형 혁신학교'로 지정된 7개 혁신학교들이 지난 1~2년 동안 운영한 주제 중심 통합 교육 과정과 수업 사례를 소개한 책이다. 이 학교들의 교육과정은 전국적으로 이루어지는 혁신학교들의 성과를 반영하였고, 자신의 지역사회의 실제 환경과 경험을 살려 실제 수업에 적용한 것이다.

혁신교육 미래를 말한다

서용선 외 지음 / 값 14,000원

혁신교육은 2009년 이후 공교육 되살리기의 새로운 희망이 되어왔다. 이러한 정책을 입안하고 추진하는 데 기여해왔던 6명의 교사 출신 연구자들이 혁신교육 발전에 필요한 정책 과제들을 모아 하나의 책으로 제시한다. 이 책은 교육철학, 교육과정, 교육행정과 학교 운영(거버넌스) 등에서 주요 이슈들을 정리하고 혁신교육의 성과와 과제가 무엇인가를 보여준다.

수업을 살리는 교육과정

서우철 외 지음 / 값 16,500원

최근 교육과정을 재구성하는 논의가 활발한 가운데, 이 책에서는 개별 교과목과 교과서의 형식에 얽매이지 않고 아이들의 발달을 고려하여 주제를 중심으로 교육과정을 재구성하여 통합적으로 운영하는 방법과 구체적인 실천 사례를 설명하고 있다. 이러한 과정은 같은 학년을 맡고 있는 교사들의 토론과 협력을 통해서 이루어진 것임을 이야기한다.

수업 딜레마

이규철 지음 / 값 14,000원

이 책을 관통하는 키워드는 '사람'이다. 저자의 노하우를 전수하는 것이 아니라, 수업 속에서 딜레마에 맞닥뜨려 고통받고 있는 선생님들의 고민을 담고, 신념을 담고, 그것을 이겨내기 위한 한 분 한 분의 마음을 담고 있다. 이런 고민 속에 이 책을 집어 든 나를 귀하게 여기며 다시 한 번 교사로 잘 살아보고 싶은 도전을 하게 한다.

좋은 엄마가 스마트폰을 이긴다

깨끗한미디어를위한교사운동 지음 / 값 13,500원

스마트폰에 대한 아이들의 집착은 대단하다. 스마트폰은 '재미있고 편리하다.' 그러나 스마트폰 때문에 아이들은 시간을 빼앗기고, 건강이 나빠지고, 대화가 사라지며, 공부와 휴식, 수면마저 방해를 받는다. 이 책은 이러한 사례들을 생생하게 소개하고 부모들에게 아이들의 스마트폰 사용에 어떻게 대응해야 하는지 대안을 제시한다.

엄선생의 학급운영 레시피

엄은남 지음 / 값 14,000원

34년 경력의 현직 교사가 쓴 생동감 넘치는 학급운영 지침서. 초등학교에서 아이들은 문자와 숫자를 익히는 것보다 학교와 교실에서 낯설고 모험적인 사건을 겪으면서 더 많은 것을 배운다. 이 책은 초등학교에서 교과서 지식보다 더 중요한 역할을 하는 학교생활과 학급문화를 만드는 데 담임교사의 역할을 다룬다. 교사와 아이들이 서로 존중하고 신뢰하는 관계를 어떻게 만들어야 하는지 구체적인 경험과 사례로 설명해준다.

진짜 공부
김지수 외 지음 / 값 15,000원

혁신학교가 추구하는 '진짜 공부'와 '진짜 스펙'이 무엇인지 보여주는, 졸업생들의 생동감 넘치는 경험담. 12명의 졸업생들은 학교에서 탐방, 글쓰기, 독서, 발표, 토론, 연구, 동아리, 학생회 활동을 통해 자신들이 생각하지도 못한 진짜 공부를 경험했음을 보여준다. 이 책을 통해 수능시험이 아니라 정말로 청소년 스스로 하고 싶을 즐기면서 성장하는 것이 우리 사회에 필요한 것임을 새삼 느낄 수 있다.

수업 디자인
남경운, 서동석, 이경은 지음 / 값 15,000원

서울형 혁신학교의 대표적인 수업 혁신을 담은 이야기. 아이들이 서로 협력하면서 배우는 수업을 목표로 삼은 저자들은 범교과 수업모임을 통한 공동 수업설계를 대안으로 제시한다. 아이들은 교사의 설명을 통해 배우는 것이 아니라 서로 '옥신각신'하며 함께 문제에 도전할 때 수업에 몰입하고 배우게 된다. 이 책은 이러한 수업을 위해서 교사들이 교과를 넘어 어떻게 협력하고 수업을 연구해야 하는지 잘 보여준다.

아이들이 가진 생각의 힘
데보라 마이어 지음 / 정훈 옮김 / 값 15,000원

미국 공교육 개혁의 전설적 인물 데보라 마이어가 전하는 교육 개혁에 대한 경이롭고도 신선한 제언. 이 책은 학교 혁신의 생생한 기록을 통해 우리가 학교에서 무엇을 왜 가르치고 배워야 하는지에 대한 근원적인 성찰을 담고 있다. 아이들이 지성적으로 생각하는 마음의 습관을 배우는 것이 얼마나 중요하고 그것을 위해 학교가 무엇을 해야 하는지를 일깨워준다.

어! 교육과정? 아하! 교육과정 재구성!
박현숙 ·이경숙 지음 / 값 16,500원

교육과정 재구성을 고민하는 교사를 위한 현장 지침서. 이 책은 저자들이 학교 현장에서 교육과정 재구성이라는 화두를 고민하고, 실행한 사례들이 담겨져 있다. 책의 내용은 주제 통합 수업, 교과 통합 수업, 범교과 주제 학습, 교과 체험 학습, 프로젝트 수업 등 학교 현장에서 적용해 큰 성과를 본 것들을 세밀하게 소개하면서 교육과정 재구성 작업의 노하우를 펼쳐 보인다.

행복한 나는 혁신학교 학부모입니다
서울형혁신학교학부모네트워크 지음 / 값 16,000원

이 책은 학부모가 자신의 눈높이에서 일러주는 아이들의 혁신학교 적응기일 뿐 아니라, 학부모 역시 학교를 통해 자신의 삶을 고양시켜가는 부모 성장기라는 점에서 대한민국의 모든 학부모에게 건네는 희망 보고서이기도 하다. 혁신학교가 궁금한 학부모들이 이 책을 통해 혁신학교 학부모로서의 체험을 미리 하는 데 부족함이 없을 것이다.

일반고 리모델링 혁신고가 정답이다
김인호, 오안근 지음 / 값 15,000원

교육 환경이 열악한 지역에 있던, 서울의 한 일반계 고등학교가 혁신학교로서 4년간 도전과 변화를 겪으면서 쌓은 진로, 진학의 비결을 우리 사회 모든 학생, 학부모, 교사, 시민 등에게 낱낱이 소개해주는 책. 이 책은 무엇보다 '혁신학교는 대학 입시에 도움이 안 된다.'는 세간의 편견을 말끔히 떨어 없앤다. 이 책에서 저자들은 '결과' 중심 교육과정을 '과정' 중심으로 바꾸고, 교내 대회와 동아리 활동, 봉사 활동을 장려함으로써 대학 진학이란 놀라운 결과가 어떻게 이루어질 수 있었는지 보여주고 있다.

우리가 신뢰하는 학교, 어떻게 만들 것인가?
데보라 마이어 지음 / 서용선 옮김 / 값 15,000원

이 책의 저자인 데보라 마이어는 보수와 진보를 막론하고 미국 공교육 개혁 분야에서 가장 신뢰받는 실천가이자 이론가로 평가받는다. 학교 안에서 '신뢰의 붕괴'를 오늘날 공교육이 직면한 가장 큰 도전으로 인식한다. 이 책의 원제 'In Schools We Trust'에서 나타나듯, 저자는 신뢰할 수 있는 공교육의 조건이 무엇인지 자신의 경험 속에서 제안하고, 탐색하고, 성찰한다.

교사, 어떻게 살아야 하는가
김성천 외 지음 / 값 15,000원

오랫동안 교육 현장에서 교육과 연구를 병행해온 저자 5인이 쓴 '신규 교사를 위한 이 시대의 교사론'. 이 책은 학교 구성원과의 관계 맺기부터 학교 현장에서 맞닥뜨리게 되는 여러 가지 문제들과 극복 방법, 교육 개혁에 어떻게 주체로 설 수 있는지, 어떤 과정을 통해 개인의 성장을 도모해야 하는지 등 신규 교사의 궁금점에 대해 두루 답하고 있다.

리셋, 교육과정 재구성

서울신은초등학교 교육과정 연구회 모임 지음 / 값 16,000원

서울형 혁신학교인 서울신은초등학교 교사들이 1학년부터
6학년까지 모든 학년의 교육과정을 재구성하고 실천한 경험을
모두 담았다. 이 책에 소개된 혁신학교 4년의 경험은 진정한
학습이란 몸과 마음을 통해 경험함으로써, 생각이나 감정을 다른
사람과 주고받음으로써, 과거 경험을 새로운 지식으로 다시
생각함으로써 실현된다는 점을 잘 보여주고 있다.

다섯 빛깔 교육이야기

이상님 지음 / 값 16,000원

충북 혁신학교(행복씨앗학교)인 청주 동화초등학교의 동화 작가
출신 선생님이 아이들과 함께 보낸 한해살이 이야기다. 이오덕
선생의 "아이들의 삶을 가꾸는 교육"을 고민하던 저자가 동화초
아이들을 만나면서 초등학생의 특성에 맞도록 활동 중심의
교육과정을 재구성하는 한편, 표현 위주의 교육을 위한 생활
글쓰기 교육을 실천하면서, 학교 교육을 아이들의 놀이와 생활,
삶과 연결시키고자 노력한 교단 일지를 바탕으로 구성되었다.

만들자, 학교협동조합

박주희 · 주수원 지음 / 값 14,500원

이 책은 학교협동조합이 무엇인지, 어떤 유형의 학교협동조합이
가능한지, 전국적으로 현재 학교협동조합의 추진 상황은 어떠한지
국내외 사례를 통해 소개하고 안내하는 한편, 학교협동조합을
운영하는 원리와 구체적인 교육방법을 상세하게 풀어놓고 있다.
저자들의 실천적 지침들을 따라가다 보면 학교협동조합은 더 이상
상상이 아니라 학교 구성원의 필요와 의지, 실천으로 극복할 수
있는 실현 가능한 미래라는 점을 알게 된다.

땀샘 최진수의 초등 수업 백과

최진수 지음 / 값 21,000원

초등학교에서 20여 년간 아이들을 가르쳐온 저자가 초등학교
수업에 대해서 기록하고 연구하고 실천하며 쌓아온 경험을
바탕으로 초등학생들과 수업을 함께하는 방법을 담고 있다.
아이들의 학습 동기, 아이들이 수업에 참여하는 방법, 칠판과
공책을 사용하는 방법, 모둠 활동, 교과별 수업, 조사와 발표
등 초등학교 교사가 아이들을 가르칠 때 알아야 할 가장
기본적이면서도 가장 중요한 모든 것을 다루고 있다.

혁신 교육 내비게이터 곽노현입니다

곽노현 편저 · 해제 / 값 17,000원

서울시 18대 교육감이자 첫 번째 진보 교육감으로서 혁신 교육을 펼쳤던 곽노현은, 우리 사회 전반을 아우르는 주요 교육 현안들을 이 책에서 포괄적으로 다루고 있다. 2014년 3월부터 1년간 방송된 교육 전문 팟캐스트 '나비 프로젝트' 인터뷰에 출연한 전문가들과 나눈 대화와 그에 대한 성찰적 후기를 담고 있다. 이 책은 그야말로 우리가 '지금 알아야 할 최소한의 교육 이야기'를 포괄하고 있다.

무엇이 학교 혁신을 지속가능하게 하는가

권성호, 김현철, 유병규, 정진헌, 정훈 지음 / 값 14,500원

독일 '괴팅겐 통합학교', 미국 '센트럴파크이스트 중등학교', 한국 혁신학교의 사례들을 통해 성공적인 학교 혁신의 공통점을 찾아내고 그것을 지속가능하도록 만들기 위해서 필요한 것은 무엇인지를 보여준다. 독자들은 이 책에서 괴팅겐 통합학교의 볼프강 교장이 말한 것처럼 "좋은 학교"를 만들기 위한 학교 혁신에 세계적으로 보편적이라고 할 만한 공통점을 찾을 수 있다.

교과를 꽃 피게하는 독서 수업

시흥 혁신교육지구 중등 독서교육 연구회 지음 / 값 16,500원

이 책은 지난 5년 동안 진행된 혁신교육지구 사업의 일환으로 학교에서 고군분투하며 독서교육을 이끌어왔던 독서지도사들이 실천 경험을 엮어낸 것으로 청소년기 학생들에게 장래 진로, 사랑, 우정, 삶의 지혜를 찾는 데 도움을 주는 독서교육을 잘 보여주고 있다. 특히 이 책에 소개된 국어, 수학, 과학, 사회, 도덕, 미술, 역사 등 다양한 교과와 연계한 협력수업은 독서교육의 새로운 전망을 보여주는 결실이다.

혁신학교의 거의 모든 것

김성천, 서용선, 홍섭근 지음 / 값 15,000원

저자들은 이 책에서 혁신학교에 대한 100가지 질문에 답하면서 혁신학교의 역사, 배경, 현황, 평가와 전망을 구체적인 증거를 통해 설명하고 있다. 이 책에 서술된 혁신학교에 관한 100문 100답을 통하여 우리 사회에 필요한 교육은 무엇인지, 교사와 학생들이 더 즐겁게 가르치고 배우면서 성장할 수 있는 교육을 위해 필요한 것이 무엇인지, 그것을 위해서 우리 사회 시민 각자가 자신의 위치에서 무엇을 하면 좋은가를 더 깊이 생각해볼 기회를 얻을 것이다.

교실 속 비주얼씽킹

김해동 / 값 14,500원

이 책은 비주얼씽킹 기본기부터 시작하여 교과별 수업, 생활교육, 학급운영 등에 비주얼씽킹을 응용하는 방법을 설명하고 있다. 특히 교사들이 초등학교 1학년부터 고등학교 3학년까지 국어, 수학, 영어, 과학, 사회 등 모든 교과 수업에 비주얼씽킹을 활용할 수 있도록 수업 지도안을 상세하면서도 간결하게 제시하고 있다. 또한 독자들이 책 내용에 대해 더욱 풍부한 이미지와 자료를 접할 수 있도록 저자의 블로그로 연결되는 QR코드를 담고 있다.

교육과정-수업-평가 어떻게 혁신할 것인가

이형빈 지음 / 값 15,500원

이 책은 교육과정 사회학자 번스타인(Basil Bernstein)이 제시한 '재맥락화(recontextualized)'의 관점에 따라 저자가 장기간에 걸쳐 일반 학교 한 곳과 혁신학교 두 곳의 수업을 현장에서 면밀하게 관찰하고 심층 인터뷰와 설문조사를 통한 연구를 바탕으로 무기력과 불평등을 재생산하는 교실을 민주적이고 평등한 구조로 바꾸기 위해 교육과정-수업-평가를 어떻게 혁신해야 하는지 제안하는 내용을 담고 있다.

혁신학교 효과

한희정 지음 / 값 15,000원

이 책에서 혁신학교 효과를 살펴보기 위해서 저자는 혁신학교가 OECD DeSeCo 프로젝트에 제시된 '핵심 역량'을 가르치고 있는지, 학생·학부모·교사가 서로 배우는 교육 공동체를 이루고 있는지, 학생의 발달을 위한 다양한 교육과정을 운영하고 있는지, 교사의 자율성과 전문성을 강화하고 있는지, 자치적이고 민주적인 학교문화를 가지고 있는지, 지역사회와 협력하고 있는지를 다른 일반 학교와 비교하여 설명한다.

교실 속 생태 환경 이야기

김광철 지음 / 값 15,000원

아이들이 자연과 친해지고 즐길 수 있도록 교육하는 것은 쉬운 일이 아니다. 특히 도시 지역에서는 더욱 어렵다. 그래서 이 책은 도시 지역 학교에서도 쉽게 실천에 옮길 수 있는 다양한 생태·환경교육을 폭넓게 다루고 있다. 이 책에서 저자는 계절에 따라 할 수 있는 20가지 환경교육 프로그램을 제시하고, 그 방법, 순서, 재료 등을 상세히 설명해준다

이제는 깊이 읽기

양효준 지음 / 값 15,000원

교과서에는 수많은 예화와 발췌문이 들어가 있다. 이런 자료들은 교육부가 교육과정에서 요구하는 기준에 맞춰 어떤 이야기, 소설, 수필, 논픽션 등에서 일부만 가져온 토막글이다. 아이들은 교과서에 수록된 작품이나 이야기 전체를 읽지 못한 상태에서 단편적인 지문만 읽고 이해를 해야 하기 때문에 책을 읽으면서 생각하고 공감할 수 있는 기회와 흥미를 찾을 수 없게 된다. 이 책은 이러한 문제를 개선하기 위해서 한 권이라도 책 전체를 꾸준히 읽어가는 방법인 '깊이 읽기'를 대안으로 소개하고 있다.

인성의 기초가 되는 초등 인문학 수업

정철희 지음 / 값 15,500원

이 책은 아이들의 올바른 인성 교육을 위한 새로운 방법으로서 인문학 수업을 제시하고 있다. 이 책에서 설명되고 있는 인문학 수업은 교사가 신화, 문학, 영화, 그림, 역사적 인물의 일대기 등에서 이야기를 찾아 아이들에게 제시하고, 아이들이 그 이야기에 나오는 여러 문제와 인물 등에 대해 자신의 감정을 스스로 공책에 기록하고 일상의 경험과 비교하고 토의와 토론을 통해 자신의 생각을 발전시키는 수업이다.

수업, 놀이로 날개를 달다

박현숙, 이응희 지음 / 값 13,500원

이 책은 교육계에서 최근 가장 중요한 과제로 삼고 있는, OECD의 여덟 가지 핵심 역량(DeSeCo)에 따라 여러 놀이들을 분류해서 설명하고 있다. "놀이에 내재된 긴장의 요소는 사람의 심성, 용기, 지구력, 총명함, 공정함 등을 시험하는 수단이 되므로" 그것은 학생들의 역량을 키우는 수단이 된다. 이 책의 저자들은 수업이 놀이를 만났을 때 어떻게 핵심 역량이 강화되는지 이야기하고 있다.

더불어 읽기

한현미 지음 / 값 13,500원

이 책은 교사들이 학습공동체를 통해 교직의 전문성과 자율성을 새롭게 발견하며 성장하는 이야기를 다룬다. 우리 사회의 기존 교육 제도는 효율성이라는 명분으로 교사들을 통해 아이들에게 경쟁을 강요하면서 교사들 역시 서로 경쟁하도록 만드는 시스템을 가지고 있다. 이 책에서 저자는 이러한 비인격적인 제도와 환경 아래서 교사들이 교사로서 행복을 되찾기 위해서는 교사들끼리 서로 협력하며 같이 배우면서 아이들과 함께 성장할 수 있어야 한다고 말한다.

땀샘 최진수의 초등 글쓰기

최진수 지음 / 값 17,000원

글쓰기가 아이들에게 필요한 중요한 것이 되려면 먼저 솔직하게 써야 한다. 모르는 것은 '모른다', 잘못은 '잘못이다', 싫은 것은 '싫다', 좋은 것은 '좋다'고 솔직하게 드러낼 때 글쓰기는 아이가 성장하는 디딤돌이 될 수 있다. 그리고 이것은 가르치는 교사에게도 적용된다. 지도하는 사람과 지도받는 사람이 따로 있는 것이 아니라 함께 쓰고 함께 나누면서 서로 성장을 돕는 것이다.

성장과 발달을 돕는 초등 평가 혁신

김해경, 손유미, 신은희, 오정희,
이선애, 최혜영, 한희정, 홍순희 지음 / 값 15,500원

이 책은 교육적 대안을 마련하기 위해 혁신학교에서 지난 5~6년 동안 초등학생의 성장과 발달을 돕는 평가를 실천해온, 현장 교사 8명이 자신들의 지혜와 경험을 모아 놓은 최초의 결실을 담고 있다. 독자들은 이 책을 통해 평가는 시험이 아니며 교육과정과 수업의 연장으로서 아이들의 잠재력을 측정하고 적절한 조언을 제공한다는 원래의 목표를 되살리는 첫걸음을 찾을 수 있을 것이다.

수업 친구와 함께하는 수업 나눔 수업 코칭

이규철 지음 / 값 15,500원

가르치는 일을 함으로써 학생들의 배움을 돕는 교사들에게 수업은 시간적으로도 공간적으로도 학교에서 자신이 하는 일의 중심을 이룬다. 그래서 수업에 관한 고민은 교과를 가리지 않고 교사들에게 일반적으로 드러난다. 교사들은 공통의 문제로 씨름하게 된다. 그래서 최근에 그 공통의 문제를 교사들이 함께 풀어나가자는 흐름이 곳곳에서 일어나고 있다. 이 책은 그중에서도 '수업 코칭'이라는 하나의 흐름을 다룬다.

독자 여러분의 소중한 원고를 기다립니다

맘에드림 출판사는 독자 여러분의 소중한 원고를 기다리고 있습니다. 원고가 있으신 분은 nurio1@naver.com으로 원고의 간단한 소개와 연락처를 보내주시면 빠른 시간에 검토하여 연락을 드리겠습니다.